21世纪全国高职高专财经管理类规划教材

会计电算化

孙 义 主编

北京大学出版社
PEKING UNIVERSITY PRESS

内 容 简 介

《会计电算化》一书是根据“会计电算化课程教学基本要求”，以用友ERP-U850为蓝本，突出高等职业教育工学结合的特点，结合会计电算化教学工作的实践经验精心编写的。全书共8章，内容包括用友ERP概论、系统管理员、主管会计、出纳、报表管理员、固定资产管理员、工资核算员、往来核算员等。

本书重点突出会计工作的岗位实践，打破以往相关书籍的常规结构形式，以会计工作岗位为结构划分标准，力争使读者学习一章就可以进行一个岗位的实践工作。每一章都对该会计岗位按照学习与训练目标、岗位任务分析、岗位相关知识和岗位工作实践四方面组织内容，深入浅出，通俗易懂，理论与实践相结合，尤其注重岗位技能培养，有机地融合知识、技能、素质等培养要素，以方便读者学以致用，学有所成。

本书是校企合作、工学结合的产物，在编写过程中得到了用友软件股份有限公司的大力支持。本书既可作为高等职业教育会计专业或其他相关专业的教材，也可作为在职会计人员初、中级岗位培训教材。

图书在版编目(CIP)数据

会计电算化/孙义主编．—北京：北京大学出版社，2011.2

（21世纪全国高职高专财经管理类规划教材）

ISBN 978-7-301-16784-7

Ⅰ.①会… Ⅱ.①孙… Ⅲ.计算机应用—会计—高等学校：技术学校—教材 Ⅳ.①F232

中国版本图书馆CIP数据核字(2011)第012375号

书　　名：会计电算化
著作责任者：孙　义　主编
策 划 编 辑：傅　莉
责 任 编 辑：傅　莉
标 准 书 号：ISBN 978-7-301-16784-7/F・2486
出　版　者：北京大学出版社
地　　址：北京市海淀区成府路205号　100871
网　　址：http://www.pup.cn
电　　话：邮购部62752015　发行部62750672　编辑部62754934　出版部62754962
电 子 信 箱：zyjy@pup.cn
印　刷　者：北京鑫海金澳胶印有限公司
发　行　者：北京大学出版社
经　销　者：新华书店
787毫米×980毫米　16开本　13.75印张　326千字
2011年2月第1版　2011年2月第1次印刷
定　　价：27.00元

目 录

第 1 章　用友 ERP 概论

1.1　会计电算化

1.1.1　会计电算化的含义

电子计算机于1946年诞生，1956 年才开始在财务系统中应用，而在我国是1981年中国会计学会在总结第一汽车制造厂的应用后才提出“会计电算化”这一概念的。“会计电算化”是以电子计算机为主的当代电子信息处理技术应用到会计工作中的简称，是以电子计算机代替手工建账、记账、算账、报账等会计信息的处理、分析、预测和决策的全过程。会计电算化的产生是会计数据处理手段的一次重大变革，同时对会计理论和实务也产生了深远影响。

会计电算化的主要任务是研究如何在会计实务中应用计算机来提高会计核算和会计管理水平，及时、准确地提供财务核算信息。从会计电算化的研究对象和主要任务来看，它不仅是研究如何通过电子计算机及相关技术获取会计信息的全过程，而且也研究如何按管理的需要，对现行会计工作进行改革和发展。会计电算化主要包括总体性、渐进性、动态性三方面的含义。

（1）总体性。随着会计电算化的发展，总体性的含义也得到了进一步的发展，会计电算化包含了计算机技术在会计工作中有关应用的所有工作，包括电算化会计的宏观管理、会计电算化档案管理、会计电算化人才培训、会计电算化制度和电算化审计等。

（2）渐进性。渐进性是指会计电算化所包含内容的几个转变过程，即从单项应用向综合财务处理转变、从财务会计电算化核算型向管理型的转变、从会计管理信息系统向会计决策支持系统转变的三个转变过程。

（3）动态性。动态性是指会计电算化的发展是会计学和计算机科学相互结合和交叉推动的动态发展过程。会计电算化是一个不断发展、变化和创新的过程，同时也促进了传统会计的发展，这说明会计电算化是一个过程而不是目标。

会计电算化是一门融信息技术、管理学和会计学为一体的边缘学科，其以如何利用信息处理技术进行会计核算、会计管理、会计辅助决策及相关的所有工作作为研究对象，目的是通过现代化核算手段发挥会计参与管理、参与决策的职能，为提高管理水平和提高经济效益服务。从会计电算化的研究对象和目的来看，会计电算化不仅研究如何通过信息技术获取会计信息的全过程，也研究如何按企业的管理需要提升现行会计工作效率和效果。

1.1.2 会计电算化的作用

1. 降低工作强度，提高工作效率

实施会计电算化后，只是基础会计数据需要通过计算机来录入，而财务数据的计算、分类、汇总、存储和传输等工作均由系统自动完成。可见，在把会计人员从繁杂的记账、算账和报账中解脱出来的同时，会计电算化也提高了会计工作效率，并为管理提供全面、及时和准确的会计信息。

2. 规范会计工作，提高工作质量

由于计算机的引入，系统对录入的会计数据有了一系列规范化的要求，彻底解决了手工操作中的不规范、易出错等问题，会计工作更趋于标准化、制度化和规范化，会计工作的质量有了极大的提高。

3. 转变会计职能

实施会计电算化后，由计算机替代会计人员进行手工记账、算账和报账，会计人员从整天忙于记账、算账及报账的繁杂工作脱离出来，可以有更多的时间和精力参与经营管理，促进会计职能的转变。

4. 提高人员素质

会计电算化要求会计人员具有会计专业和计算机专业两个领域的相关知识，迫使会计人员必须进一步学习业务知识，开拓知识面。计算机在会计工作中的应用，为会计人员进一步学习和发展提供了时间和机会，使会计人员有更多的精力学习和交流新知识，从而拓展了财会人员的知识结构，提高了其自身素质和管理水平。

5. 奠定管理基础

实施会计电算化后，计算机既可以更详细记录过去的经营活动，也可以及时获取当前经济活动的即时数据，并依此预测未来各种经营活动和市场变化趋势，为分析、预测和决策提供可靠的依据。

6. 促进理论发展

会计核算手段和会计信息处理技术的变革，对会计核算的内容、方式、程序和对象等会计理论和实务也产生了深远的影响，促进了会计理论的不断发展，使其进入新的发展阶段。

1.2 会计电算化发展概况

1.2.1　国外会计电算化的发展

从 1946 年电子计算机在美国诞生，到 1954 年 10 月美国通用电气公司第一次利用计算机计算职工工资，标志着电子计算机真正应用到了财务领域，推动了会计信息处理技术的发展。计算机在财务领域的应用起初只局限于工资核算、材料收发等一些数据量大、计算简单重复的经济业务，以模拟手工会计核算形式代替手工劳动，提高了工作效率。

20 世纪 50 年代中期到 60 年代，越来越多的人利用电子计算机进行会计数据综合处理，更准确地提供经济分析、决策所需要的会计信息，手工账簿逐渐被电算化信息系统取代。这一时期电子计算机几乎完成了会计手工核算的全部业务，且更重视数据的综合加工处理，并加强了内部管理。该时期所开发的系统已具有反馈功能，能为基层和中层管理提供信息，但还未完全实现共享。

20 世纪 70 年代，计算机技术发展迅猛，网络和数据库管理系统得以广泛应用，从而产生了管理信息系统。计算机在企业管理中得到全面应用，各个功能系统可以共享储存整个企业生产经营成果的数据库。人们开始利用计算机系统提供的信息，以提高工作效率和管理水平。

20 世纪 80 年代，随着微型计算机的普及，人们开始把小型机、微型机的通信线路相互联网，形成计算机网络，极大地提高了计算和数据处理的能力。1987 年 10 月国际会计师联合会在日本东京召开“第13届世界会计师”大会，以“计算机在会计中的应用”为中心议题，这标志着计算机会计信息系统的普及。

20 世纪 90 年代，会计信息系统开始广泛普及。90 年代中期推出的商品化会计电算化软件，从开发技术与运行平台来看，比早期的会计电算化软件有了飞速发展，其使用 Windows 环境下的开发工具，缩短了软件开发周期，增强了软件的运行稳定性，图形化的界面使得软件功能更直观和易于操作使用。部分软件使用了诸如SQL Server、Sybase、Oracle、Informix、DB2 和 Access 的服务器数据库，提高了数据的安全性，具有网络功能。网络结构体系主要有 F/S（文件/服务器）和 C/S（客户/服务器）两种。

1.2.2　我国会计电算化的发展

1979 年财政部支持并参与长春第一汽车制造厂的会计电算化试点工作，是我国会计电算化工作的开始。1981 年 8 月，财政部、原中华人民共和国第一机械工业部和中国会计协会共同组织召开了“财务、会计、成本应用电子计算机专题讨论会”，会议把计算机在会计上的应用统称为“会计电算化”。我国会计电算化的发展可以分为以下几个阶段。

1. 会计电算化缓慢发展阶段（1983年以前）

20 世纪 70 年代只有少数企事业单位单项会计业务核算的电算化，计算机会计领域的范围还十分狭窄，涉及的业务比较单一，主要是工资核算的电算化。在这个阶段，会计电算化专业人才缺乏，计算机硬件价格昂贵，属于会计电算化的起步阶段。

2. 会计电算化自我发展阶段（1983—1987年）

1983 年开始，计算机在国民经济各个领域开始得到广泛应用。但由于理论准备与人才储备不够，管理水平跟不上，故出现许多盲目的低水平重复开发会计电算化的浪费现象。这一阶段，会计软件的规范化、标准化程度低，商品化受到很大的限制。

3. 会计电算化普及与提高阶段（1987—1999年）

随着有关会计电算化方面的著作大量出现，会计电算化的理论体系使会计电算化的发展逐步深入。一些行政部门和业务主管部门为加强对会计电算化的管理，制定了相应的发展规划、管理制度和会计软件开发标准，推动了会计软件产业的发展。这一阶段的软件已经发展到建立会计信息系统。人们开始甩掉手工账本，由计算机独立运行完成记账、算账及报账等工作；同时，还应用计算机对企业内部会计信息汇总并报送会计报表，为国家宏观经济提供可靠的信息。

4. 会计电算化向企业管理全面信息化发展（1999年至现在）

随着我国市场体系的完善，企业改革的深入，以财务管理为核心的全面企业管理信息系统应运而生，用友、金蝶、新中大、浪潮等几家大型会计软件公司开发研制的大型企业管理信息系统得到推广应用。这一时期的商品化会计信息系统在国外企业管理软件的基础上，发挥了我国会计软件公司在会计软件领域上的优势，研发出以财务为中心的 ERP（Enterprise Resource Planning）系统。ERP 系统不局限于解决企业财务管理问题，同时对企业的资金流、物流和信息流进行一体化、集成化管理。该系统软件功能不仅包括账务处理、固定资产管理、工资管理、销售与应收账款管理、采购与应付账款管理、库存管理，还包括对物料需求计划的管理、对成本的管理以及对人力资源的管理。软件运行在Windows系统平台上，使用服务器数据库，采用网络体系结构为系统结构，有的还融合了电子商务（e-Business）的功能。

1.2.3　会计电算化的发展趋势

1. 会计软件由核算型向管理型发展

1996 年召开的第二届全国会计电算化会议提出了"财务会计软件从核算型向管理型发展"的口号，确定了我国会计电算化的发展方向。管理型会计软件系统之间实现数据共享，包括销售核算、工资核算、改造成本、销售管理和工资人事管理等，有的系统还包括分析、预测、决策、规划、控制和责任评价等方面的功能，向管理会计的纵深发展。

2. 向网络化方向发展

会计电算化系统开始向网络财务方向的发展是随着网络技术的发展开始的，基于 Web 技术，以财务管理为核心，以实现企业资金流、物流、信息流高度统一为目标，支持企业电子商务，形成了管理信息化的互联网环境（即国际互联网和企业内部网环境）下全新的财务管理模式。网络技术使企业对经济活动进行实时监控成为可能，也使得企业外部信息需求者同样可以实时获取所需信息进行分析，以便做出有效决策。

3. 会计信息的报告向实时化、模式向多样化方向发展

会计软件开发与应用越来越多地向网络化、智能化的方向发展，以便能够实时为各类信息使用者提供最新最快的信息，使其及时准确地了解企业的生产经营活动情况，也为企业的管理者审时度势、科学决策奠定坚实的基础。会计电算化的根本任务是研究如何建立完善的电算化会计信息系统，以提高会计核算和管理水平。会计电算化系统已经渗透到整个企业的管理信息系统的开发与应用中，形成网络化、管理型的会计信息系统，并将会计信息系统与生产经营管理信息系统、市场营销管理信息系统等其他企业管理信息系统有机地结合在一起，形成企业的管理信息系统网，使会计电算化向综合应用和高层次管理等方面发展。

4. 会计软件由"手工型"向"智能型"发展

为提高会计核算的工作效率，减少工作中的差错，会计软件提供了差错预防措施，即智能化会计信息系统。如输入原材料的数量和金额后，自动计算总价，贷方科目输入"现金"，凭证类型自动显示"付款凭证"等。会计软件的智能化还体现在业务分析和决策支持上，如在软件中增加企业所需的核算项目，为业务分析提供大量有效数据，并对业务数据进行深入分析后进行一些程序化的决策。

1.3 电算化会计与手工会计的联系与区别

电算化会计是手工会计和信息技术的结合，电算化会计和手工会计两者之间既有联系又有区别。

1.3.1 电算化会计与手工会计的联系

1. 核算目标一致

无论是哪种会计手段，都是通过对发生的各项经济业务的大量原始数据进行收集、加工和处理，登记账簿、编制会计报表，为会计信息使用者提供会计信息。

2. 遵循相同的会计方法和会计理论

会计信息系统是依据国家现行的会计制度和会计准则开发而成的，与传统会计所遵循的最基本的会计理论和方法一样，没有本质区别，如都使用借贷记账法，成本、折旧等计算方法都相同。

3. 遵守相同的会计法规和会计准则

无论是传统的手工会计还是电算化会计，都必须遵守现行的会计法规和会计准则。

4. 会计数据处理技术的基本功能相同

无论是传统的手工会计还是电算化会计，都要完成会计核算的基本功能，即信息的采集与记录功能（输入）、信息的存贮功能、信息的加工功能、信息的传输功能和信息的输出功能。

5. 两者都必须保存会计档案

会计档案作为重要的历史资料应妥善保管。虽然实行会计电算化后，存储信息的介质发生了变化，但会计信息资料的保存必须与手工核算一样按国家的规定进行。

1.3.2 电算化会计与手工会计的区别

1. 核算工具不同

电算化会计使用电子计算机，代替了手工会计使用的工具，如算盘、计算器，数据处理过程由计算机完成。

2. 信息的载体不同（即存贮介质不同）

手工会计是用纸介质保存凭证、账簿、报表等会计信息，而电算化会计是将信息保存在磁盘、光盘上。

3. 错账的更正方法和账簿的形式不同

手工会计采用划线更正法、红字更正法和补充登记法三种方法更正错账；而电算化会计则采用红字冲销法和补充登记法更改错误，以便留下修改痕迹。手工账簿中的日记账、总账使用订本式账册，且账页中的空行、空页用红线划销；而电算化系统打印输出的是折叠账页，与手工账簿有明显的不同。

4. 账务处理程序不同

手工会计账务处理程序有多种；而电算化会计只采用一种账务处理程序，即科目汇总表账务处理程序，根据记账凭证进行汇总，登记总账，编制报表。

5. 账户的设置方法和账簿的登记方法不同

手工会计是逐层设置账户，逐笔登账；而电算化会计设置账户则是一次完成，用不同的科目代码区分科目及科目级别，记账由计算机自动完成。

6. 会计工作组织体制不同

手工会计通常设置出纳、工资、材料、固定资产、成本等岗位进行具体业务核算，还设有专人负责记账、编制会计报表工作；而电算化会计只设置了数据录入、数据处理、审核和维护等岗位。

7. 对账、结账、期末账项调整的方式、方法不同

手工会计要进行账证、账账、账实核对；而电算化会计无须进行账证、账账核对，对于账实核对，则是将手工盘点的结果和机内的账存数据进行核对，以确定实物的盘盈和盘亏，结账也是由计算机自动完成转账。

8. 人员构成不同

手工会计系统中的人员只需会计专业人员；而电算化会计系统中的人员则是由会计专业人员、计算机操作人员和计算机软、硬件维护三类人员组成。

9. 内部控制方式不同

手工会计使用账证核对、账账核对、账表核对以及签字、盖章等控制方式；而电算化会计除保留了签字、盖章等控制外，还增加了权限控制、时序控制、操作过程控制、系统运行环境控制、系统文档管理控制等。

1.4　会计电算化的基本内容

会计电算化主要包括会计核算电算化、会计管理电算化和会计决策电算化三个方面。

（1）会计核算电算化。会计核算电算化是会计电算化的基础阶段，在这个阶段主要

完成日常的会计核算业务，包括账务处理、材料核算、成本核算、工资核算、固定资产核算、销售核算、应收应付核算及报表的编制。

（2）会计管理电算化。会计管理电算化是在会计核算电算化的基础上，利用会计信息系统提供的会计信息，借助会计管理软件，帮助财会人员合理地筹措和运用资金，节约成本和降低开支，提高经济效益。它具体包括：进行编制财务计划、进行会计控制、会计预测、开展会计分析等。

（3）会计决策电算化。会计决策电算化是会计电算化的最高阶段，利用会计辅助决策软件来完成决策支持工作。该软件根据以往会计信息，对产品销售和定价、生产、成本、资金和企业经营方向等内容进行辅助决策，并输出决策结果。

1.4.1 会计信息系统的基本概念

1. 会计信息系统

会计信息系统（Accounting Information System）是一种面向价值信息和基于会计管理活动的系统，是在计算机硬件和网络环境下，采用现代信息处理技术，对会计信息进行采集、存储、处理及传送，完成会计核算、监督、管理和辅助决策任务的系统。

会计信息系统是企业信息系统的子系统，会计信息系统本身又可以分解为若干个子系统，如财务核算子系统、管理子系统和决策子系统。这三个层次的系统既各自自成系统，又相互联系，缺一不可。它们共同组成一个完整的会计信息系统。

2. 会计信息系统的结构

会计信息系统的构成要素有硬件、软件、人员、数据和规程，它们是会计信息系统的实体，是系统的物理组成。会计信息系统为企业的会计管理提供了一个灵活的、综合性的管理平台，主要包括总账系统、报表管理系统、固定资产管理系统、薪资管理系统、应收款管理系统、应付款管理系统、存货管理系统、成本管理系统、会计分析系统等几大模块。一般的会计信息系统功能结构示意图如图 1-1 所示。

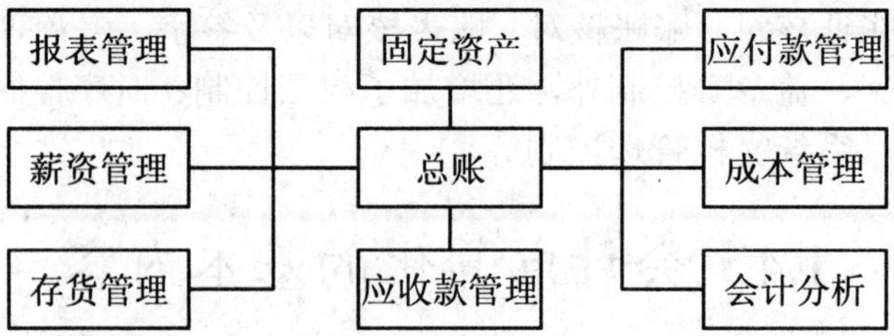

图 1-1 会计信息系统功能结构示意图

1.4.2 会计信息系统的实施过程

1. 制订会计信息系统的实施计划

在会计信息系统的具体实施过程中，必须制订一个详细的实施计划，主要内容包括人员配置和机构设置计划、硬件配置计划、软件购置计划、软件开发计划、费用预算等。

2. 配备计算机硬件和系统软件

硬件的工作方式可根据实际情况选择单机结构和网络版，网络结构还可以分为客户机/服务器（C/S）和浏览器/服务器（B/S）两种网络体系。硬件性能指标应根据实际情况、财力状况和将来的扩展要求来选择计算机等有关配套设备，并按会计软件的要求配备好操作系统、网络体系和数据库软件。会计软件的取得方式可以通过购买商品化会计软件、自行开发会计软件、委托外单位开发会计软件、与外单位合作开发会计软件等方式来实现。在选择会计软件时，要注意系统环境、功能规范、功能要求、技术指标、售后服务、软件价格等问题，并应全面考虑，权衡利弊，既要着眼于现在，又要放眼于未来，选择最适合本企业要求的会计软件，促进会计信息系统的有效实施。

3. 培训会计信息系统应用人员和建立岗位管理制度

会计信息系统的实施与运行要有既懂计算机技术又懂会计的双向式人才，因此必须做好会计电算化人才培训工作。实施会计信息系统，还必须制定一系列管理制度，明确会计电算化岗位及职责。建立岗位责任制、操作管理制度和硬件、软件维护制度。同时，必须明确操作员的操作权限、操作规程、软硬件维护制度及会计档案管理制度，以确保会计信息系统能够安全、稳定、正常运行。

4. 会计信息系统实施前的数据准备

实施会计信息系统前的数据准备工作包括整理手工会计业务数据、建立会计科目核算体系、统一账证表的格式、规范操作过程和核算方法，及会计信息系统数据初始化工作。初始化就是将原手工会计核算的资料输入计算机中去，以便计算机软件开始进行日常账务处理。

5. 新、旧系统并行和甩账

新、旧系统并行是指新系统与旧系统同时进行会计业务处理的过程。通过两个系统数据的对比，检查新系统运行的正确性、稳定性和预期目标的满足情况，还要检查人员对系统的适应程度。新、旧系统并行一般最长不能超过 6 个月。并行期间，前期以手工为主，计算机为辅；后期以计算机为主，手工为辅。然后就可以根据有关规定进行甩账，就是不再运行手工做账。

1.4.3 会计软件的概念及分类

会计软件是指专门用于会计核算、管理和决策工作的应用软件。它是以会计数据和会计方法为核心，以会计数据为处理对象，以会计法规和会计制度为依据，以计算机技术和通信技术为技术基础，以会计核算、会计管理、为经营管理提供信息为目标，用计算机处理会计业务的应用软件。在我国，用友软件、金蝶软件是目前应用较为广泛的会计软件。

会计软件可按不同的方法分类。

（1）按会计信息系统层次划分，会计软件可分为核算型、管理型、决策型三种。核算型会计软件主要完成包括账务处理、工资核算、固定资产核算、存货核算、成本核算、销售核算、往来核算和报表处理等在内的日常会计核算业务。管理型会计软件主要完成包括资金筹集的管理、流动资金管理、成本控制、销售收入和利润管理等在内的会计管理和控制工作。决策型会计软件主要是帮助会计问题的决策者制定包括量本利分析、利润决策、投资决策等在内的科学的经营决策和预测工作。

（2）按使用范围划分，会计软件可分为通用会计软件和专用会计软件。通用会计软件是指直接用于或通过简单修改后可以直接用于各行业、各单位的会计软件。专用会计软件是指应用于某一特定行业或某一特定单位的会计软件。

（3）按会计信息共享划分，会计软件可分为单用户会计软件和网络与多用户会计软件。单用户会计软件是指将会计软件安装在一台或几台计算机上，各个计算机上的会计软件单独运行，生成的数据只存贮在本计算机上，各机之间不能直接进行数据交换和共享。网络与多用户会计软件是指不同工作站或终端上的会计人员可以共享会计信息，保证各用户之间数据共享和数据一致性。

1.4.4 组成会计软件的各个功能模块及其相互关系

1. 组成会计软件的各个功能模块

会计软件要完成各项会计工作，必须具备各种功能。一般把相对独立地实现某种功能的一组程序，叫做软件的功能模块。会计软件一般由以下功能模块组成。

（1）账务处理模块。其功能是完成初始建账、凭证录入、银行对账、汇总登账、账簿查询打印和系统维护。

（2）薪资核算模块。其功能是完成职工薪资计算并将薪资分配入账。

（3）固定资产核算模块。其功能是完成固定资产增减变动情况的登记和折旧的计算以及核算。

（4）采购与应付账款模块。其功能是完成登记材料出入库数据、计算材料成本差异、计算材料费用、进行材料收发存管理和应付账款管理。

（5）存货核算模块。其功能是进行存货收、发、存管理。

（6）成本核算模块。其功能是完成生产费用支出和产品成本形成的核算。

（7）销售核算模块。其功能是完成产品销售收入、成本、费用、税金及附加的核算及利润的结转。

（8）应收账款管理模块。其功能是完成各种应收票据的登记、利息的计算、账龄分析及核对往来账。

（9）报表处理模块。其功能是完成报表的设计、报表生成、报表钩稽关系检查及查询打印等工作。

（10）会计分析模块。其功能是利用前几个模块取得的会计核算资料和其他有关数据进行分析，为企业管理提供有用的信息。

2. 会计软件各个功能模块之间的关系

会计软件各个功能模块之间不是独立的，而是相互作用、相互依赖，共同完成会计信息系统的反映、控制和监督职能。其中，账务处理模块处于核心地位，它与其他各个模块之间都有十分密切的联系，它不仅可以直接接收记账凭证的输入，而且可以接收来自各核算子模块的凭证，进行总分类核算；同时，账务处理模块还为会计报表和会计分析等子模块提供有关数据和信息，以便编制会计报表和进行会计分析，满足投资者、债权人、企业管理人员和政府有关部门等企业内外各方面对会计信息的需要。

1.5 思考题

1. 什么是会计电算化，其优点有哪些？
2. 手工会计和电算化会计的区别与联系是什么？
3. 简述会计电算化的内容。
4. 简述会计电算化的发展过程与趋势。
5. 如何实施会计电算化？

第2章 系统管理员

2.1 学习与训练目标

系统管理是指企业的信息化管理人员对信息系统进行管理、监控，以便随时掌握企业的信息系统状态。信息系统是对企业的资金流、物流、信息流进行统一管理的有效方法和工具。该模块的学习与训练目标是使学生熟练地掌握信息系统管理的基本技能，具体包括系统硬件故障的维护，软件安装，账套的建立、管理、删除和备份，操作员的建立，角色的划分和权限的分配等。

2.2 岗位任务分析

企业的信息系统是企业重要的管理平台和工具，其运行要有专职人员进行管理，系统管理员的主要工作就是要保障信息系统的正常运行。系统管理员主要负责完成系统账套的建立、账套属性的修改，账套资料的备份、删除等维护工作，此外，还包括系统操作员的建立，划分操作员的角色，及限定操作员的系统权限。

2.3 岗位相关知识

1. 建立账套

企业在使用会计信息系统之前，必须要新建本单位的账套。建立账套时，要输入新建账套的基本信息，包括单位信息、核算类型、基础信息等。

（1）输入账套信息：用于记录新建账套的基本信息，包括已存账套、账套号、账套名称、账套路径、启用会计期、会计期间设置等。

（2）输入单位信息：用于记录本单位的基本信息，单位名称为必输项。

（3）核算类型设置：用于记录本单位的基本核算信息，包括本币代码、本币名称、账套主管、企业类型、行业性质和是否按行业预置科目等。

（4）基础信息设置：用于设置存货分类、客户分类、供应商分类、外币核算等企业的基础信息。

2. 账套维护

（1）账套引入：该功能是指将系统外某账套数据引入本系统中。

（2）账套输出：该功能是指将所选的账套数据进行备份输出。

（3）账套删除：该功能是指根据客户的要求，将所希望的账套从系统中删除。此功能可以一次将该账套下的所有数据彻底删除。

3. 用户管理

为加强企业内部控制中权限的管理，增加控制的广度、深度和灵活性，应对操作员按角色分工设置权限进行管理。

（1）角色：是指在企业管理中拥有某一类职能的组织。用户管理可以定义角色的权限，对账套中的角色进行增加、删除、修改等维护工作。

（2）用户：类似于Windows的用户账号，只有设置了具体的用户之后，才能进行相关的操作。

（3）权限：设定不同用户、角色的操作权限，可以实现功能、数据、金额三个层次的权限管理。

系统管理员在进行权限设置时，要注意用户和角色设置不分先后顺序，可以根据需要进行设置。但对于自动传递权限来说，应该首先设定角色，然后分配权限，最后进行用户的设置。设置用户时，如果选择其归属某个角色，则其自动具有该角色的权限。一个角色可以拥有多个用户，一个用户也可以分属于多个不同的角色。

2.4 岗位工作实践

2.4.1 会计软件的安装

本书以单机安装用友 ERP-U850 为例，说明系统安装的操作步骤。

用友 ERP-U8 软件运行需要微软公司的 SQL 数据库支持。因此，在安装用友软件前必须先安装 SQL Server 2000 或 MSDE 2000，准备好 SQL 数据库环境。如果计算机上已有 SQL Server，则可以直接安装用友软件系统；如果没有，则建议安装数据库 SQL Server 2000 个人版，因为该版的适应性较强。安装 SQL Server 2000 时要记好 SA 密码；装完后，应重启系统，并启动 SQL Server 服务管理器。如没有 SQL Server 2000 个人版，也可以直接使用在用友教学版安装光盘中“tools”目录下的 MSDE 2000 数据库简装版。

启动 Windows 系统后将用友 ERP-U8 教学管理软件安装盘放入光盘驱动器中，双击光盘目录中的“Setup.exe”文件，则进入用友 ERP-U8 管理软件安装界面（如图 2-1 所示）。

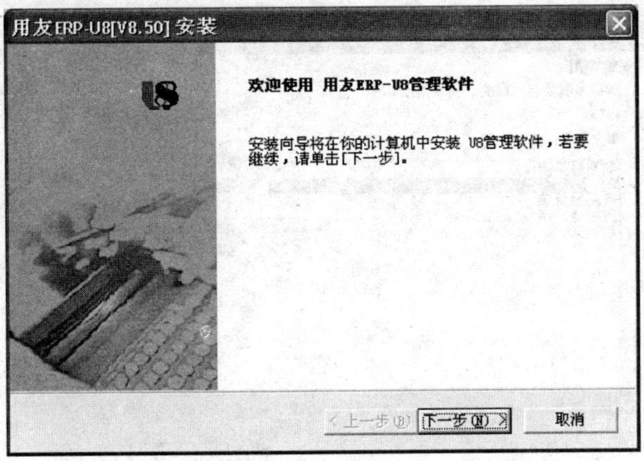
用友ERP-U8[V8.50] 安装
欢迎使用 用友ERP-U8管理软件
安装向导将在你的计算机中安装 U8管理软件，若要继续，请单击[下一步]。
< 上一步(B)
下一步(N) >
取消

图 2-1　安装界面

单击“下一步”按钮，打开安装授权“许可证协议”对话框。单击“是”按钮，接受协议内容，打开“客户信息”确认对话框。输入用户名和公司名称，用户名默认为本机的机器名。单击“下一步”按钮，打开“选择目的地位置”对话框（如图 2-2 所示）。

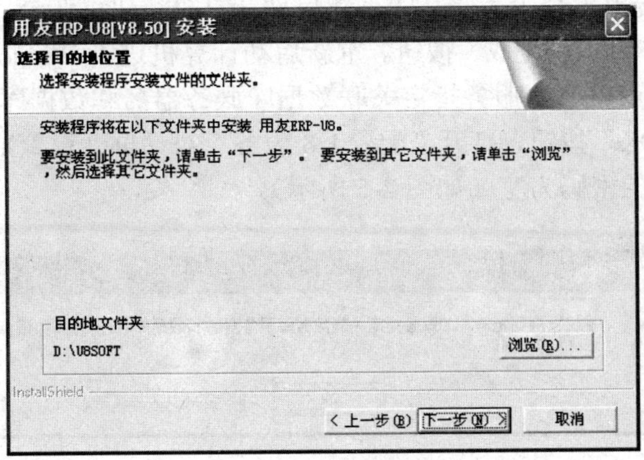
用友ERP-U8[V8.50] 安装
选择目的地位置
选择安装程序安装文件的文件夹。
安装程序将在以下文件夹中安装 用友ERP-U8。
要安装到此文件夹，请单击“下一步”。要安装到其它文件夹，请单击“浏览”，然后选择其它文件夹。
目的地文件夹
D:\U8SOFT
浏览(R)...
InstallShield
< 上一步(B)
下一步(N) >
取消

图 2-2　选择目标地址

选择安装程序安装文件的文件夹。可以单击“浏览”按钮，修改安装路径，或者单击“下一步”按钮，打开选择“安装类型”对话框。系统提供了5种安装类型，选择一种安装类型（建议选择“完全”，如图2-3所示），单击“下一步”按钮，打开“选择程序文件夹”对话框。

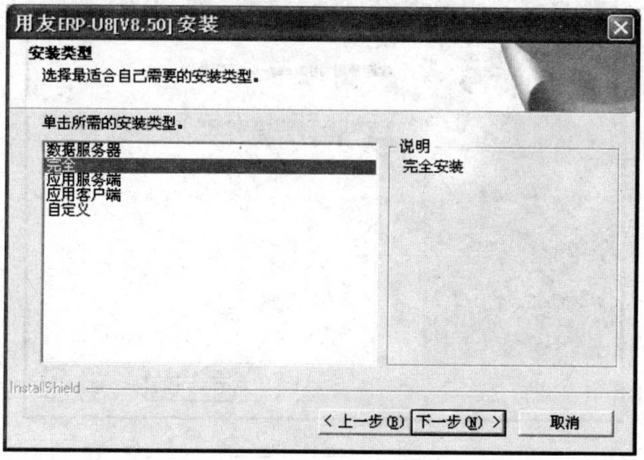

图2-3　安装类型

默认程序文件夹为“用友ERP-U8”，单击“下一步”按钮，打开“开始复制文件”对话框，单击“下一步”按钮，系统开始复制文件，文件复制完成后，显示“系统安装完成”对话框，系统提示是否需要立即重新启动计算机，建议选择“是，立即重新启动计算机”单选按钮，单击“完成”按钮。重新启动计算机进入Windows操作平台，系统提示“系统检测到尚未为U8服务指定关联数据库服务器名和数据库管理员密码”（如图2-4所示）。单击“OK”按钮，打开“配置U8服务”对话框。设置数据库服务器等，初次安装SQL数据库的密码为空（如图2-5所示）。

图2-4　服务管理

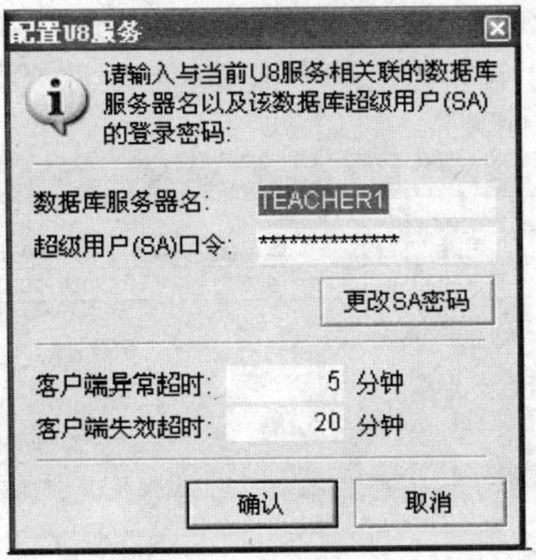

图 2-5　配置服务

在计算机屏幕右下角任务栏显示“”，表示 SQL Server 数据服务管理器安装成功；显示“”，表示 ERP-U8 应用服务管理器安装成功。

2.4.2　建立账套

从开始菜单启动“系统管理”，以超级用户 admin 身份注册（密码为空）。注意建立账套前先建立一个用户，作为账套主管（如图 2-6 所示）。

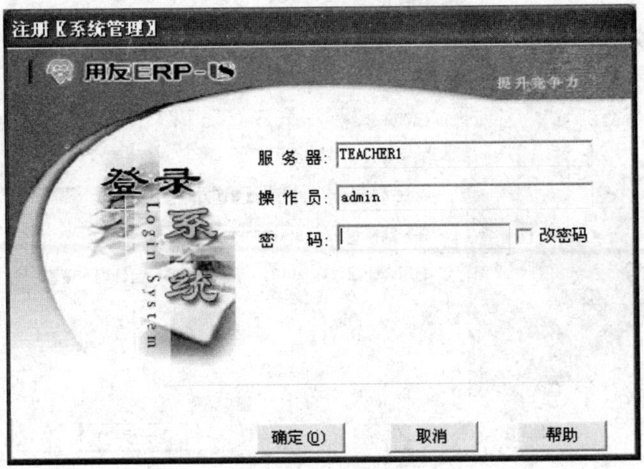

图 2-6　注册系统管理

打开“账套”菜单，选择“建立”命令后，打开建立账套向导（如图 2-7、图 2-8 所示）。可以按向导的提示，设置账套号、账套名称、账套路径、启用会计期等。

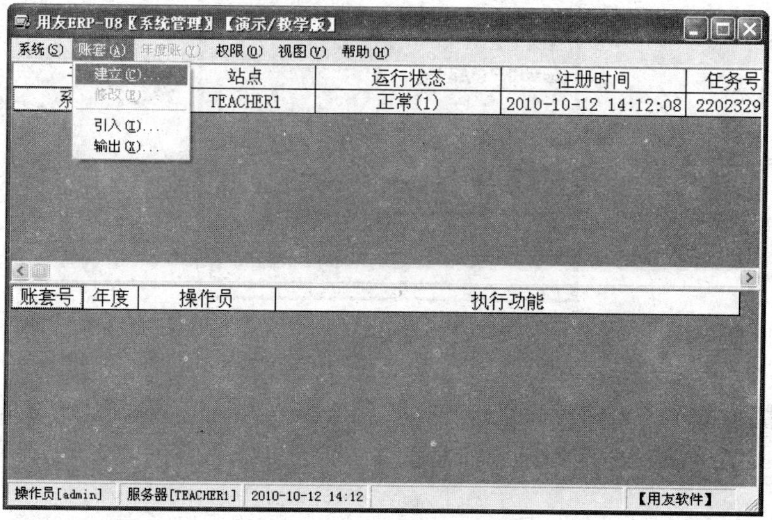

图 2-7　系统管理

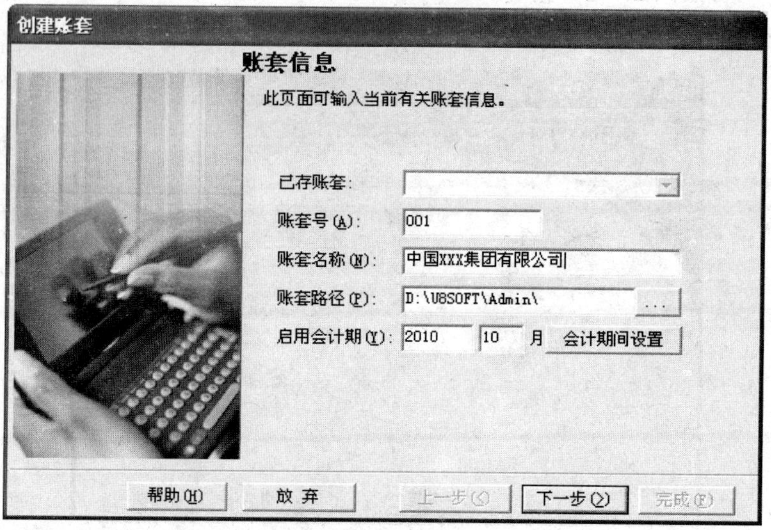

图 2-8　创建账套 1

设置单位信息，单位名称为必设信息（如图 2-9 所示）。

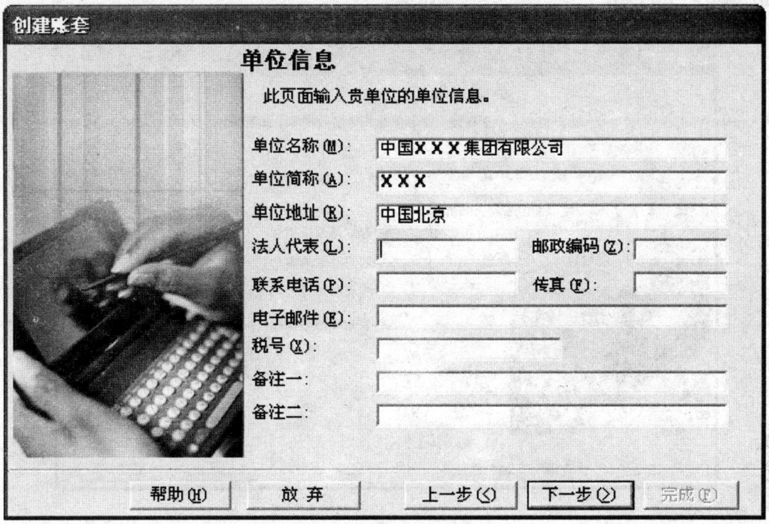

图 2-9 创建账套 2

设置本位币、企业类型、行业性质、账套主管等（如图 2-10 所示）。

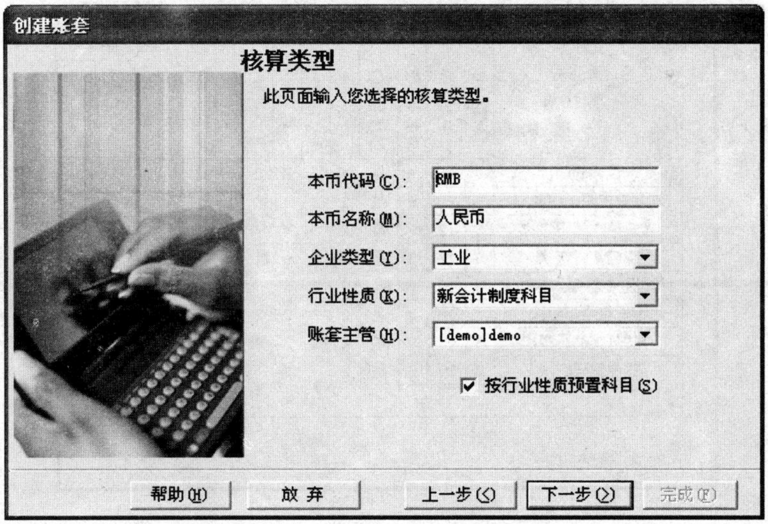

图 2-10 创建账套 3

设置存货、客户、供应商是否分类和有无外币业务，单击“完成”按钮，等待系统建立账套（如图 2-11 所示）。

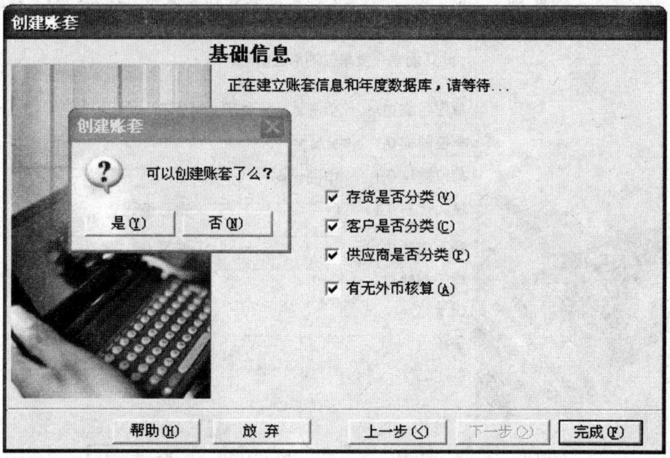

图 2-11 创建账套 4

设置系统编码方案和数据精度，启动需要的系统模块，单击“退出”按钮（如图 2-12 至图 2-14 所示）。

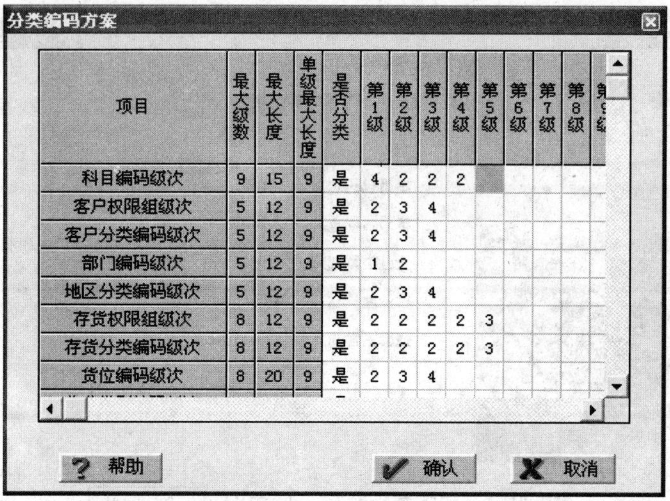

图 2-12 分类编码方案

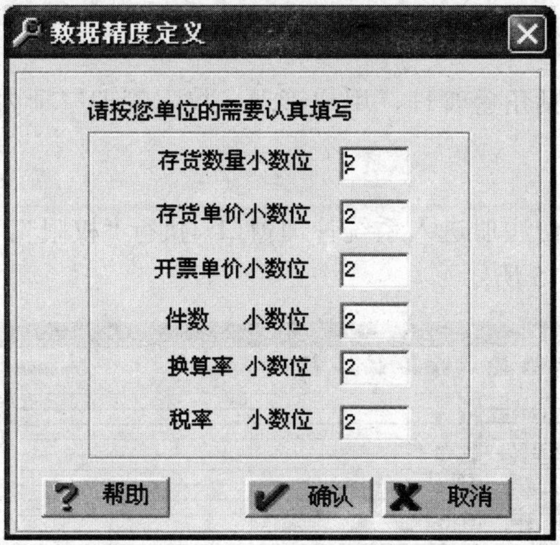

图 2-13　数据精度定义

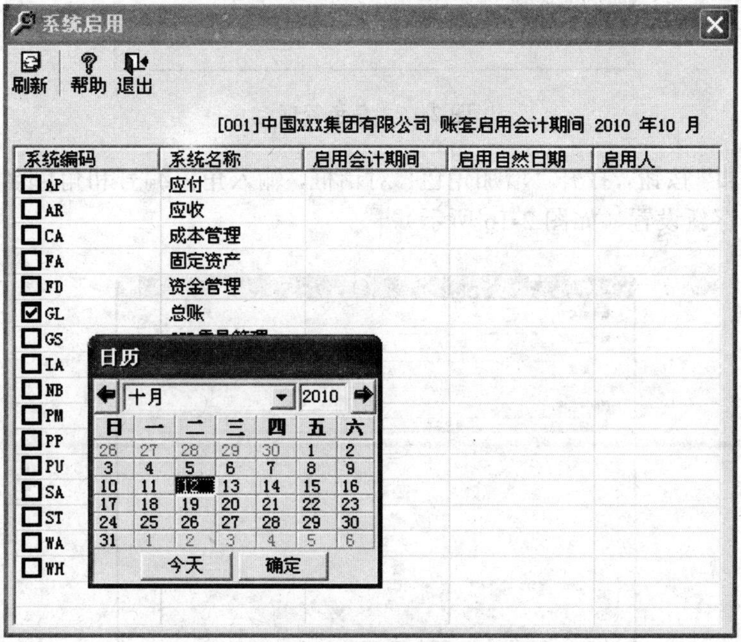

图 2-14　系统启用

2.4.3 操作员管理

操作员管理主要包括角色管理、用户管理、权限管理三项内容。

1. 角色管理

以系统管理员的身份注册进入系统管理窗口。执行“权限”、“角色”命令，打开“角色管理”窗口（如图 2-15 所示）。

图 2-15 角色管理

单击“增加”按钮，打开“增加角色”对话框，输入角色编号和角色名称。单击“增加”按钮，保存新设置（如图 2-16 所示）。

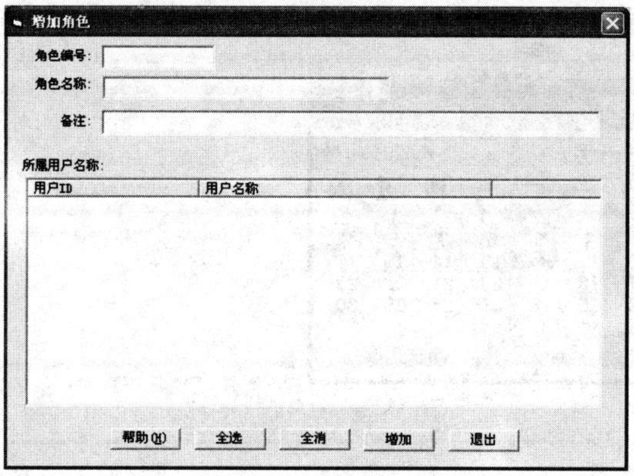

图 2-16 增加角色

2. 用户管理

执行“权限”、“用户”命令，打开“用户管理”窗口。单击“增加”按钮，打开“增加用户”对话框，输入用户编号、名称、口令以及所属部门等有关信息，并在“所属角色”列表框中选中该新增用户所属的角色。单击“增加”按钮，完成一条增加记录的输入（如图 2-17 所示）。

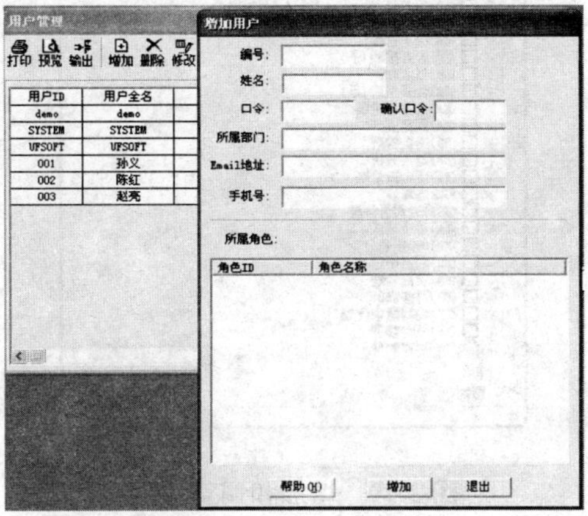

图 2-17　增加用户

3. 权限管理

执行“权限”、“权限”命令，打开“操作员权限”窗口（如图 2-18 所示）。

图 2-18　操作员权限

从左侧的操作员列表框中选择操作员，单击“修改”按钮，打开“增加和调整权限”对话框，选中相应的复选框，将该权限分给当前用户，单击“确定”按钮完成设置（如图 2-19 所示）。

图 2-19 增加和调整权限

2.4.4 账套维护

1. 引入账套

以系统管理员的身份注册进入系统管理窗口。执行“账套”、“引入”命令，打开“引入账套数据”对话框（如图 2-20 所示）。

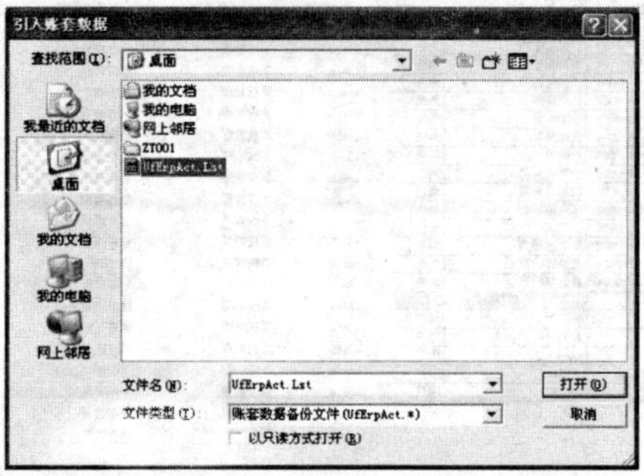

图 2-20 引入账套数据

选择所要引入的账套数据备份文件，单击“打开”按钮，当系统弹出提示对话框时，单击“是”按钮；按向导提示进行操作，最后系统弹出“账套引入成功”信息提示对话框，单击“确定”。

2. 输出账套

执行“账套”、“输出”命令，打开“账套输出”对话框（如图 2-21 所示）。选择要输出的账套（如果要彻底删除账套，则需要选中“删除当前输出账套”选项），单击“确认”按钮，经过压缩进程，打开“选择备份目标”对话框，打开存放备份数据的文件夹，单击“确认”按钮。

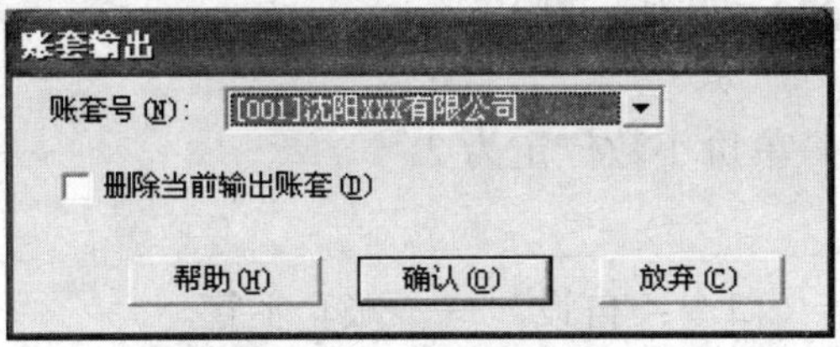

图 2-21　账套输出

用友 ERP-U850 提供自动备份功能，即设置备份计划，其作用是自动定时对设置好的账套进行输出（备份）。设置备份计划可以进行多个账套同时输出功能，大大减轻了系统管理员的工作量，同时可以更好地对系统进行管理。具体操作过程是：打开“系统管理”，以“admin”身份登录，在“系统”菜单下选择“设置备份计划”，在弹出的“设置备份计划”对话框中单击“增加”按钮，在弹出的“增加备份计划”对话框中填写计划编号、计划名称、备份类型、发生频率等，设置完成。

2.5　实 训 资 料

1. 企业资料

（1）账套信息。

账套号：001；

账套名称：学生姓名有限公司；

账套路径：采用默认账套路径；

启用会计期：2010 年 1 月；

会计期间设置：1 月 1 日—12 月 31 日。

（2）单位信息。

单位名称：学生姓名有限公司；

单位简称：姓名公司。

（3）核算类型。

该企业的记账本位币为人民币（RMB）；企业类型为工业；行业性质为新会计制度；账套主管为学生的名字；按行业性质预置科目。

（4）基础信息。

该企业有外币核算，进行经济业务处理时，需要对存货、客户、供应商进行分类。

（5）分类编码方案。

科目编码级次：42222；其他：默认。

（6）数据精度。

该企业对存货数量、单价小数位定为2。

2. 财务分工

（1）001　学生名字（口令：自设）——账套主管。

负责财务软件运行环境的建立以及各项初始设置工作；负责财务软件的日常运行管理工作，监督并保证系统的有效、安全、正常运行；负责总账系统的凭证审核、记账、账簿查询、月末结账工作；负责报表管理及其财务分析工作。

具有系统所有模块的全部权限。

（2）002　学生名字1（口令：自设）——出纳。

负责现金、银行账管理工作。

具有“总账—凭证—出纳签字”权限，具有“总账—出纳”的全部操作权限。

（3）003　学生名字2（口令：自设）——会计。

负责总账系统的凭证管理工作以及客户往来和供应商往来管理工作。

具有“总账—凭证—凭证处理”的全部权限，具有“总账—凭证—查询凭证、打印凭证、科目汇总、摘要汇总表、常用凭证、凭证复制”权限，具有“总账—期末—转账设置、转账生成”权限。

3. 实训内容

（1）建立单位账套。

（2）增加操作员。

（3）进行财务分工。

（4）备份账套数据。

（5）账套数据引入。

（6）修改账套数据。

第3章 主 管 会 计

3.1 学习与训练目标

主管会计根据企业的行业性质选择合适的会计核算方式，在实际的会计工作中主要进行凭证管理、账簿处理、个人往来款管理、部门管理和项目核算管理等。本模块的学习与训练目标是让学生掌握主管会计的会计核算岗位基本技能，具体包括会计科目设计与选择、制单控制、权限控制、凭证审核、查账、记账、月末结账等。

3.2 岗位任务分析

企业的信息系统是企业重要的管理平台和工具，其运行要有专职人员进行管理，主管会计要兼顾系统管理员的部分主要工作，要保障信息系统的财务核算功能的正常运行。主管会计要负责完成系统账套的建立，账套属性的修改，账套资料的备份、删除等维护工作，并进行系统操作员的建立，划分操作员的角色，限定操作员的系统权限，及企业财务核算基础选项的设置。

3.3 岗位相关知识

1. 建立账套

企业在使用会计信息系统之前，必须要新建本单位的账套。建立账套时，要输入新建账套的基本信息，包括单位信息、核算类型、基础信息等。

（1）输入账套信息：用于记录新建账套的基本信息，包括已存账套、账套号、账套名称、账套路径、启用会计期、会计期间设置等。

（2）输入单位信息：用于记录本单位的基本信息，单位名称为必输项。

（3）核算类型设置：用于记录本单位的基本核算信息，包括本币代码、本币名称、账套主管、企业类型、行业性质和是否按行业预置科目等。

（4）基础信息设置：用于设置存货分类、客户分类、供应商分类、外币核算等企业的基础信息。

2. 账套修改

当系统管理员建完账套和账套主管建完年度账后，未使用时，账套主管要对账套信息进行核对，可以对某些信息进行调整，以更真实准确地反映企业的相关内容。可修改的信息主要有：账套名称、单位信息、账套分类信息和数据精度信息。

3. 账套维护

（1）账套引入：引入账套功能是指将系统外某账套数据引入本系统中。

（2）账套输出：输出账套功能是指将所选的账套数据进行备份输出。

（3）账套删除：删除账套功能是指根据客户的要求，将所希望的账套从系统中删除。此功能可以一次将该账套下的所有数据彻底删除。

4. 用户管理

为加强企业内部控制中权限的管理，增加控制的广度、深度和灵活性，应对操作员按角色分工设置权限进行管理。

（1）角色：是指在企业管理中拥有某一类职能的组织。用户管理可以定义角色的权限，对账套中的角色进行增加、删除、修改等维护工作。

（2）用户：类似于Windows的用户账号，只有设置了具体的用户之后，才能进行相关的操作。

（3）权限：设定不同用户、角色的操作权限，可以实现功能、数据、金额三个层次的权限管理。

系统管理员在进行权限设置时，要注意用户和角色设置不分先后顺序，可以根据需要进行设置。但对于自动传递权限来说，应该首先设定角色，然后分配权限，最后进行用户的设置。设置用户时，如果选择其归属某个角色，则其自动具有该角色的权限。一个角色可以拥有多个用户，一个用户也可以分属于多个不同的角色。

5. 会计科目

会计科目是按照会计对象的经济内容性质的不同而进行的分类标志，是对会计要素的具体内容进行分类核算的项目名称。为了充分体现计算机管理的优势，应对以往的一些科目结构进行调整，可以充分发挥计算机的辅助核算功能。将会计科目设置辅助核算科目，可设置部门、个人、客户、供应商、项目五种辅助核算以及部门客户、部门供应商、客户项目、供应商项目、部门项目及个人项目六种组合辅助核算。科目设置了辅助核算后，它所发生的每一笔业务都将登记在辅助总账和辅助明细账上。

6. 凭证类别

使用计算机录入凭证之前，要设置凭证类别，如：收款凭证、付款凭证、转账凭证。凭证类别可根据企业需要进行设置。

7. 结算方式

结算方式可按企业常用的收、付款结算方式，如支票、商业汇票、银行本票等进行设置。

8. 期初余额

在使用会计信息系统时，为保证会计核算的连续性，应先将上一会计期间的借贷方累计发生额计算清楚，作为启用系统的期初数据录入总账系统中。若有辅助核算，还应整理各辅助项目的期初余额。

3.4 岗位工作实践

3.4.1 账套管理岗位工作实践

以账套主管的身份注册，选择相应的账套，进入系统管理窗口（如图 3-1 所示）。

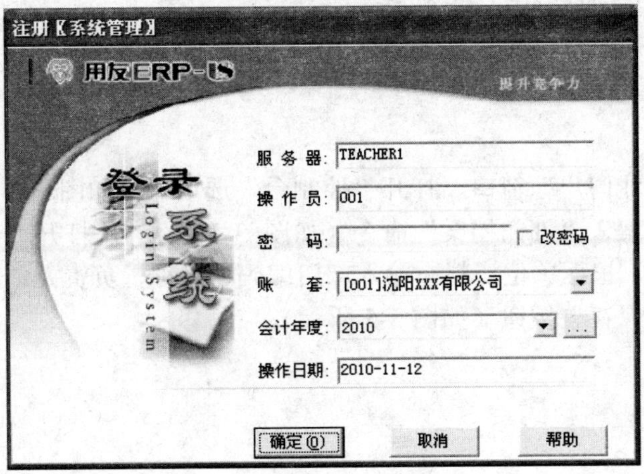

图 3-1　注册系统管理

执行“账套”、“修改”命令，即可进行账套修改（如图 3-2 所示）。可以修改的信息主要有账套信息、单位信息、账套分类信息和数据精度信息等，而系统管理员无权修改。

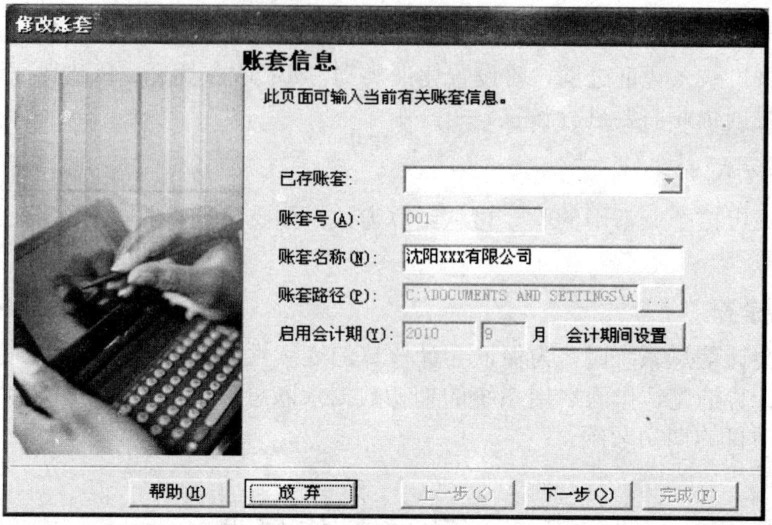

图 3-2 修改账套

账套主管还可以进行系统管理的其他操作，具体操作可以参考第 2 章“系统管理员”的系统管理操作，此处不再详细介绍。

3.4.2 期初基础管理岗位工作实践

1. 定义企业基础资料

（1）部门档案。

注册进入“企业门户”窗口，打开“控制台”选项卡（如图 3-3 所示）。执行“基础信息”、“基础档案”、“部门档案”命令（如图 3-4 所示），打开“部门档案”窗口。单击“增加”按钮。根据单位资料，输入部门编码、名称、负责人、部门属性、信用信息等信息，单击“保存”按钮（如图 3-5 所示）。

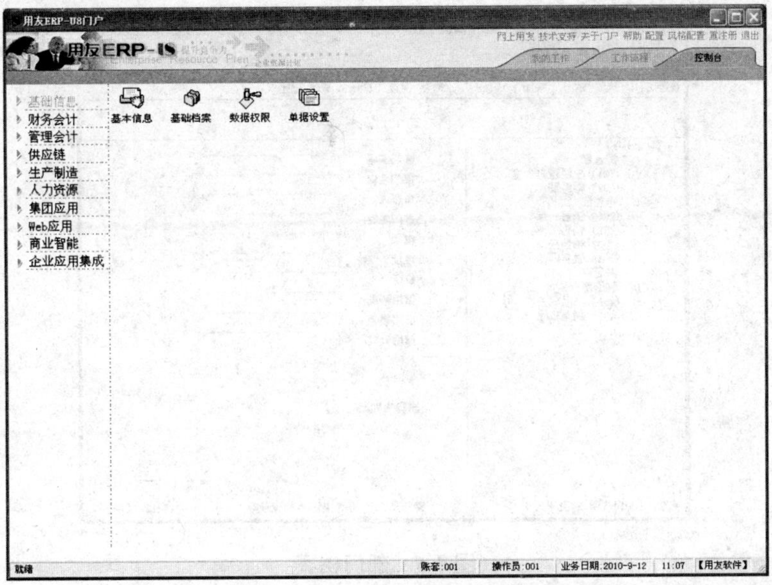

图 3-3　控制台

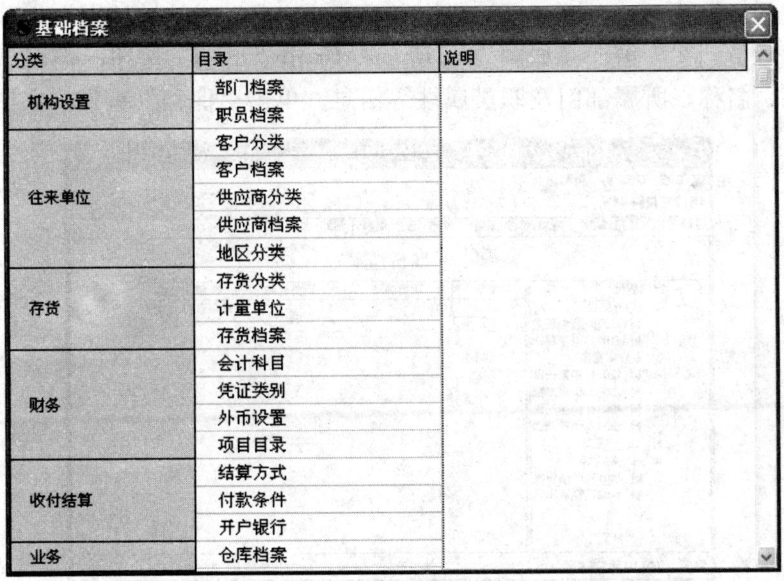

图 3-4　基础档案

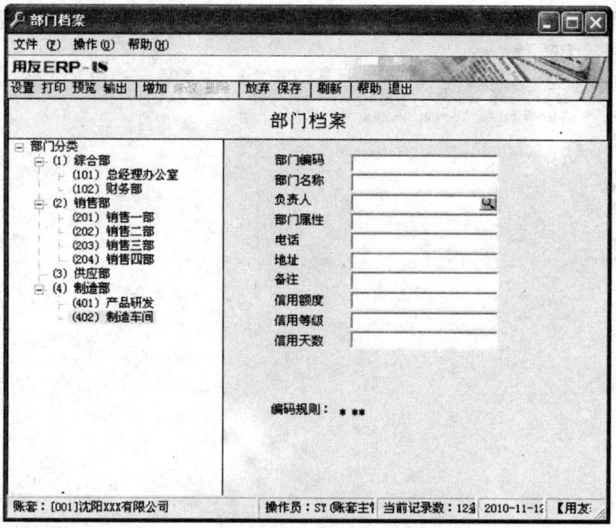

图 3-5 部门档案

（2）职员档案。

注册进入“企业门户”窗口，依次执行“基础信息”、“基础档案”、“职员档案”命令，打开“职员档案”窗口（如图 3-6 所示）。单击“增加”按钮，根据单位资料，输入职员编码、名称、所属部门及职员属性等信息，单击“保存”按钮（如图 3-7 所示）。

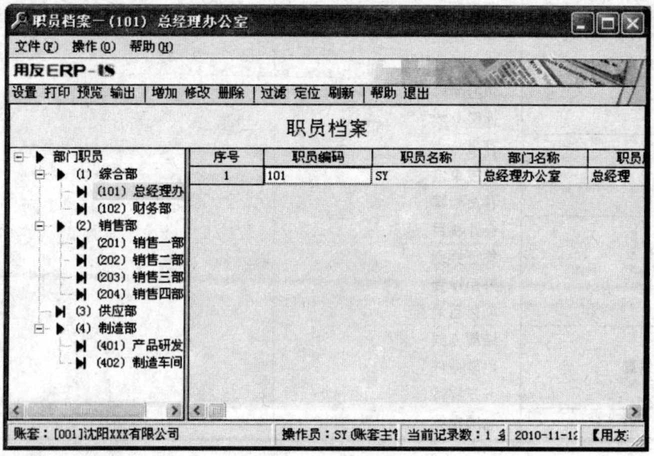

图 3-6 职员档案

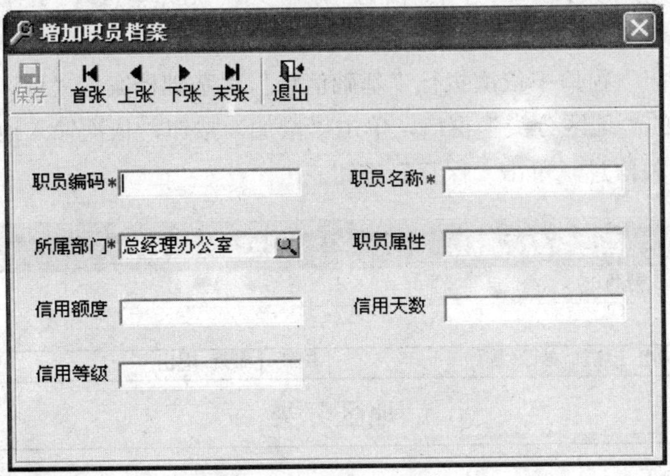

图 3-7　增加职员档案

2. 往来单位设置

（1）定义客户分类。

在“企业门户”窗口中依次执行“基础信息”、“基础档案”、“客户分类”命令，打开如图 3-8 所示的“客户分类”窗口，单击“增加”按钮，依次输入客户类别编码及类别名称等有关信息，单击“保存”按钮。

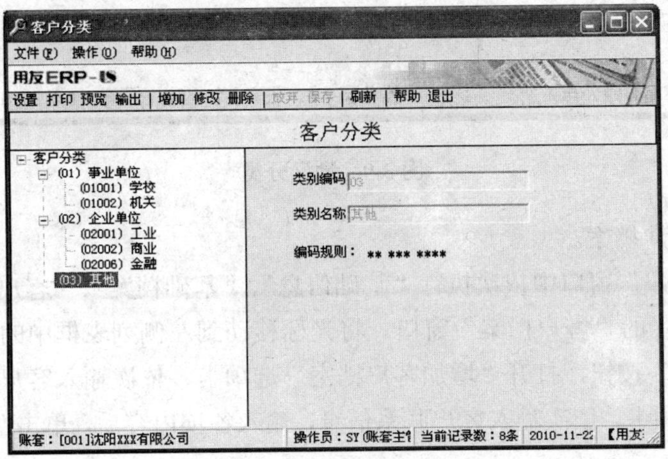

图 3-8　客户分类

（2）定义地区分类。

在“企业门户”窗口中依次执行“基础信息”、“基础档案”、“地区分类”命令，打开如图 3-9 所示的“地区分类”窗口，单击“增加”按钮，依次输入地区类别编码及地区类别名称等有关信息。单击“保存”按钮。

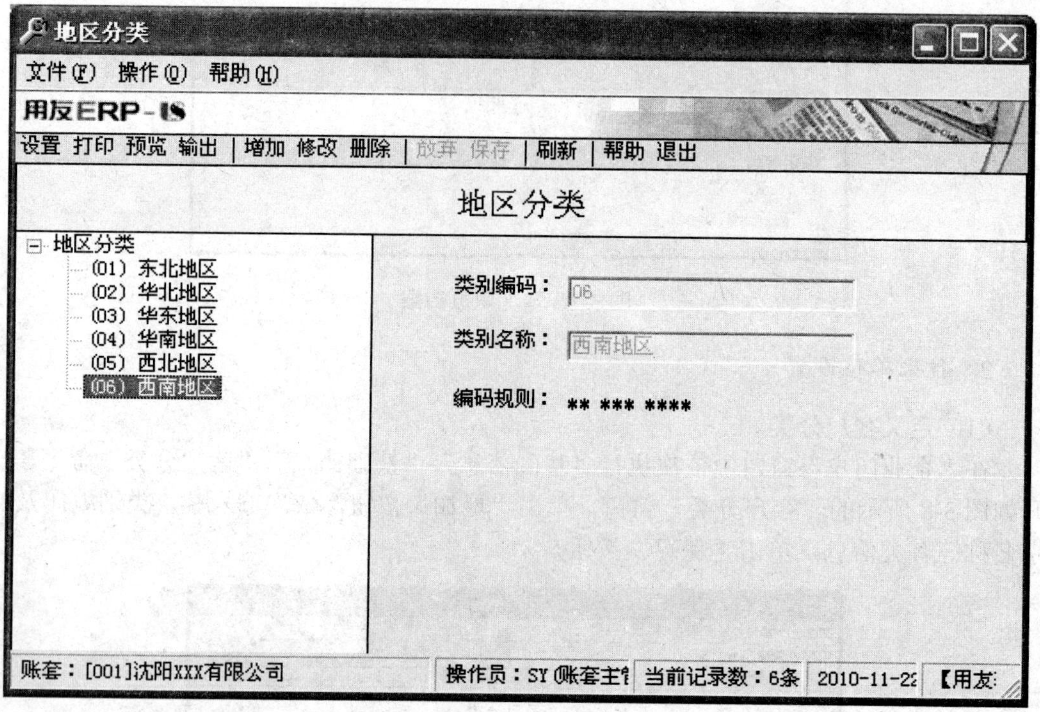

图 3-9 地区分类

（3）设置客户档案。

在“企业门户”窗口中依次执行“基础信息”、“基础档案”、“客户档案”命令，打开如图 3-10 所示的“客户档案”窗口。将光标移动到左侧列表框中的最末级客户分类上，单击“增加”按钮，打开“增加客户档案”选项卡，依次输入客户基本信息；继续打开“联系”选项卡，依次输入客户联系信息，输入各项内容后，单击“保存”按钮（如图 3-11 所示）。

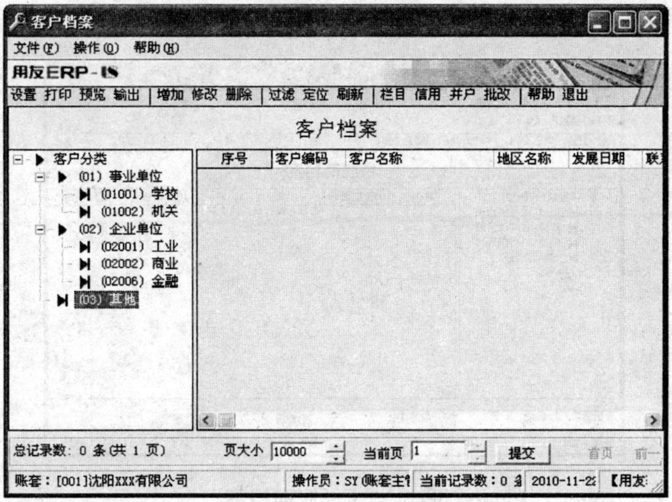

图 3-10　客户档案

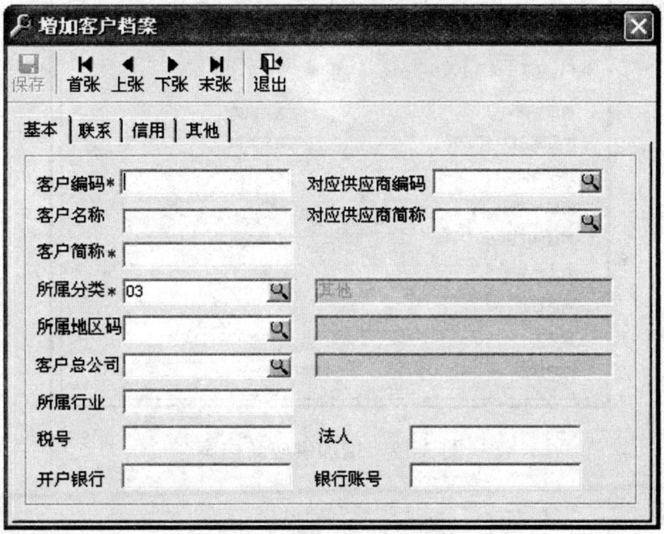

图 3-11　增加客户档案

（4）供应商档案管理。

在“企业门户”窗口中依次执行“基础信息”、“基础档案”、“供应商档案”命令，打开如图 3-12 所示的“供应商档案”窗口。将光标移动到左侧列表框中的最末级供应商分类上，单击“增加”按钮，打开“增加供应商档案”对话框（如图 3-13 所示）。依次输入供应商编码、供应商名称等各项内容后，单击“保存”按钮。

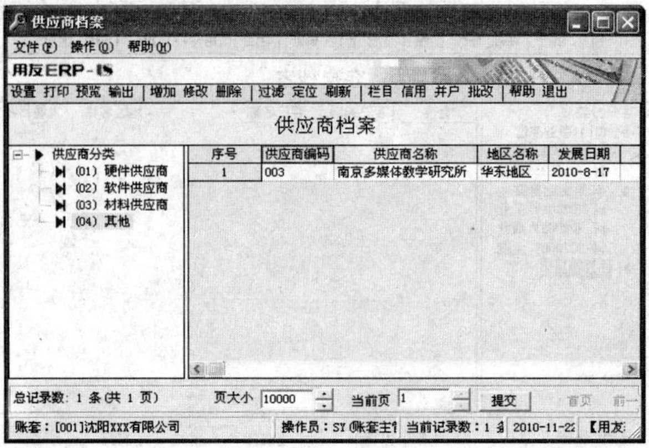

图 3-12 供应商档案

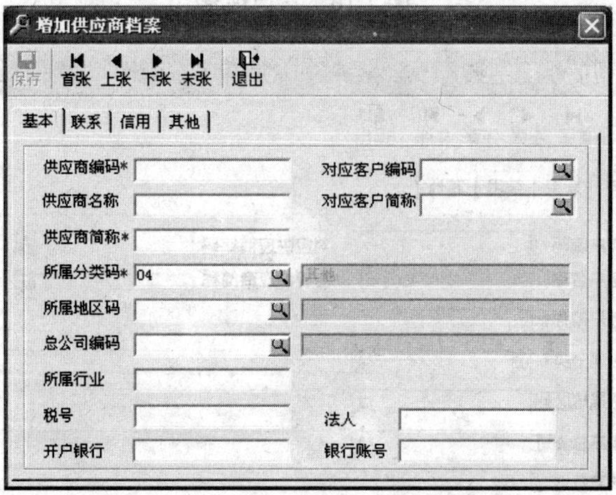

图 3-13 增加供应商档案

3. 存货设置

（1）存货分类。

在“企业门户”窗口中依次执行“基础信息”、“基础档案”、“存货分类”命令，即可进行存货分类设置。可以根据对存货的管理要求对存货进行分类管理，以便对业务数据进行统计和分析。存货分类最多可分 8 级，编码总长不能超过 30 位，每级级长用户可自由定义。存货分类用于设置存货分类编码、名称及所属经济分类。

（2）计量单位。

用友 ERP-U850 中，设置计量单位时，应先增加计量单位组，再增加组下的具体计量单位内容。其中，无换算计量单位组表示在该组下的所有计量单位都以单独形式存在，各计量单位之间不需要输入换算率，系统默认为主计量单位。设置为浮动换算率时，可以选择的计量单位组中只能包含两个计量单位，此时需要将该计量单位组中的主计量单位、辅计量单位显示在存货卡片界面上；设置为固定换算率时，可以选择的计量单位组中才可以包含两个（不包括两个）以上的计量单位，且每一个辅计量单位对主计量单位的换算率不为空，此时需要将该计量单位组中的主计量单位显示在存货卡片界面上。

打开计量单位设置，单击“分组”按钮，在弹出的“计量单位分组”对话框中，单击“增加”按钮，输入新增的计量单位组编码、名称，并选择单位组类别，设置完成后单击“保存”（如图 3-14 所示）。

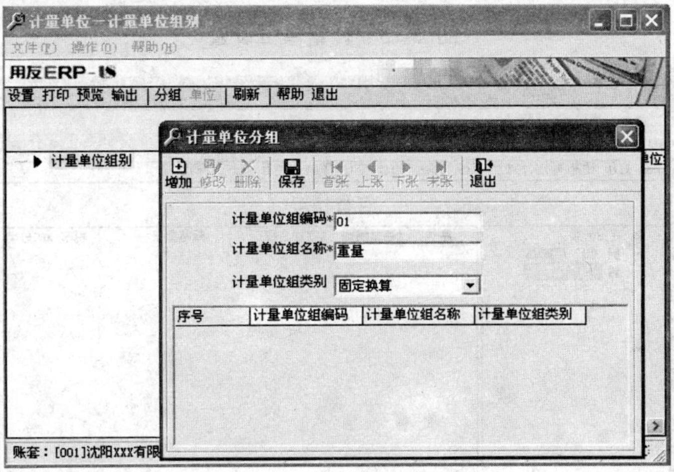

图 3-14　计量单位分组

设置计量单位时，首先选择需要增加计量单位的组别，然后单击“单位”，在弹出的“计量单位设置”对话框中，单击“增加”按钮，输入该组别的计量单位，单击“保存”（如图 3-15 所示）。

（3）存货档案管理。

在“企业门户”窗口中依次执行“基础信息”、“基础档案”、“存货档案”命令，打开如图 3-16 所示的“存货档案”窗口。单击“增加”按钮，在“增加存货档案”窗口中，依次输入存货编码、存货名称等信息（如图 3-17 所示）。

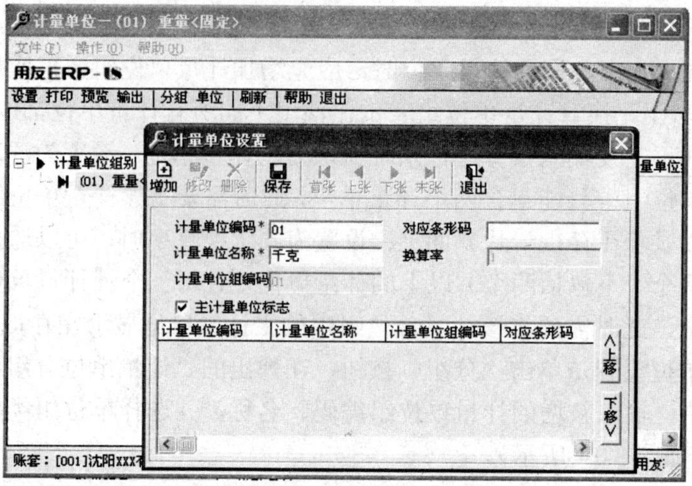

图 3-15　计量单位设置

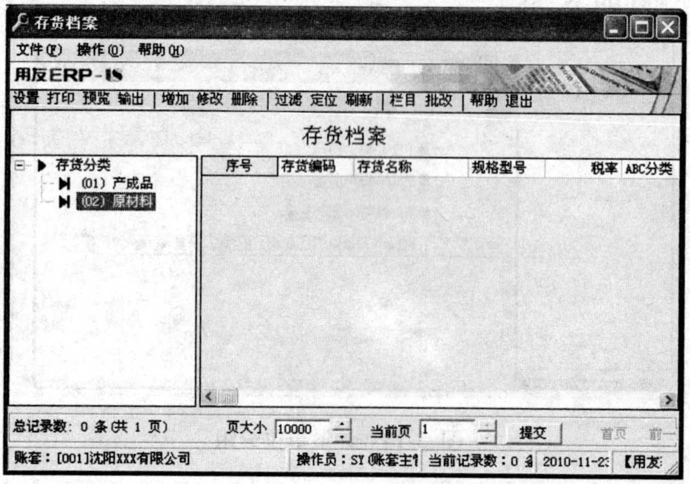

图 3-16　存货档案

4. 财务设置

(1) 设置会计科目。

① 增加会计科目。进入“总账系统”后执行“设置”、“会计科目”命令，在“会计科目”窗口中单击“增加”按钮，打开“会计科目_新增”对话框（如图 3-18 所示），依次输入科目编码、科目中文名称等内容，单击“确定”按钮保存。

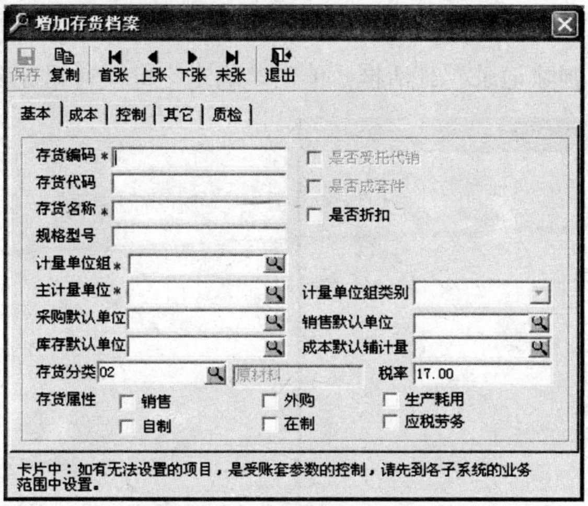

图 3-17　增加存货档案

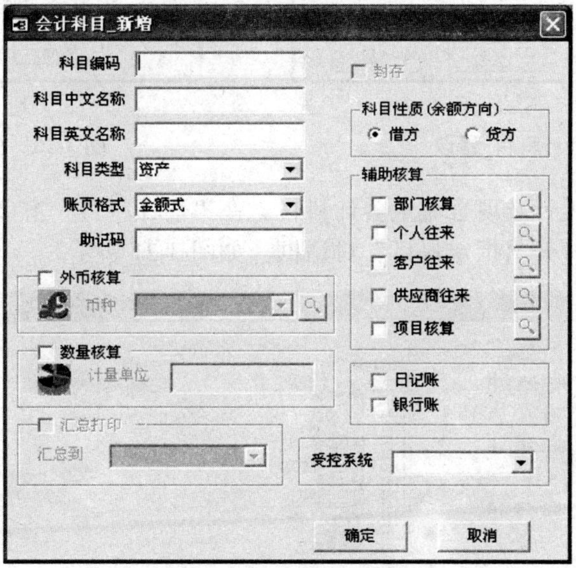

图 3-18　会计科目_新增

② 修改会计科目。在“会计科目”窗口中，选择需修改的科目单击“修改”按钮，或者双击该科目行，打开“会计科目_修改”对话框（如图 3-19 所示）。单击“修改”按钮进入修改状态，修改完毕后单击“确定”按钮保存。

③ 删除会计科目。在“会计科目”窗口中，将光标移动到需删除的科目上，单击“删除”按钮，打开“删除记录”对话框，单击“确定”将该科目删除（如图 3-20 所示）。

图 3-19 会计科目_修改

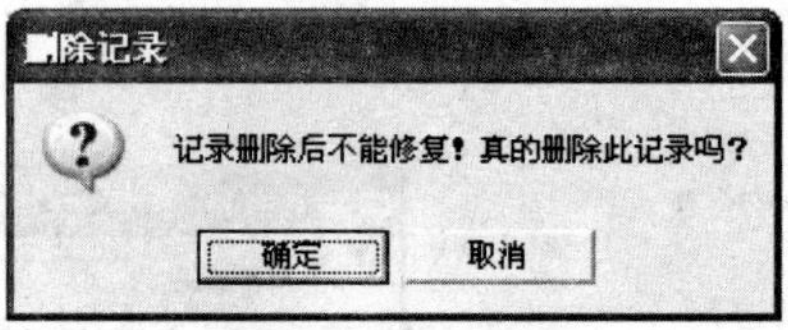

图 3-20 删除记录

④ 指定现金、银行及现金流量会计科目。在“会计科目”窗口中，执行“编辑”、“指定科目”命令，打开“指定科目”对话框（如图 3-21 所示）。

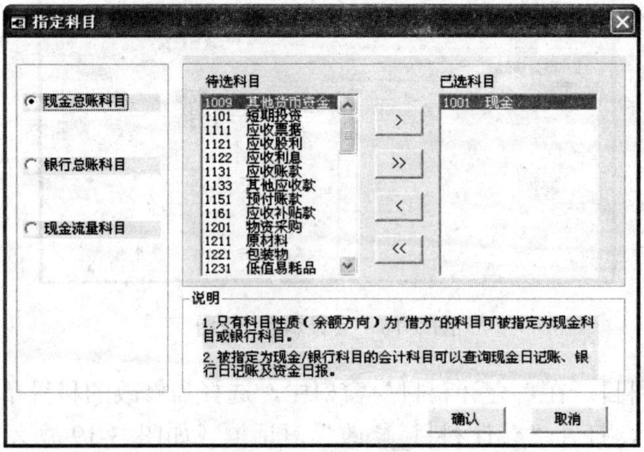

图 3-21 指定科目

选择“现金总账科目”单选按钮。在“待选科目”列表中，选择“1001 现金”科目，单击“>”按钮，将“1001 现金”科目添加到“已选科目”列表中，单击“确认”按钮保存。

（2）设置凭证类型。

首次执行“设置”、“凭证类别”命令，打开如图 3-22 所示的“凭证类别预置”对话框。

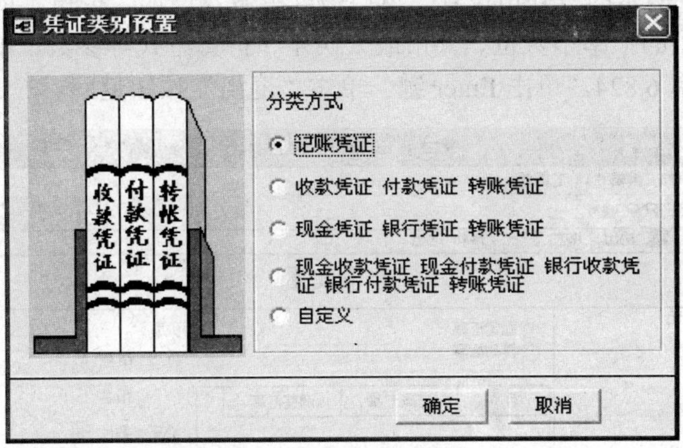

图 3-22　凭证类别预置

选择“记账凭证”单选按钮，单击“确定”按钮后打开如图 3-23 所示的“凭证类别”限制条件设置窗口。可以按企业的核算要求设置限定条件。

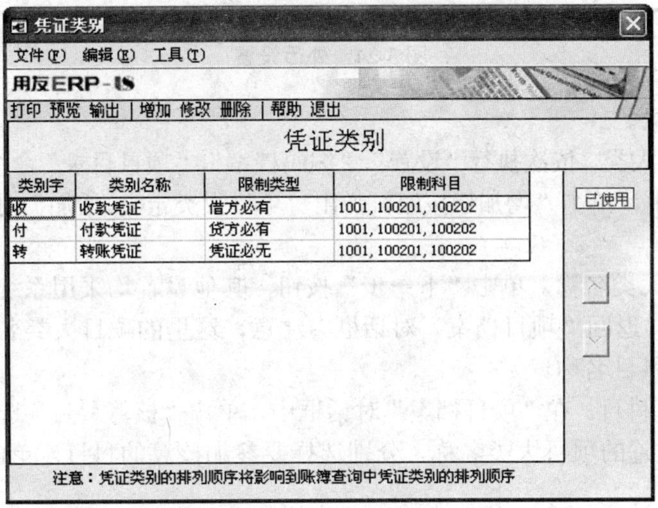

图 3-23　凭证类别

（3）定义外币种类。

这里只提供录入的固定汇率与浮动汇率，制单时使用固定汇率还是浮动汇率，须在总账系统的凭证参数中加以设置。在“总账系统”中，执行“设置”、“外币及外汇”命令，打开 “外币设置”对话框。选择“固定汇率”单选按钮。

在如图 3-24 所示的“外币设置”窗口中，单击“增加”按钮，依次输入币符及币名。默认系统提供的汇率小数位、外币最大误差和折算方式等参数。单击“确认”按钮后，输入记账汇率 6.824，单击 Enter 键。单击“退出”按钮返回。

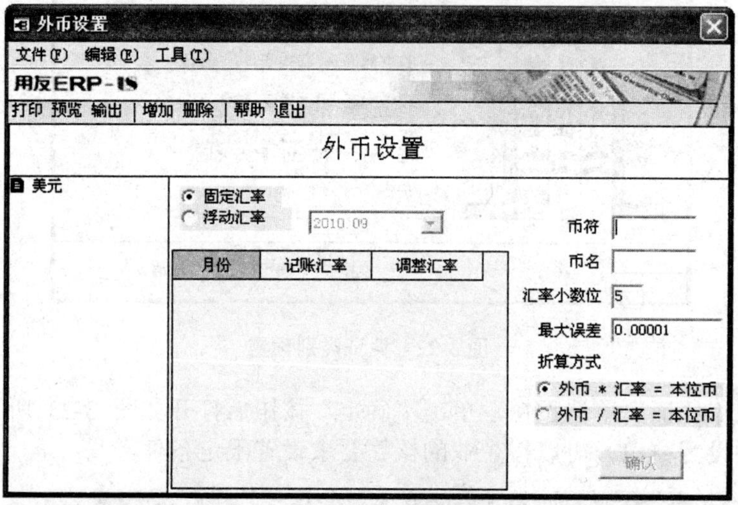

图 3-24 外币设置

（4）项目目录。

① 定义项目大类。依次执行“设置”、“编码档案”、“项目目录”命令，在弹出的“项目档案”对话框中，单击“增加”按钮，弹出“项目大类定义_增加”对话框（如图 3-25 所示）。

输入新项目大类名称，单击“下一步”按钮，其他设置均采用系统默认值。最后单击“完成”按钮，返回“项目档案”对话框。注意，这里的项目大类名称是该类项目的总称，不是会计科目名称。

② 指定核算科目。在“项目档案”对话框中，单击“核算科目”选项卡（如图 3-26 所示）。单击要设置的项目大类名称，分别选择要参加核算的科目，单击“>”按钮，单击“确定”按钮。

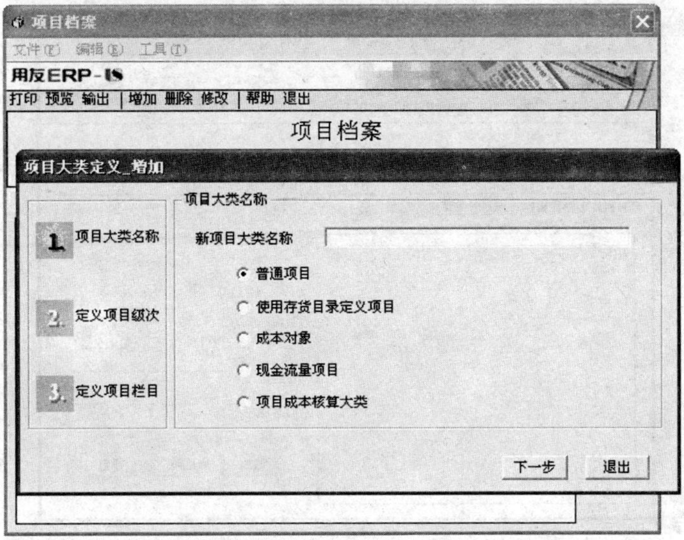

图 3-25　项目大类定义_增加

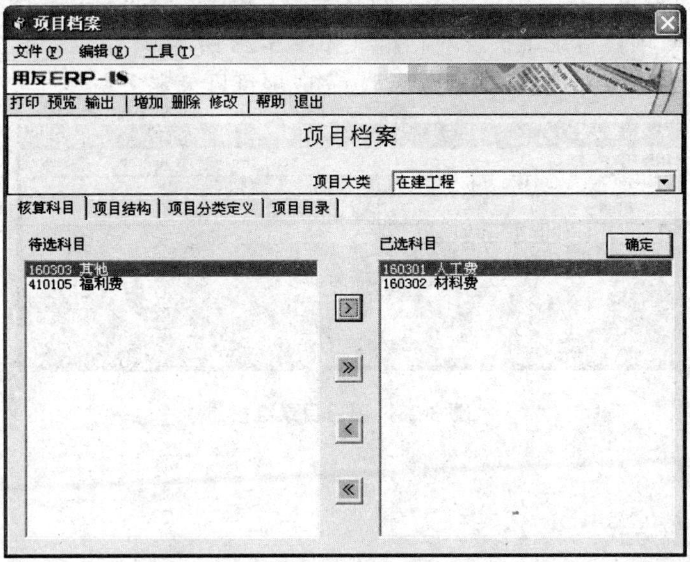

图 3-26　项目档案 1

③ 定义项目分类。在“项目档案”对话框中，单击“项目分类定义”选项卡（如图 3-27 所示）。单击右下角的“增加”按钮，输入分类编码、分类名称后，单击“确定”按钮。

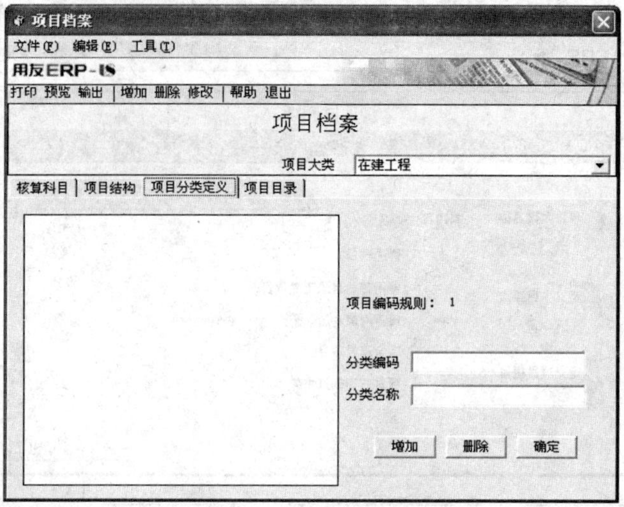

图 3-27 项目档案 2

④ 定义项目目录。在“项目档案”对话框中，单击“项目目录”选项卡。单击“维护”按钮，弹出“项目目录维护”对话框（如图 3-28 所示）。单击“增加”按钮，输入项目编号、项目名称，并选择所属分类码，完成项目目录定义。

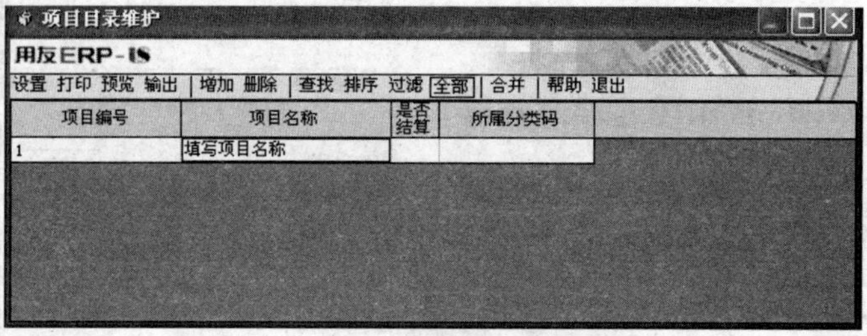

图 3-28 项目目录维护

5. 收付结算

（1）定义结算方式。

结算方式设置主要内容包括结算方式编码、结算方式名称、票据管理标志等。依次执行“设置”、“结算方式”命令，打开“结算方式”窗口（如图 3-29 所示）。

单击“增加”按钮，依次输入结算方式编码及结算方式名称。如需进行有票据管理，则选中“是否票据管理”复选框。单击“保存”按钮，该结算方式即在左侧列表框中列示。

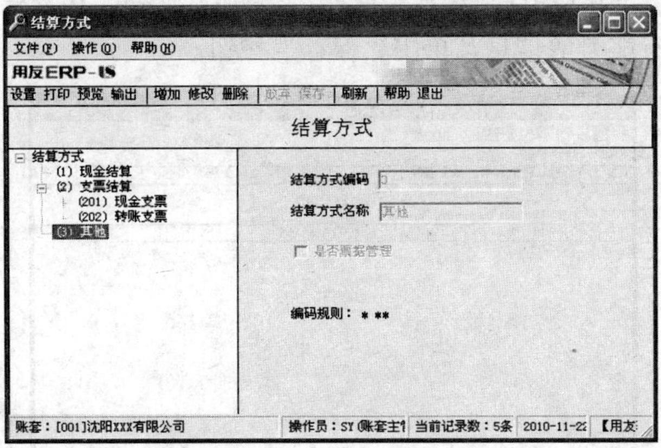

图 3-29　结算方式

（2）付款条件。

付款条件将主要在采购订单、销售订单、采购结算、销售结算、客户目录、供应商目录中引用。系统最多同时支持 4 个时间段的折扣。付款条件一旦被引用，则不能被删除和修改。

进入“企业门户”窗口，依次执行“基础信息”、“基础档案”、“付款条件”命令，系统弹出“付款条件”设置对话框（如图 3-30 所示）。单击“增加”按钮，新增付款条件项。

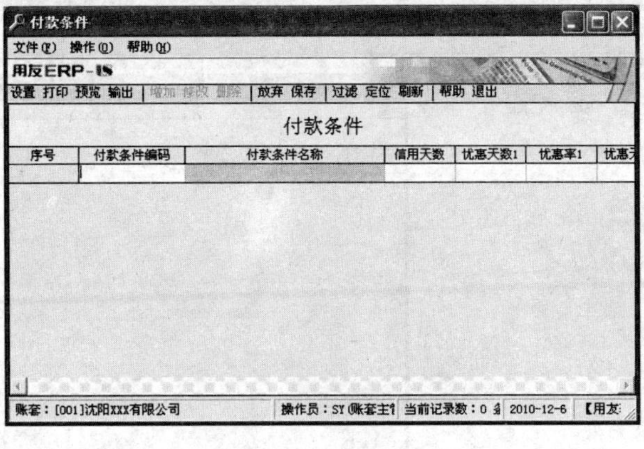

图 3-30　付款条件

（3）开户银行。

在“企业门户”窗口中依次执行“基础信息”、“基础档案”、“开户银行”命令，打开如图 3-31 所示的“开户银行”窗口。单击“增加”按钮，依次输入开户银行编码、开户银行名称及银行账号等信息，单击“保存”按钮。

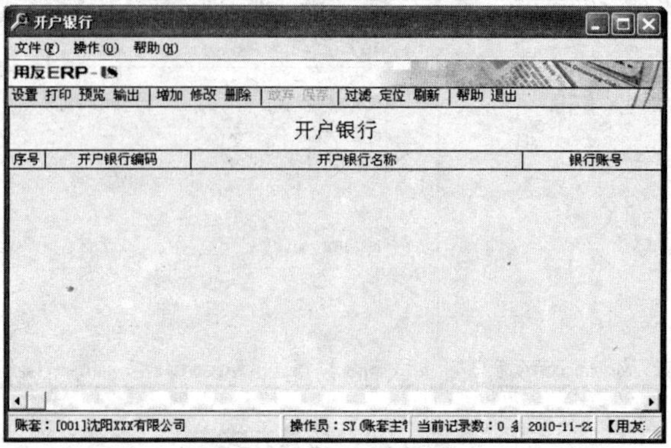

图 3-31 开户银行

6. 定义总账系统参数

注册进入“企业门户”窗口，打开“控制台”选项卡（如图 3-32 所示）。执行“基础信息”、“基本信息”、“系统启用”命令，打开如图 3-33 所示的“系统启用”对话框。选中“GL 总账”复选框，在“日历”对话框中选择总账系统的启用日期，单击“确定”按钮，弹出信息提示对话框，单击“是”，完成总账系统的启用。

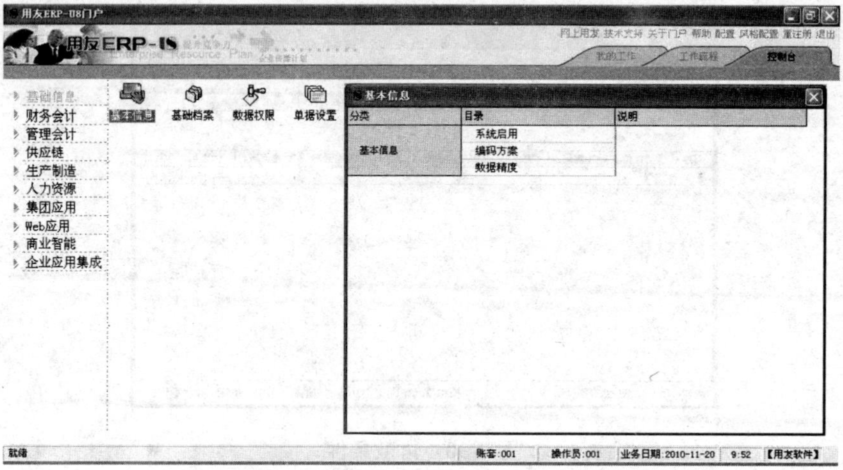

图 3-32 控制台

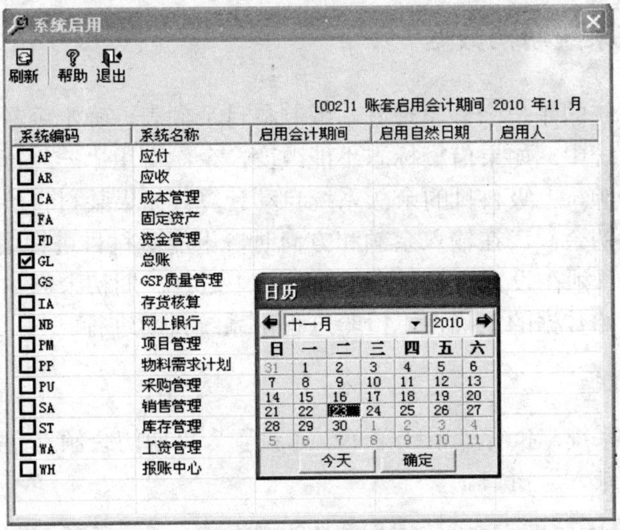

图 3-33　系统启用

在“总账系统”窗口中执行“设置”、“选项”命令，打开如图 3-34 所示的“选项”对话框。单击“编辑”按钮，进行总账参数的设置，然后单击“确定”完成设置。

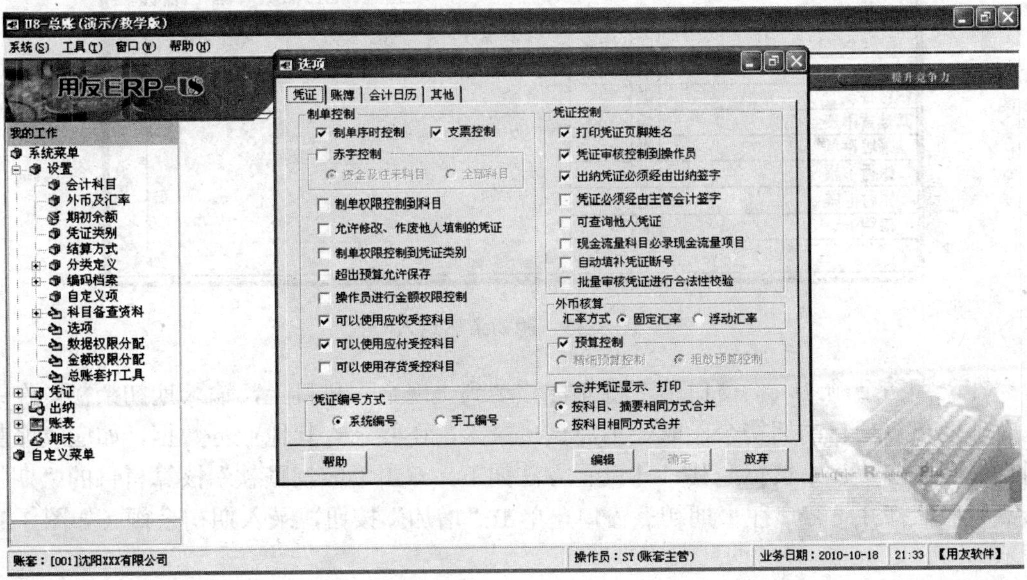

图 3-34　选项

3.4.3 录入总账系统期初数据

首先应将原系统的账户余额整理好，编制科目余额表，确定余额方向和余额，然后通过键盘输入到系统中。如果借贷标志不能改变，余额可用“－”符号表示。只需要录入最低级科目的余额，上级科目的余额系统自动计算。如果某科目涉及辅助核算，则必须输入辅助账的期初余额。在输入余额和方向时，不能对科目进行增、删、改的操作。如要增、删、改科目须在设置会计科目编辑功能中进行。期初余额输入后，必须进行试算平衡，以保证初始数据的正确性，检验过程由系统自动进行。

1. 输入期初数据

进入“总账”系统，执行“系统菜单”、“设置”、“期初余额”命令，打开如图 3-35 所示的“期初余额录入”窗口。

图 3-35 期初余额录入

在“期初余额录入”窗口中，将光标移动到“现金”科目上，输入期初余额。在录入有辅助核算项目的期初余额时，不能直接录入，还要录入其他业务数据，如应收账款科目设置了客户往来核算，其具体设置方法如下。双击“应收账款”核算科目的“期初余额”栏，打开“客户往来期初”窗口，单击“增加”按钮，录入期初余额（如图 3-36 所示）。

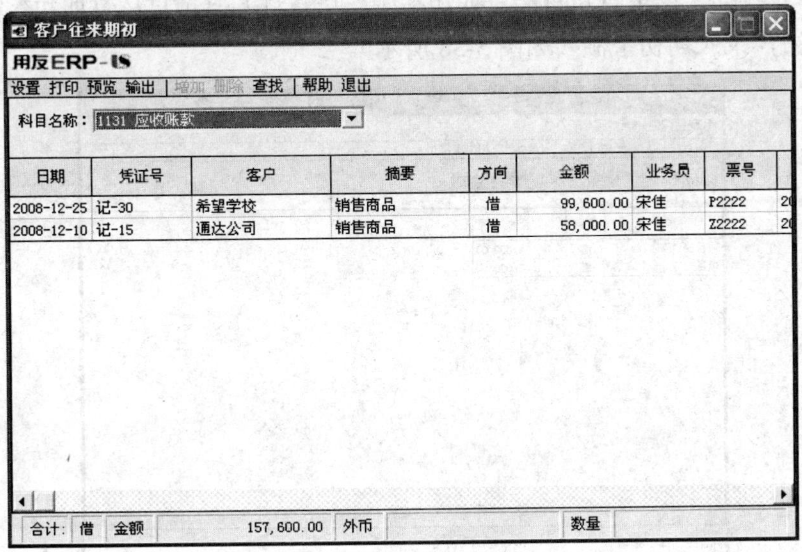

图 3-36　客户往来期初

双击“应付账款”核算科目的“期初余额”栏，打开“供应商往来期初”窗口，单击“增加”按钮，录入期初余额（如图 3-37 所示）。

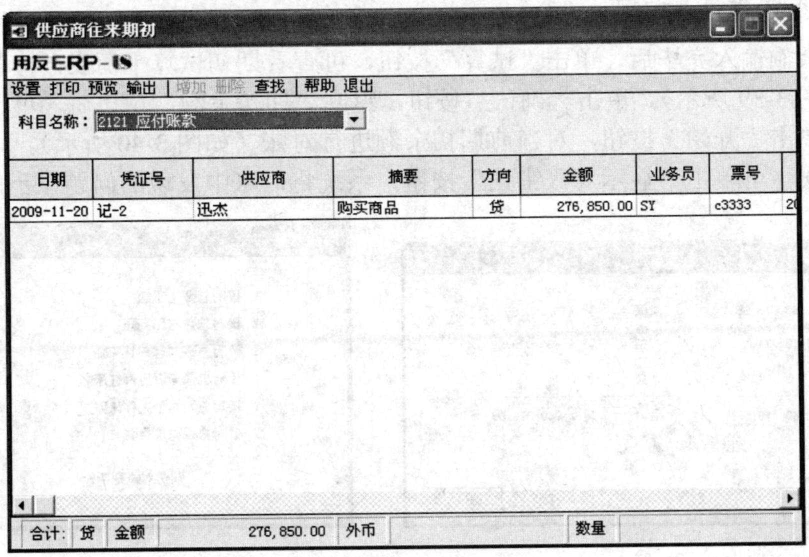

图 3-37　供应商往来期初

双击“直接成本”核算科目的“期初余额”栏，打开“项目核算期初”窗口，单击“增加”按钮，录入期初余额（如图 3-38 所示）。

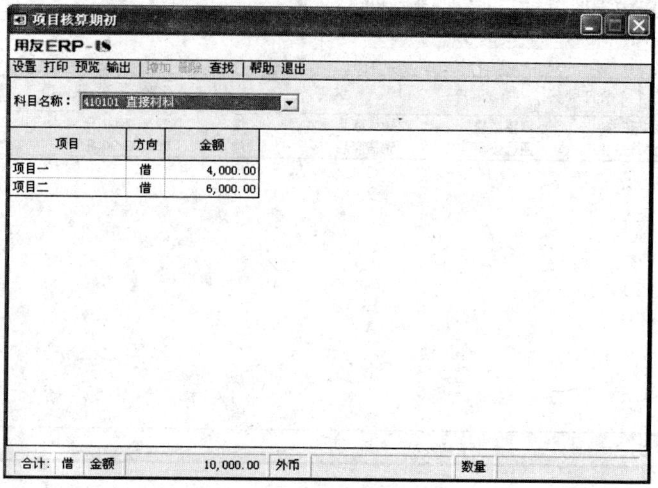

图 3-38 项目核算期初

注：在录入的过程中如遇到有“放大镜”的按钮，都可以选择参照项，无须再手工输入。

2. 期初数据试算平衡

所有余额输入完毕后，单击“试算”按钮，可查看期初试算平衡表，检查余额是否平衡（如图 3-39 所示）。单击“确认”按钮，返回“期初余额”窗口后，单击“对账”按钮，再单击“开始”按钮，对当前期初余额进行对账（如图 3-40 所示）。如果对账后发现有错误，可单击“显示对账错误”按钮，系统将对账中发现的问题显示出来。

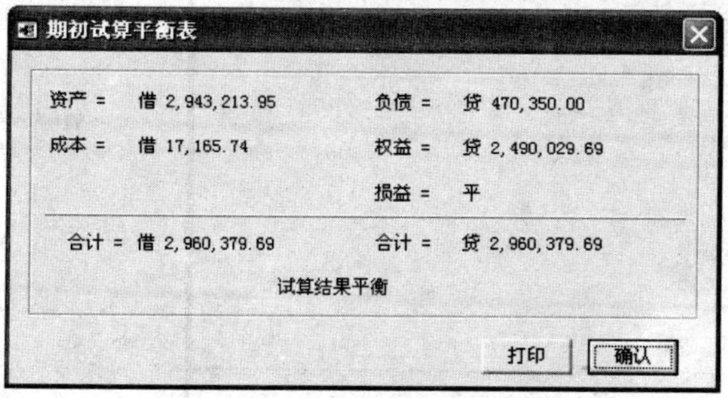

图 3-39 期初试算平衡表

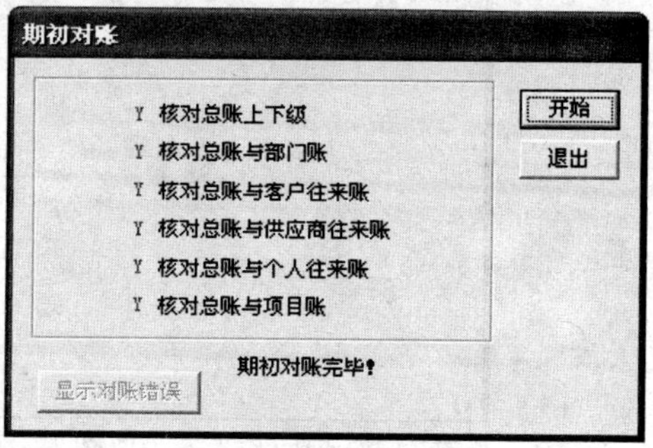

图 3-40 期初对账

3.4.4 凭证填制与管理

1. 填制凭证

在“总账”系统中，依次执行“系统菜单”、“凭证”、“填制凭证”命令，打开如图 3-41 所示的“填制凭证”对话框。

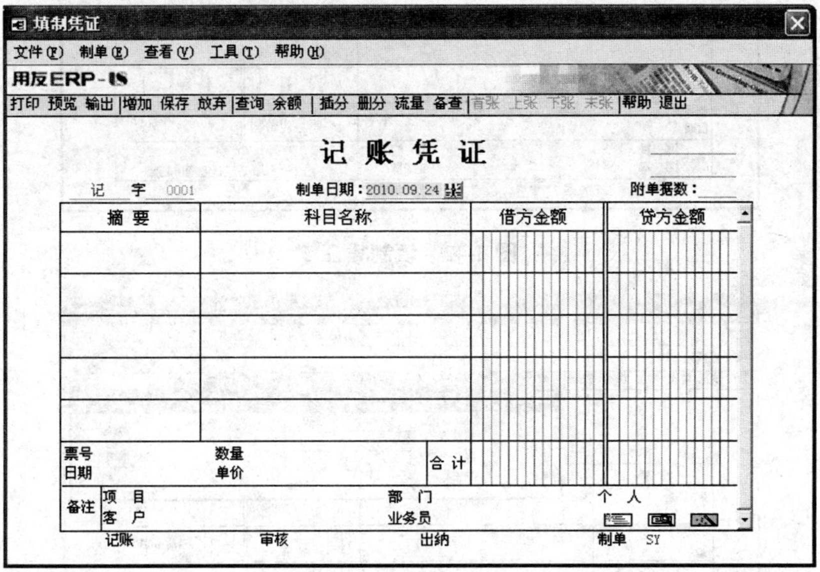

图 3-41 填制凭证 1

单击“增加”按钮，增加一张凭证。在“凭证类别”下拉列表框中选择合适的凭证类别选项，在“制单日期”位置输入“制单日期”；在“附单据数”位置处输入单据的张数；依次输入摘要、科目名称及借方金额后，按 Enter 键，继续输入下一行（如图 3-42 所示）。单击“保存”按钮，在弹出的“凭证”信息提示对话框中，单击“确定”按钮即可。

输入辅助账业务凭证。在输入有辅助核算项目的科目时，按 Enter 键后，该科目的“辅助项”对话框自动打开。如图 3-43 所示的“辅助项”对话框为“银行存款”的辅助项，按要求填好辅助项目后，单击“确认”按钮。

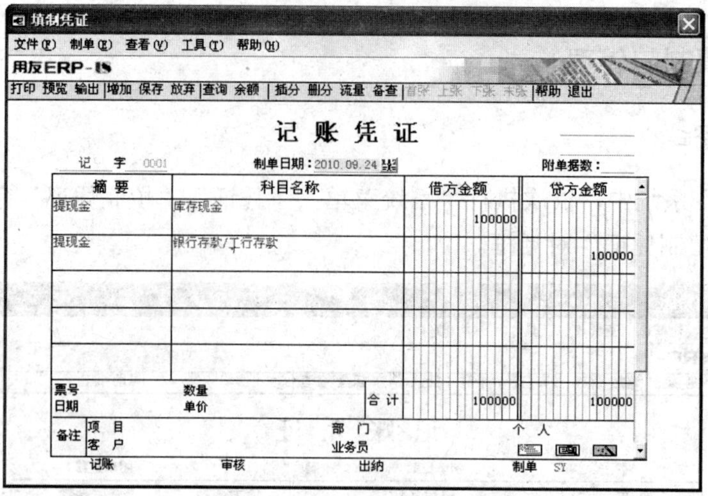

图 3-42 填制凭证 2

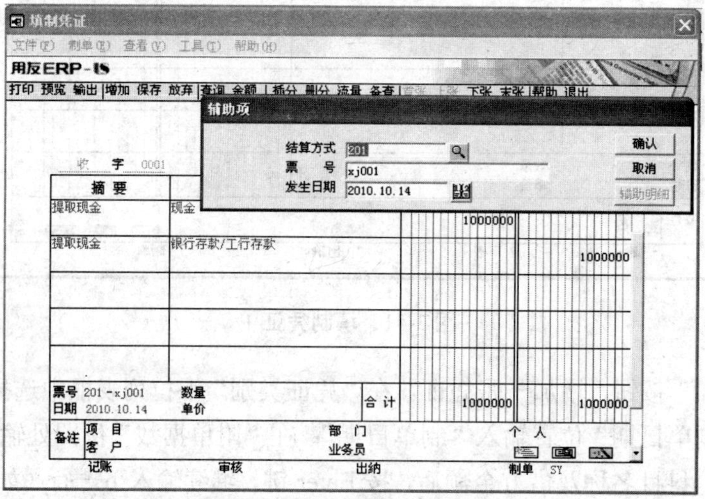

图 3-43 填制凭证—辅助项

输入外币凭证。在输入有辅助核算项目的科目时，按 Enter 键后，凭证自动变换成有外币核算的凭证模式（如图 3-44 所示）。按要求填好项目后，单击“保存”按钮。

输入客户往来核算业务凭证。在输入有客户核算项目的科目时，按 Enter 键后，该科目的“辅助项”对话框自动打开（如图 3-45 所示）。按要求填好辅助项目后，单击“确认”按钮。

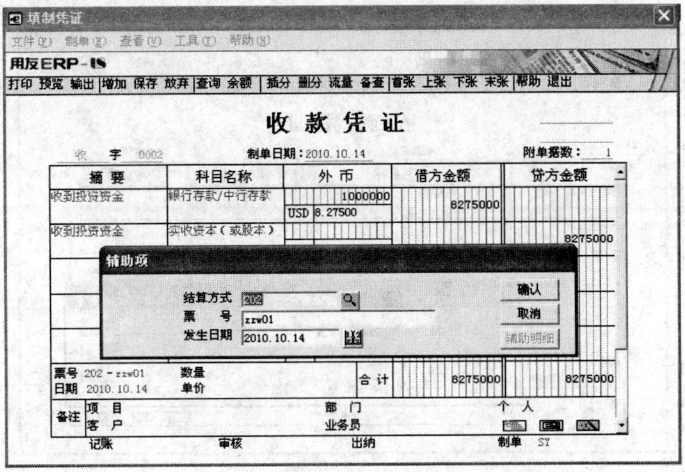

图 3-44　填制凭证—外币凭证

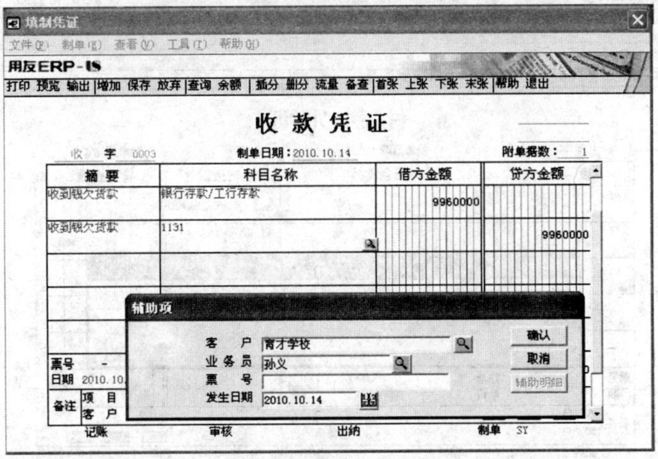

图 3-45　填制凭证—客户往来

输入个人往来核算业务凭证。在输入有客户核算项目的科目时，按 Enter 键后，该科目的“辅助项”对话框自动打开（如图 3-46 所示）。按要求填好辅助项目后，单击“确认”按钮。

输入数量金额核算业务凭证。在输入有客户核算项目的科目时，按 Enter 键后，该科目的“辅助项”对话框自动打开（如图 3-47 所示）。按要求填好辅助项目后，单击“确认”按钮。

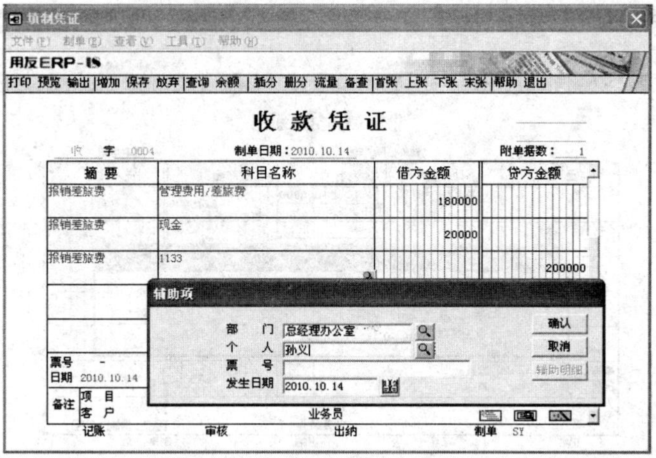

图 3-46 填制凭证—个人往来

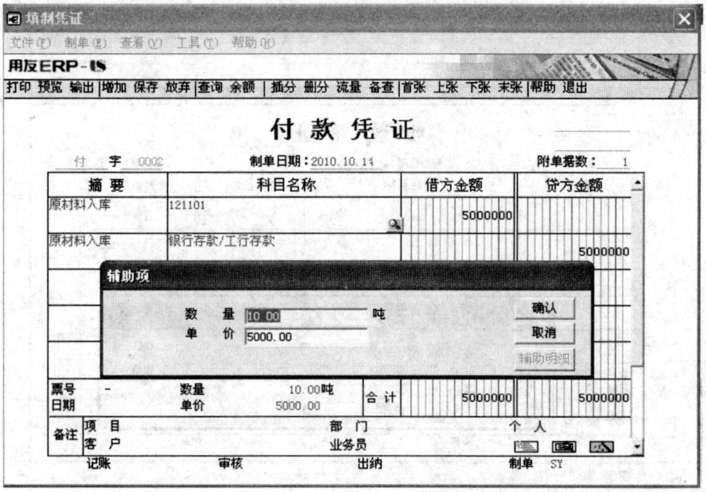

图 3-47 填制凭证—数量金额

输入部门核算业务凭证。在输入有客户核算项目的科目时，按 Enter 键后，该科目的“辅助项”对话框自动打开（如图 3-48 所示）。按要求填好辅助项目后，单击“确认”按钮。

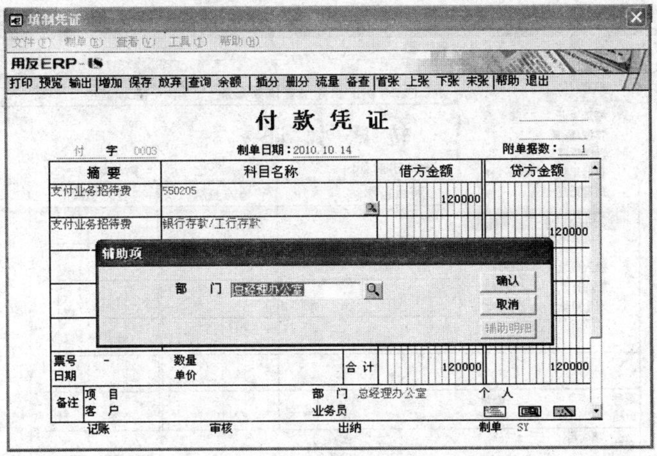

图 3-48　填制凭证-部门核算

同理，在输入有其他辅助项目核算凭证时的方法与上面的方法相同。

在日常填制凭证的过程中，经常会有许多凭证完全相同或部分相同，将这些常用的凭证存储起来，在填制会计凭证时可随时调用，稍做修改，必将大大提高业务处理的效率。在填制凭证时，打开“凭证”窗口上的“制单”，选择“生成常用凭证”，系统弹出“常用凭证生成”对话框，按要求填写“代号”和“说明”后点击“确认”，就可以将该张凭证保存成一张常用凭证（如图 3-49 所示）。在填制凭证时，选择“调用常用凭证”则可以调用已存的常用凭证，按业务修改数据后即可保存（如图 3-50 所示）。

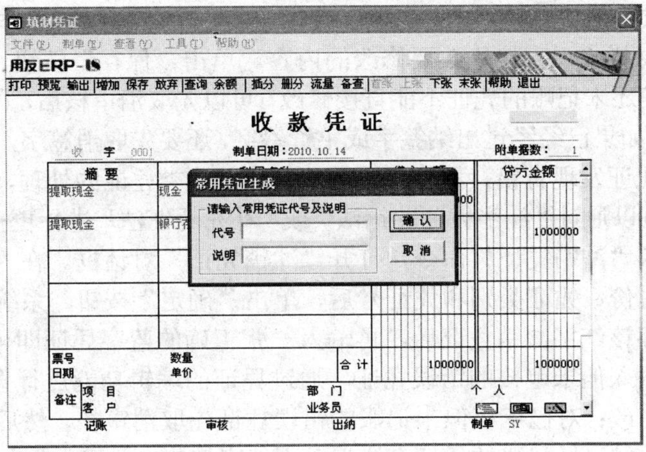

图 3-49　生成常用凭证

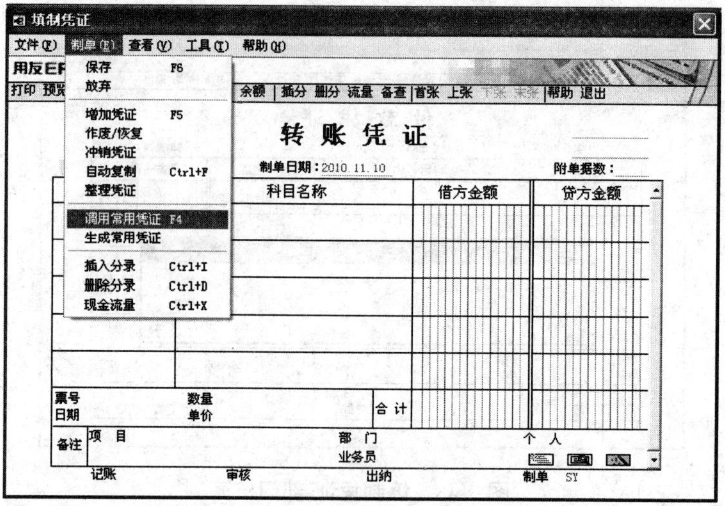

图 3-50 调用常用凭证

2. 凭证修改

对已经输入但未审核的凭证，可随时找到错误凭证，在填制状态下直接进行修改(只有操作员本人或者具有修改权限的操作员才能修改凭证，凭证编号不能修改)。依次执行“系统菜单”、“凭证”、“填制凭证”命令，在“填制凭证”对话框中，通过“首张”、“上张”、“下张”、“末张”按钮翻页查找或单击“查询”按钮，找到需修改的凭证，用光标选择需修改的项目进行修改。如果辅助项有错误，可以将鼠标放到要修改的辅助项位置上，鼠标变成笔形后直接双击；也可以直接双击“填制凭证”对话框中右下角的图标，在辅助信息栏中，直接修改要修改的内容。单击“保存”按钮，保存当前修改。

已通过审核但还未记账的凭证不能直接修改，可以先取消审核后，再通过填制凭证功能进行直接修改。如果已经经过出纳签字或主管签字，还要先取消签字，再进行修改凭证。

若已记账的凭证发现有错，不能直接修改。针对此类凭证的处理，按会计制度要求留下审计线索，可以通过“红字凭证冲销法”或“补充凭证法”进行更正。依次执行“系统菜单”、“制单”、“冲销凭证”命令，打开“冲销凭证”对话框。在“冲销凭证”对话框中，依次输入月份、凭证类别和凭证号后，单击“确定”按钮，系统自动生成一张红字冲销凭证。保存该红字冲销凭证后，再输入一张正确的蓝字凭证即可。

总之，对已输入但未审核的错误凭证，通过凭证的编辑功能进行直接修改或删除，但凭证编号不能修改；对已审核但未记账的错误凭证先取消审核，然后再通过凭证的编辑功能进行修改；对已经记账的凭证有错误，不能直接修改，可采用红字冲销法或补充登记法进行修改。凭证修改分无痕迹的修改和有痕迹的修改两种。

3. 审核凭证

审核是指由具有审核权限的操作员按照会计制度规定，对制单人填制的记账凭证进行合法性检查，包括出纳签字、审核员审核签字和主管签字三方面工作。审核内容主要包括记账凭证是否与原始凭证相符、会计分录是否正确等。

主管签字。为了加强对会计人员制单的管理，系统提供“主管签字”功能。如在总账“选项”设置时选中“凭证必须经主管签字”选项，则凭证必须经过主管签字才能审核记账。主管签字的操作方法与审核的方法基本相同。这里应该注意的是：凭证的审核人和制单人不能是同一个人，取消审核只能由审核人进行，而主管签字则不限定与制单是同一个人。出纳签字的业务实践详见第 4 章“出纳”。

以主管身份（或审核人员身份）进入总账系统。依次执行“系统菜单”、“凭证”、“审核凭证”命令，打开“凭证审核”对话框（如图 3-51 所示）。

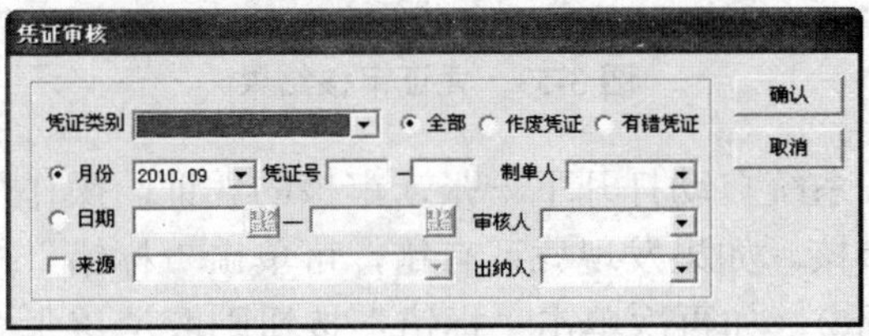

图 3-51　凭证审核

选择相应的条件后，单击“确认”按钮，打开“凭证审核”一览表（如图 3-52 所示）。单击“确定”按钮，打开“审核凭证”对话框。

制单日期	凭证编号	摘要	借方金额合计	贷方金额合计
2010.09.15	收 - 0001	提现	10,000.00	10,000.00
2010.09.15	收 - 0002	收到投资款	82,750.00	82,750.00
2010.09.15	收 - 0003	收到转账支票用来偿还前欠货款	99,600.00	99,600.00
2010.09.15	收 - 0004	报销差旅费	2,000.00	2,000.00
2010.09.15	付 - 0001	购办公用品	200.00	200.00
2010.09.15	付 - 0002	购办公用品	200.00	200.00
2010.09.15	付 - 0003	采购原材料入库	50,000.00	50,000.00
2010.09.15	付 - 0004	支付业务招待费	1,200.00	1,200.00
2010.09.15	转 - 0001	购入商品入库	9,360.00	9,360.00
2010.09.15	转 - 0002	领用原料	25,000.00	25,000.00

图 3-52　凭证审核一览表

检查无误后，单击“审核”按钮，系统自动在审核位置签上审核人员“SY”的名字（如图 3-53 所示）。全部凭证审核完毕后，单击“退出”按钮。

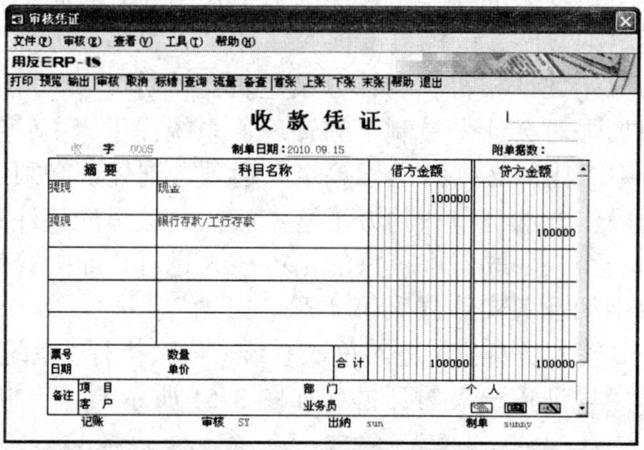

图 3-53　凭证审核结果

当单击完审核后，系统自动打开下一张未审核的凭证。操作员也可以选择“成批审核”的功能进行凭证审核。如果发现凭证有错，可单击“标错”按钮，先行标错，以后再修改（如图 3-54 所示），如再次单击“标错”按钮则取消该张凭证的标错。

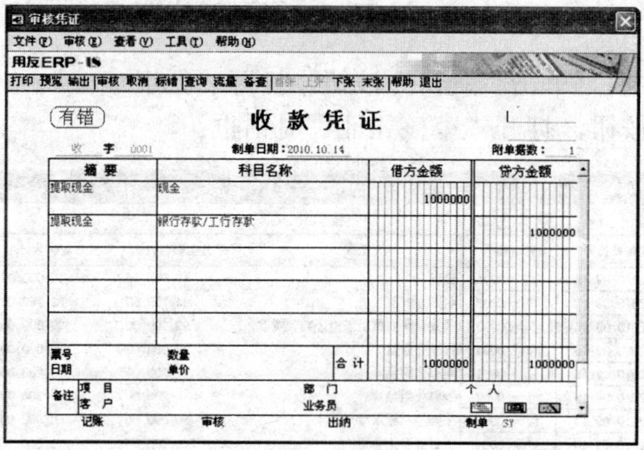

图 3-54　标错

如果想取消审核或签字，系统对取消审核和取消签字都提供了两种方法：对当前凭证取消签字（审核）和成批取消签字（审核）。在执行签字（审核）的操作窗口中，若想对已签字的凭证取消签字（审核），可用鼠标单击“取消”按钮取消签字（审核）；或用鼠标单击“签字（审核）”菜单下的“成批取消签字（审核）”命令，系统自动对当前范围内的所有已签字（审核）凭证执行取消签字（审核）。

3.4.5　查询

当完成制单、审核、记账（如果未记账，在查询或打印时选择包含未记账功能也可）步骤后，系统就可以形成正式的会计账簿，可以进行查询、统计、打印等操作。

1. 科目账查询

打开“账表”下的“科目账”，单击“总账”，系统弹出“总账查询条件”对话框（如图 3-55 所示）。

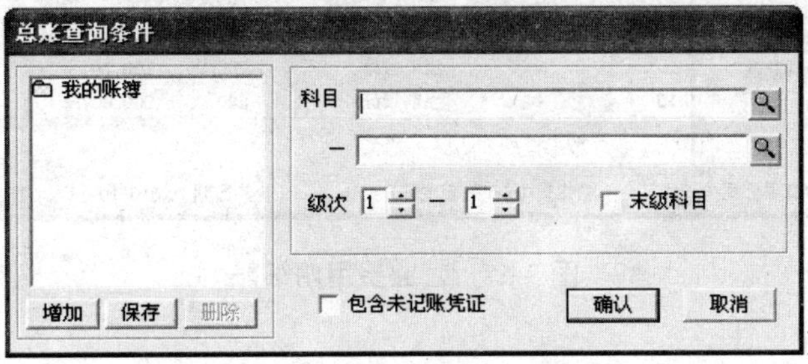

图 3-55　总账查询条件

在“科目”栏中输入所需要查询的科目，也可单击“放大镜”按钮进入科目浏览窗口进行选择，勾选“包含未记账凭证”功能。

条件输入完成后，单击“确定”按钮，系统会将符合条件的记录列出来（如图 3-56 所示）。

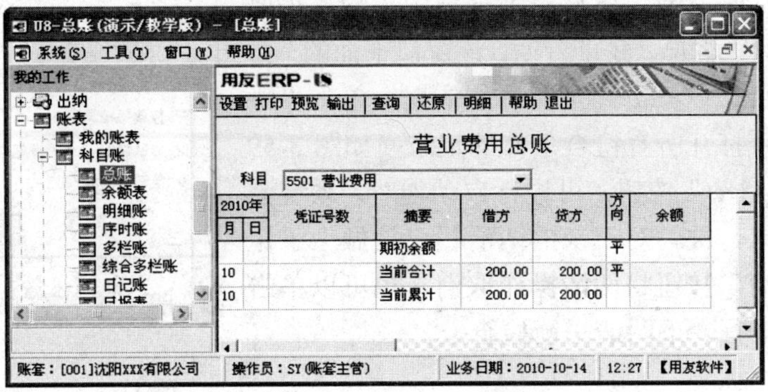

图 3-56　营业费用总账

在总账查询窗口的记录上双击，可直接联查到该记录的明细账为止；在明细账窗口直接双击指定记录，可联查到该记录的原始凭证（如图 3-57 所示）。

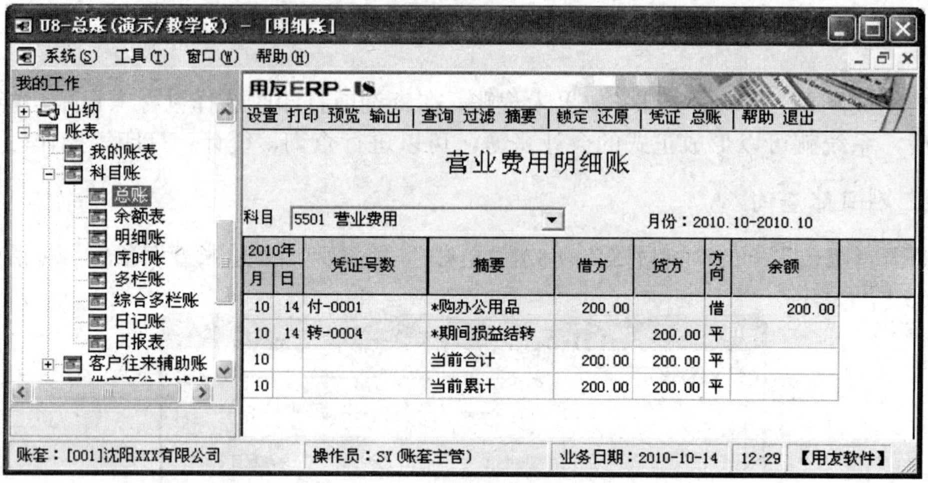

图 3-57 营业费用明细账

2. 往来账管理

在用友软件的总账模块中，提供了往来账管理的功能，包括客户往来、供应商往来和个人往来的管理。

（1）客户往来账。打开“账表”下的“客户辅助账”，单击“客户往来两清”，系统弹出“客户往来两清”对话框（如图 3-58 所示）。

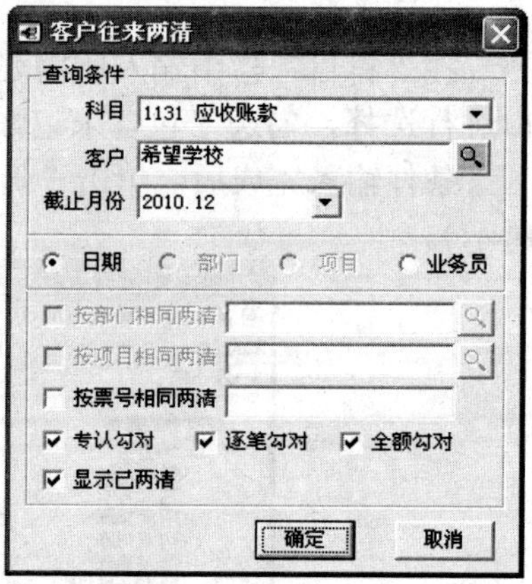

图 3-58 客户往来两清条件

在“客户往来两清”条件对话框窗中，输入需要进行两清的科目、客户、截止日期，该窗口下面的“日期、部门、项目、业务员”是两清的依据。单击“确定”按钮，系统打开所有符合条件的记录（如图 3-59 所示）。单击“自动”按钮，可进行自动勾对，系统会提示勾对的结果，被勾对记录的两清栏已被做上了标记。单击“取消”按钮将两清操作取消，也可以单击“检查”按钮进行一下两清平衡检查。

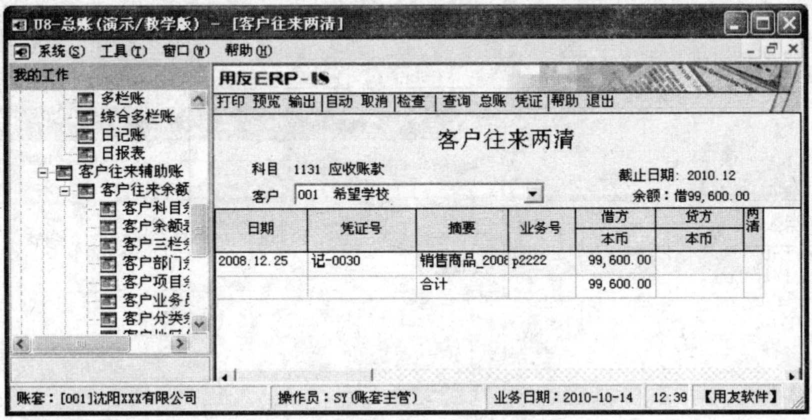

图 3-59　客户往来两清结果

（2）往来催款单。打开“账表”下的“客户往来辅助账”，单击“客户往来催款单”，出现“客户往来催款”条件对话框（如图 3-60 所示）。输入条件后，选择是否包含已做了两清的部分，在函证信息中输入需要给客户的说明（在所查出来的客户催款单的预览中可以看出打印效果），然后单击“确定”按钮，结果如图 3-61 所示。可单击“打印”按钮，将查询结果打印出来。

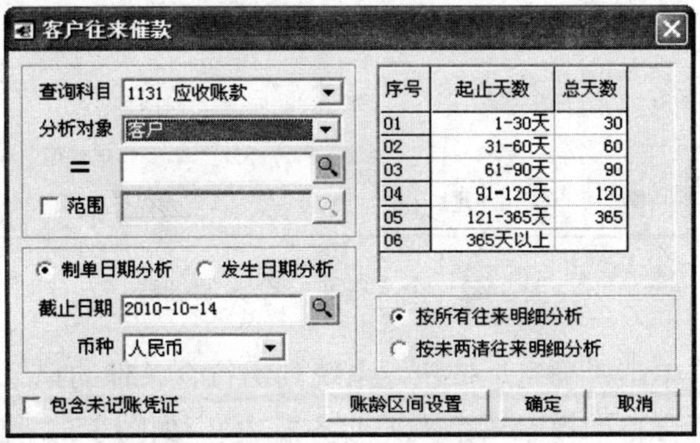

图 3-60　客户往来催款

（3）个人往来账。打开“账表”下的“个人往来账”，选择具体需要查询的内容，如查询“个人往来明细账”中的“个人明细账查询”，系统弹出“个人往来_个人明细账”查询条件对话框（如图 3-62 所示）。

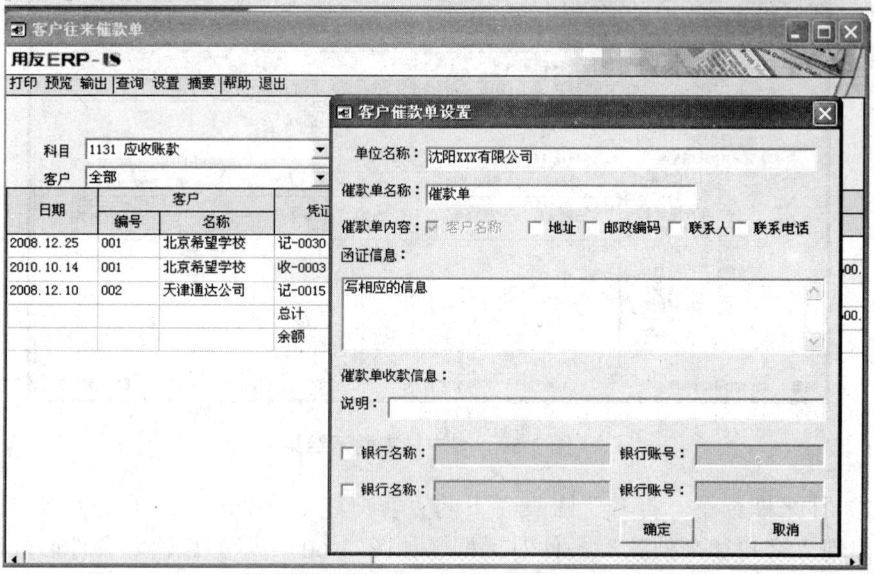

图 3-61　客户往来催款单

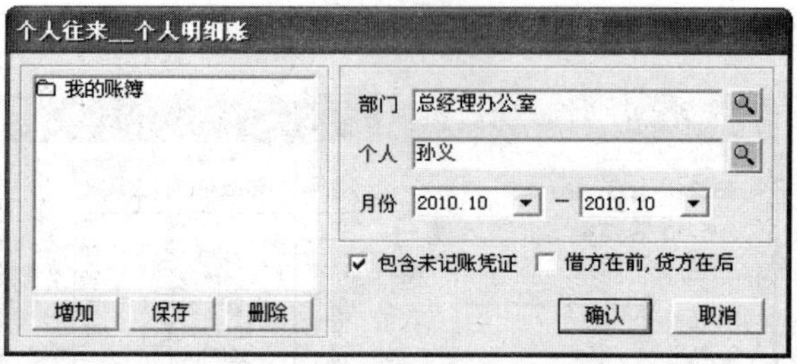

图 3-62　个人往来__个人明细账

输入查询条件后单击“确定”按钮，系统列出符合条件的记录（如果所选定的个人没有业务发生，系统会自动提示该个人无业务发生），如图 3-63 所示。在选定的记录上双击鼠标左键或单击“凭证”按钮，可以打开该记录的凭证。

（4）部门辅助账。打开“账表”，单击“部门辅助账”，选择具体需要查询的内容，打开“部门总账”下的“部门三栏”，系统弹出“部门三栏总账条件”对话框（如图 3-64 所示）。

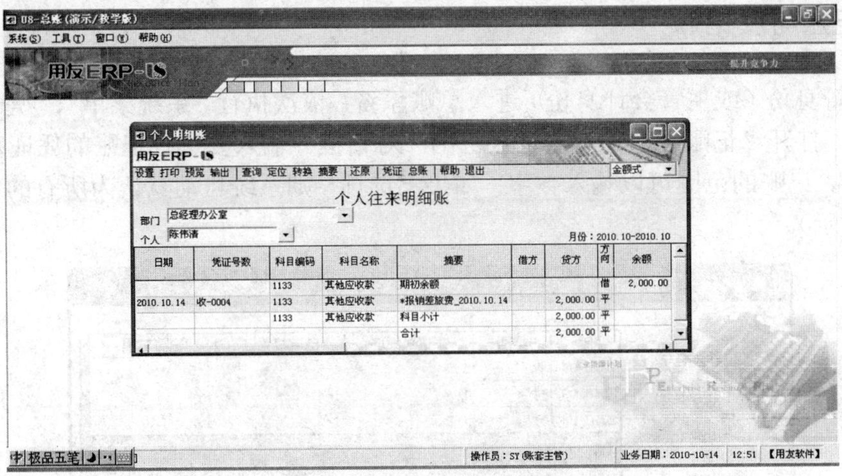

图 3-63　个人往来明细

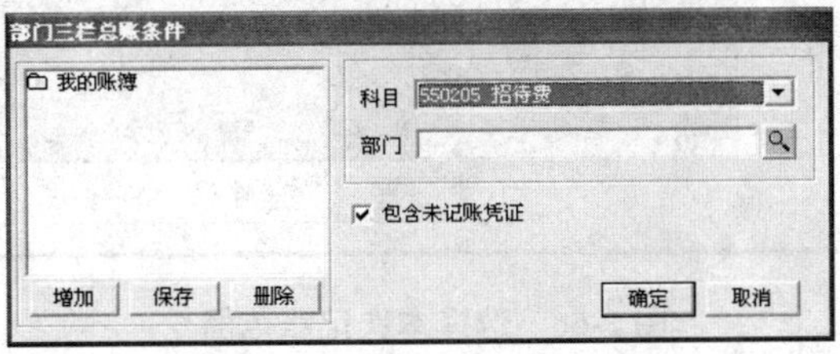

图 3-64　部门三栏总账条件

输入查询条件后单击“确定”按钮，系统列出符合条件的记录（如图 3-65 所示）。单击“明细”按钮，可打开所选定记录的相关明细账。

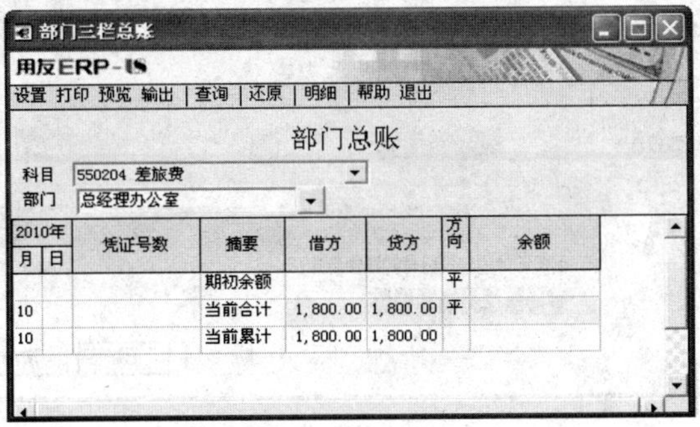

图 3-65　部门总账

3.4.6 记账与反记账

以主管身份（或主管会计身份）进入总账系统。依次执行“系统菜单”、“凭证”、“记账”命令，打开“记账—选择本次记账范围”对话框。输入要进行记账的凭证范围或点击“全选”，记账的范围可以输入数字；如果不选项，则系统自动默认为所有的凭证（如图 3-66 所示）。

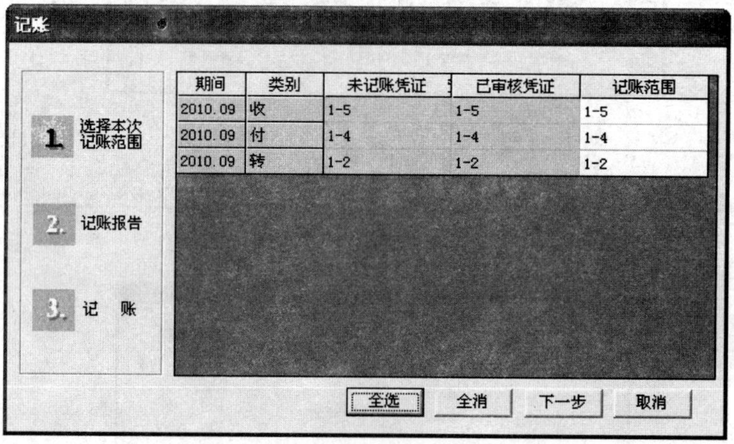

图 3-66 选择本次记账范围

单击“下一步”按钮，打开“记账—记账报告”对话框（如图 3-67 所示）。

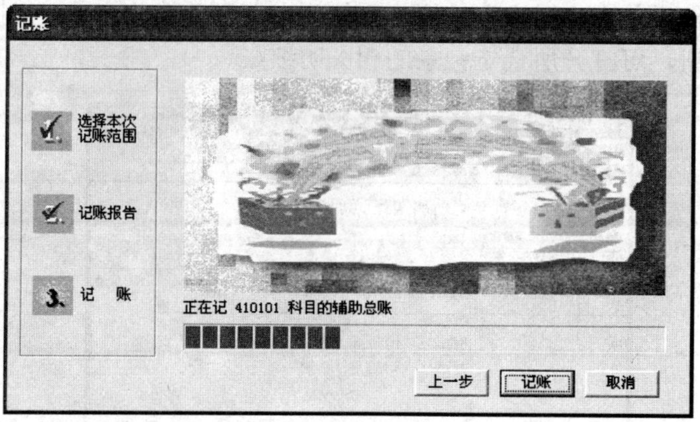

图 3-67 记账报告

单击“下一步”按钮，单击“记账”按钮，打开“期初试算平衡表”对话框，单击“确认”按钮。记账完毕，出现“记账完毕”提示框（如图 3-68 所示）。

记账后如果发现错误，有需要修改的财务数据，可以进行反记账操作后修改数据，这是一个隐藏的功能。打开“期末”菜单，单击“对账”，系统弹出“对账”窗口，同时按下“Ctrl+H”键，系统弹出“恢复记账前状态功能已被激活”提示框，在“凭证”菜单下也同时出现了“恢复记账前状态”命令（如图 3-69 所示）。在对账状态下，如果再按“Ctrl+H”键，或者退出用友系统后再进入系统，都将使该命令隐藏。

图 3-68 记账完毕

图 3-69 恢复记账前状态

打开“凭证”菜单，选择“恢复记账前状态”，系统弹出“恢复记账前状态”窗口，选择所需要的恢复方式，单击“确定”按钮，出现“恢复记账完毕！”提示，单击“确定”按钮退出。

3.4.7 转账

总账系统中有供自定义结转、对应结转、全月平均法销售成本结转、商品售价（计划价）销售成本结转、汇兑损益结转、期间损益结转六种转结形式。

（1）自定义结转：主要完成费用分配、费用分摊、税金计算、提取各项费用、部门核算、项目核算、个人核算、客户核算、供应商核算的结转。

（2）对应结转：可进行两个科目一对一结转，还可进行科目的一对多结转，对应结转的科目可为上级科目，但其下级科目的科目结构必须一致（相同明细科目），如有辅助核算，则两个科目的辅助账类也必须一一对应。该结转功能只结转期末余额。

（3）全月平均法销售成本结转：将月末商品（或产成品）销售数量乘以库存商品（或产成品）的平均单价，计算各类商品销售成本并进行结转。

（4）商品售价（计划价）销售成本结转：提供按售价（计划价）结转销售成本或调

整月末成本。

（5）汇兑损益结转：用于期末自动计算外币账户的汇总损益，并在转账生成中自动生成汇总损益转账凭证。汇兑损益只处理以下外币账户：外汇存款户，外币现金，外币结算的各项债权、债务（不包括所有者权益类账户），成本类账户和损益类账户。

（6）期间损益结转：用于在一个会计期间终了时将损益类科目的余额结转到本年利润科目中，从而及时反映企业利润的盈亏情况。主要是对于管理费用、销售费用、财务费用、销售收入、营业外收支等科目的结转。

1. 自定义转账

打开“期末”，依次选择“转账定义”、“自定义转账”，弹出如图 3-70 所示的“自定义转账设置”窗口。单击“增加”按钮，打开“转账目录”窗口，可定义一张转账凭证。填写转账序号、转账说明，并选择凭证类别，点击“确定”按钮。在“科目编码”文本框中填入科目代码，在“方向”下拉列表中选择“借”或“贷”。移动下方的滑块到“金额公式”文本框，双击“金额公式”文本框，直接输入公式；也可以以向导方式在“金额公式”文本框中输入公式。双击“金额公式”文本框，单击文本框右边的“放大镜”，弹出“公式向导”对话框（如图 3-71 所示）。

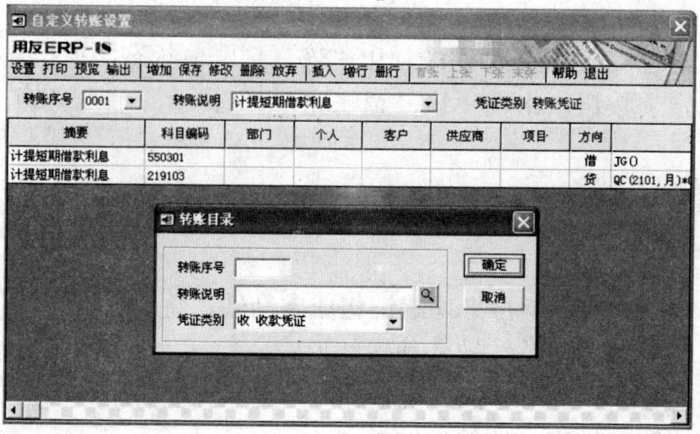

图 3-70　自定义转账设置

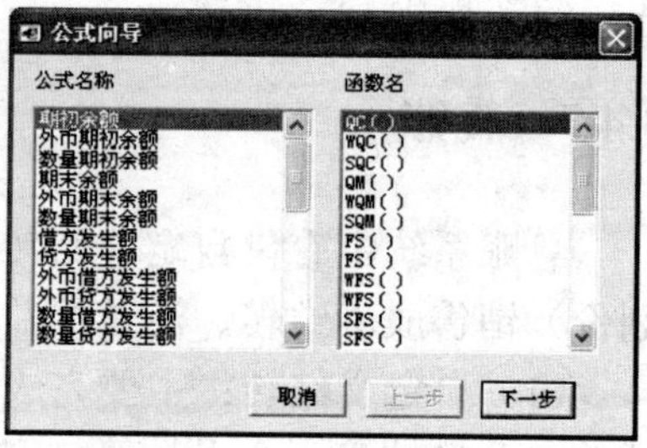

图 3-71　公式向导 1

在列表中选择正确的函数，单击“下一步”按钮，弹出如图 3-72 所示的“公式向导”对话框。填入正确的科目、期间、方向等资料，如选中“继续输入公式”复选框，还可以继续编辑公式（如图 3-73 所示）。公式编辑完成后，单击“保存”按钮完成自定义转账设置。

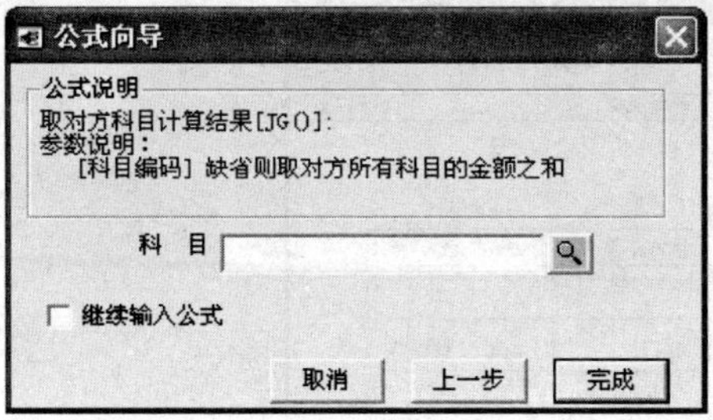

图 3-72　公式向导 2

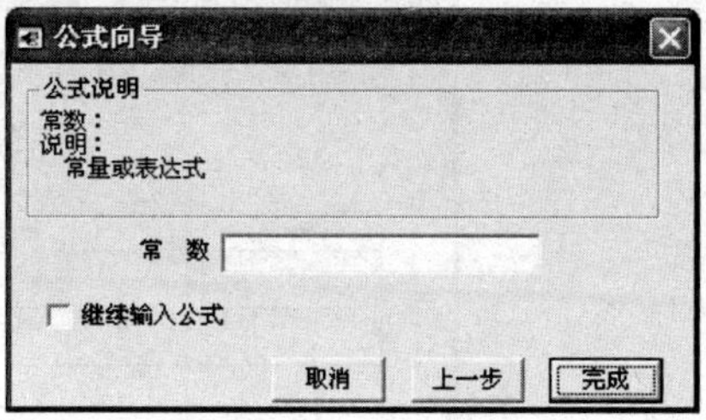

图 3-73　公式向导 3

2. 生成转账凭证

依次执行“期末”、“转账生成”命令，弹出如图 3-74 所示的“转账生成”对话框。

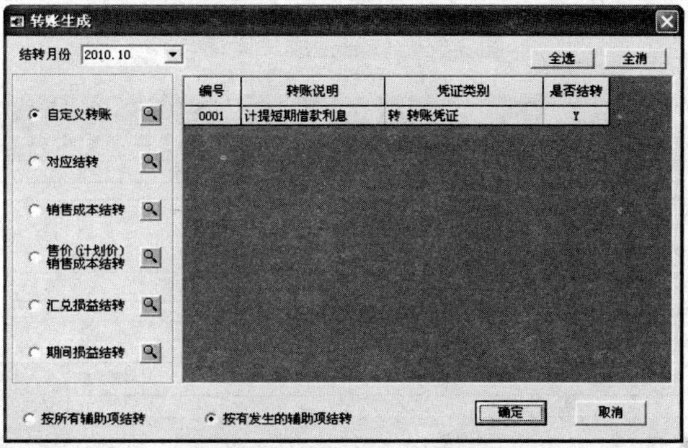

图 3-74　转账生成

选中“自定义转账”单选按钮，单击要生成凭证的自定义转账分录，选中的自定义转账分录的“是否结转”文本框中将出现“Y”字符。单击“确定”按钮，即可生成凭证（如图 3-75 所示）。如果要保存凭证，可单击工具栏上的“保存”按钮，系统会自动将当前的凭证保存到未记账凭证中。

3. 对应结转

依次执行“期末”、“转账定义”、“对应结转”命令，弹出“对应结转设置”对话框（如图 3-76 所示）。填完编号、凭证类别、摘要、转出和转入科目编码、结转系数等资料后，单击“保存”按钮，完成对应结转设置。如凭证分录不够，可单击“增行”按钮，增加新的分录。

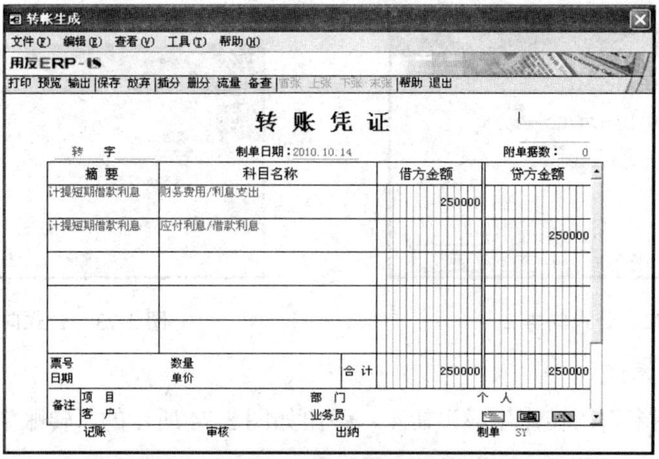

图 3-75 转账生成—凭证

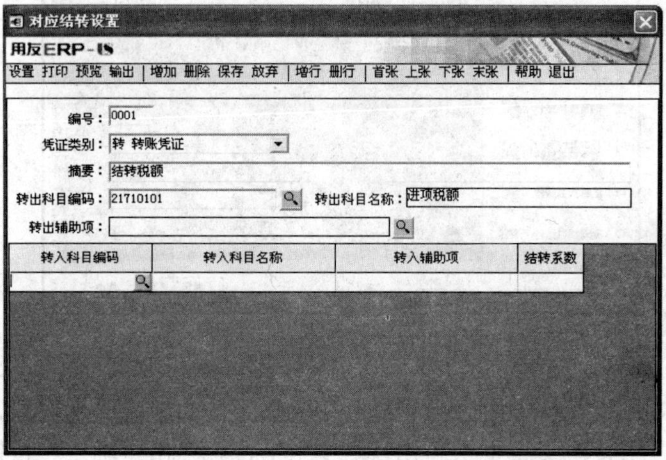

图 3-76 对应结转设置

对应结转设置完成后，在“转账生成”对话框中，选中“对应结转”单选按钮，选择要结转的分录，单击“确定”按钮后生成凭证；再单击“保存”按钮，该凭证自动保存到未记账凭证中。

销售成本结转和期间损益结转的设置方法与对应结转和自定义结转的设置方法基本相同。销售成本结转生成和期间损益结转生成的操作方法与自定义转账生成的操作方法基本相同，只是期间损益结转既可以按科目结转，也可按损益类型结转，还可以全部结转。

3.4.8 期末处理

1. 对账

依次执行“期末”、“对账”命令，弹出“对账”对话框（如图 3-77 所示）。

图 3-77　对账

选择需要对账的内容和月份，然后单击“对账”按钮，系统开始对账，并显示对账结果。单击“试算”按钮，还可以对各类科目余额进行试算平衡（如图 3-78 所示）。单击“试算平衡表”对话框中的“确认”按钮，返回“对账”对话框，单击“退出”按钮，完成对账操作。

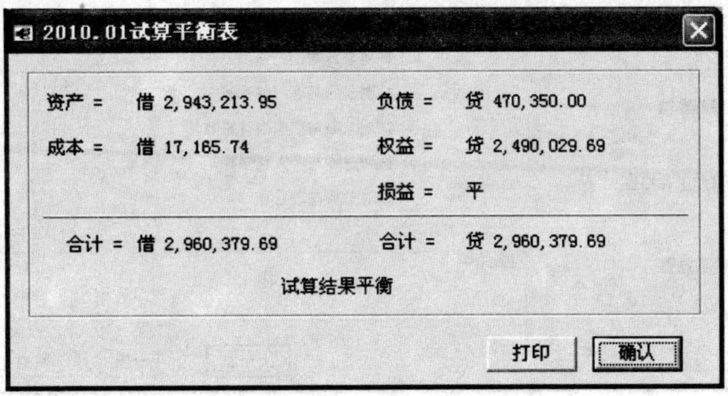

图 3-78　试算平衡表

2. 结账

结账是每期末都要进行的工作，实际上就是计算和结转各账簿的本期发生额和余额，并终止本期的财务处理工作。

依次执行“期末”、“结账”命令，弹出“结账”对话框（如图 3-79 所示）。

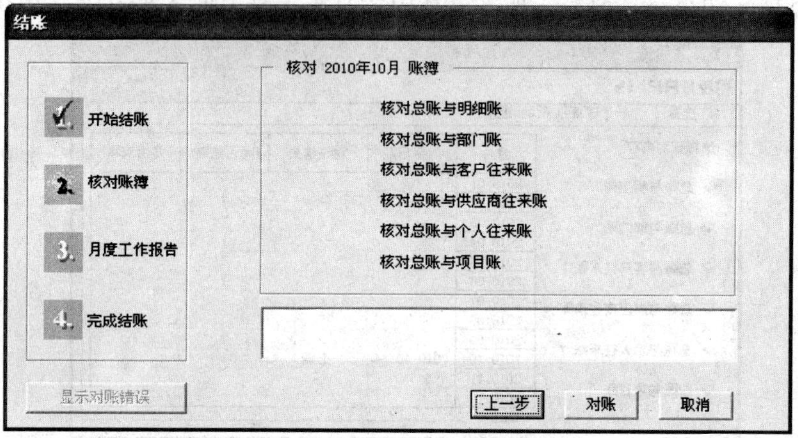

图 3-79 结账—开始结账

依据系统提示，单击“下一步”按钮，依次经过“核对账簿”（如图 3-80 所示）、“月度工作报告”和“完成结账”三个步骤，最后单击“结账”，完成月末结账工作。

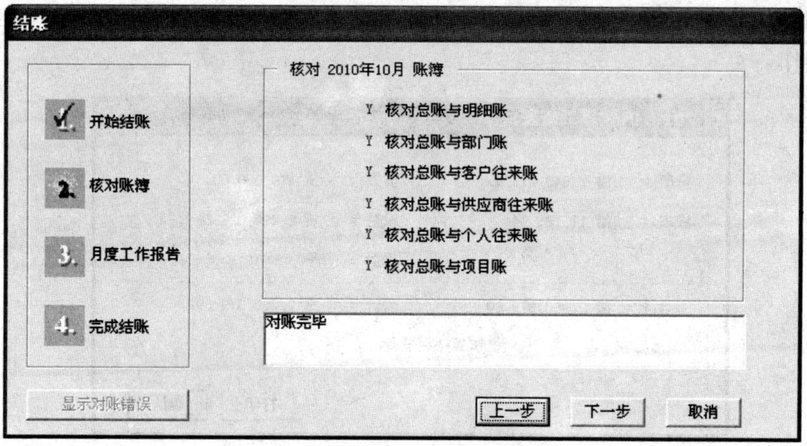

图 3-80 结账—核对账簿

每期结账后就不能再填制凭证。如果要取消结账，在结账向导的第一步“开始结账”对话框中，选定要取消结账的月份，同时按下“Ctrl+Shift+F6”键，按向导操作可进行反结账。上月未结账，则本月不能记账，但可以填制、复核凭证。如果本月还有未记账凭证，则本月不能结账。

3.5 实训资料

1. 企业信息

（1）账套信息。

账套号：学生学号后三位；

账套名称：班级姓名有限公司；

账套路径：采用默认账套路径；

启用会计期：2010 年 1 月；

会计期间设置：1 月 1 日—12 月 31 日。

（2）单位信息。

单位名称：班级姓名有限公司；

单位简称：姓名公司。

（3）核算类型。

该企业的记账本位币为人民币（RMB）；企业类型为工业；行业性质为新会计制度；账套主管为学生姓名；按行业性质预置科目。

（4）基础信息。

该企业有外币核算，进行经济业务处理时，需要对存货、客户、供应商进行分类。

（5）分类编码方案。

科目编码级次：42222；其他：默认。

（6）数据精度。

该企业对存货数量、单价小数位定为 2。

（7）财务分工。

① 001　学生姓名（口令：自设）——账套主管。

负责财务软件运行环境的建立以及各项初始设置工作；负责财务软件的日常运行管理工作，监督并保证系统的有效、安全、正常运行；负责总账系统的凭证审核、记账、账簿查询、月末结账工作；负责报表管理及其财务分析工作。

具有系统所有模块的全部权限。

② 002　学生姓名 1（口令：自设）——出纳。

负责现金、银行账管理工作。

具有“总账—凭证—出纳签字”权限，具有“总账—出纳”的全部操作权限。

③ 003　学生姓名 2（口令：自设）——会计。

负责总账系统的凭证管理工作以及客户往来和供应商往来管理工作。

具有“总账—凭证—凭证处理”的全部权限，具有“总账—凭证—查询凭证、打印凭证、科目汇总、摘要汇总表、常用凭证、凭证复制”权限，具有“总账—期末—转账设置、转账生成”权限。

2. 实训内容

（1）启动系统管理。

（2）登录系统管理。输入：服务器（默认）；操作员：admin；密码：（空）。

（3）增加操作员，资料参见表 3-1。

表 3-1　操作员资料

编　号	姓　名	口　令	确认口令	所属部门	角　色
001	学生姓名	自设	自设	财务部	账套主管
002	学生姓名 1	自设	自设	财务部	出纳
003	学生姓名 2	自设	自设	财务部	会计

（4）建立账套。

① 创建账套。

② 输入账套信息：账套号、账套名称、账套路径、启用会计期。

③ 输入单位信息。

④ 输入核算类型。企业类型：工业；行业性质：新会计制度科目；账套主管：001 学生姓名；按行业预置科目：按行业性质预置科目。

⑤ 确定基础信息。选中“存货是否分类”、“客户是否分类”、“供应商是否分类”、“有无外币核算”4 个选项。

⑥ 确定分类编码方案。

⑦ 数据精度定义。

⑧ 系统启用。

（5）财务分工。设置操作员权限，依据本实训资料中基础信息中的财务分工。

（6）备份账套据。

（7）账套数据引入。

（8）修改账套数据。

（9）账套主管修改账套信息。

（10）设置基础档案，录入期初余额，包括部门档案、职员档案、客户分类、供应商分类、地区分类、客户档案、供应商档案、开户银行、外币及汇率、结算方式等，资料参见表 3-2 至表 3-14。

表 3-2　部门档案

部门编码	部门名称	部门属性	部门编码	部门名称	部门属性
1	综合部	管理部门	203	销售三部	专售软件
101	总经理办公室	综合管理	204	销售四部	售配套用品
102	财务部	财务管理	3	供应部	采购供应
2	销售部	市场营销	4	制造部	研发制造
201	销售一部	专售打印纸	401	产品研发	技术开发
202	销售二部	专售硬件	402	制造车间	生产制造

表 3-3　职员档案

职员编号	职员名称	所属部门	职员属性
101	孙义	总经理办公室	总经理
102	学生姓名	财务部	会计主管
103	学生姓名 1	财务部	出纳
104	学生姓名 2	财务部	会计
201	蔡方	销售一部	部门经理
202	王龙达	销售二部	经营人员
203	孙健	销售三部	部门经理
204	王华	销售四部	经营人员
301	白雪	供应部	部门经理
401	周月	产品研发	部门经理
402	李彤	制造车间	部门经理

表 3-4　客户分类

分 类 编 码	分 类 名 称
01	事业单位
01001	学校
01002	机关
02	企业单位
02001	工业
02002	商业
02003	金融
03	其他

表 3-5 供应商分类

分类编码	分类名称
01	硬件供应商
02	软件供应商
03	材料供应商
04	其他

表 3-6 地区分类

地区分类	分类名称
01	东北地区
02	华北地区
03	华东地区
04	华南地区
05	西北地区
06	西南地区

表 3-7 客户档案

客户编号	客户名称	客户简称	所属分类码	所属地区	税号	开户银行	银行账号	地址	邮政编码	发展日期
001	北京宏运公司	宏运公司	01001	02	11111	工行	73853654	北京市海淀区上地路 1 号	100077	2010-01-01
002	天津天业公司	天业公司	02002	02	22222	工行	69325581	天津市南开区华苑路 1 号	300000	2010-01-01
003	上海万达机电公司	万达机电	02003	03	33333	工行	36542234	上海市徐汇区天平路 8 号	200032	2010-01-01
004	哈尔滨市机械制造厂	哈机	02001	01	44444	中行	43810587	哈尔滨市平房区和平路 116 号	150008	2010-01-01

表 3-8　供应商档案

供应商编号	供应商名称	供应商简称	所属分类码	所属地区	税　号	开户银行	银行账号	邮　编	地　址	发展日期
001	北京保利有限公司	保利	02	02	55555	中行	48723367	100045	北京市朝阳区十里堡 8 号	2010-01-01
002	北京广发分公司	广发	01	02	66666	中行	76473293	100036	北京市海淀区开拓路 108 号	2010-01-01
003	南京大江公司	大江	04	03	77777	工行	55561275	230187	南京市湖北路 100 号	2010-01-01
004	上海天富公司	天富	03	03	88888	工行	85115076	200332	上海市浦东新区东方路 1 号	2010-01-01

表 3-9　外币、汇率及结算方式

币符：USD	币名：美元	固定汇率
结算方式		
结算方式编码	结算方式名称	票据管理
1	现金结算	否
2	支票结算	否
201	现金支票	是
202	转账支票	是
3	其他	否

表 3-10　总账控制参数

选 项 卡	参 数 设 置
凭证	制单序时控制 支票控制 可以使用应收、应付系统的受控科目 打印凭证页脚姓名 凭证审核控制到操作员 出纳凭证必须经出纳签字 凭证编号由系统编号 外币核算采用固定汇率 进行预算控制

（续表）

选 项 卡	参 数 设 置
账簿	账簿打印位数每页打印行数按软件默认的标准设定 明细账查询权限控制到科目 明细账打印按年排页
会计日历	会计日历为 1 月 1 日—12 月 31 日
其他	数量小数位和单价小数位设为 2 位 部门、个人、项目按编码方式排序

表 3-11 会计科目及期初余额

科 目 名 称	辅 助 核 算	方 向	币 别 计 量	期 初 余 额
现金（1001）	日记	借		6875.70
银行存款（1002）	银行日记	借		193829.16
工行存款（100201）	银行日记	借		193829.16
中行存款（100202）	银行日记	借	美元	
应收账款（1131）	客户往来	借		157600.00
其他应收款（1133）	个人往来	借		3800.00
坏账准备（1141）		贷		800.00
预付账款（1151）	供应商往来	借		
物资采购（1201）		借		-294180.00
生产用物资采购（120101）		借		-101000.00
其他物资采购（120102）		借		-193180.00
原材料（1211）		借		2058208.00
生产用原材料（121101）	数量核算	借	吨	150000.00
其他原材料（121102）		借		1908208.00
包装物（1221）		借		
材料成本差异（1232）		借		1000.00
库存商品（1243）		借		544000.00
委托加工物资（1251）		借		
待摊费用（1301）		借		642.00
报刊费（130101）		借		642.00
固定资产（1501）		借		260860.00
累计折旧（1502）		贷		47120.91
在建工程（1603）		借		

（续表）

科目名称	辅助核算	方向	币别计量	期初余额
人工费（160301）	项目核算	借		
材料费（160302）	项目核算	借		
其他（160303）	项目核算	借		
待处理财产损溢（1911）				
待处理流动资产损溢（191101）				
待处理固定资产损溢（191102）				
无形资产（1801）		借		58500.00
短期借款（2101）		贷		200000.00
应付账款（2121）	供应商往来	贷		276850.00
预收账款（2131）	客户往来	贷		
应付工资（2151）		贷		
应付福利费（2153）		贷		8200.00
应交税金（2171）		贷		-16800.00
应交增值税（217101）		贷		-16800.00
进项税额（21710101）		贷		-33800.00
销项税额（21710105）		贷		17000.00
其他应付款（2181）		贷		2100.00
预提费用（2191）		贷		
借款利息（219103）		贷		
实收资本（3101）		贷		2609052.00
本年利润（3131）		贷		0.00
利润分配（3141）		贷		-119022.31
未分配利润（314115）		贷		-119022.31
生产成本（4101）		借		17165.74
直接材料（410101）	项目核算	借		10000.00
直接人工（410102）	项目核算	借		4000.74
制造费用（410103）	项目核算	借		2000.00
折旧费（410104）	项目核算	借		1165.00
其他（410105）	项目核算	借		
制造费用（4105）		借		
工资（410501）		借		
折旧费（410502）		借		

（续表）

科目名称	辅助核算	方向	币别计量	期初余额
主营业务收入（5101）		贷		
其他业务收入（5102）		贷		
主营业务成本（5401）		借		
主营业务税金及附加（5402）		借		
其他业务支出（5405）		借		
营业费用（5501）		借		
管理费用（5502）		借		
工资（550201）	部门核算	借		
福利费（550202）	部门核算	借		
办公费（550203）	部门核算	借		
差旅费（550204）	部门核算	借		
招待费（550205）	部门核算	借		
折旧费（550206）	部门核算	借		
其他（550207）	部门核算	借		
财务费用（5503）		借		
利息支出（550301）		借		

表 3-12　凭证类别

凭证类别	限制类型	限制科目
收款凭证	借方必有	1001，100201，100202
付款凭证	贷方必有	1001，100201，100202
转账凭证	凭证必无	1001，100201，100202

表 3-13　项目目录

项目设置步骤	设置内容
项目大类	生产成本
核算科目	生产成本（4101） 直接材料（410101） 直接人工（410102） 制造费用（410103） 折旧费（410104） 其他（410105）
项目分类	1．项目一 2．项目二
项目名称	汽车 自行车

表3-14 辅助账期初余额表

会计科目：1133 其他应收款　　余额：借3 800元

日期	凭证号	部门	个人	摘要	方向	期初余额
2009-12-26	付-24	总经理办公室	孙义	出差借款	借	2 000.00
2009-12-27	付-26	销售一部	蔡方	出差借款	借	1 800.00

会计科目：1131 应收账款　　余额：借157 600元

日期	凭证号	客户	摘要	方向	金额	业务员	票号	票据日期
2009-12-25	转-24	宏运公司	销售商品	借	99 600.00	王龙达	P111	2009-12-25
2009-12-10	转-15	天业公司	销售商品	借	58 000.00	王龙达	Z111	2009-12-10

会计科目：2121 应付账款　　余额：贷276 850元

日期	凭证号	供应商	摘要	方向	金额	业务员	票号	票据日期
2009-11-20	转-45	保利	购买商品	贷	276 850.00	王龙达	C000	2001-11-20

会计科目：4101 生产成本　　余额：借17 165.4元

科目名称	汽车	自行车	合计
直接材料（410101）	4000	6 000.00	10 000.00
直接人工（410102）	1500	2 500.74	4 000.74
制造费用（410103）	800	1 200.00	2 000.00
折旧费（410104）	500	665.00	1 165.00
合计	6800	10 365.74	17 165.74

（11）期初对账，试算平衡。

（12）数据权限分配。

（13）经济业务处理：填制凭证、增加凭证、查询凭证、修改凭证、冲销凭证、删除凭证、作废凭证、整理凭证；出纳签字，更换为出纳操作员后出纳签字；审核凭证，更换为账套主管后审核。

1月经济业务资料如下：

① 2日，销售一部蔡方购买了200元的办公用品，以现金支付（附单据1张）。

借：营业费用（5501）　　200

　　贷：现金（1001）　　200

② 3日，财务部学生姓名1从工行提取现金10 000元，作为备用金（现金支票号XJ001）。

借：现金（1001）　　10 000

　　贷：银行存款/工行存款（100201）　　10 000

③ 5日，收到泛美集团投资资金10 000美元，汇率1∶8.275（转账支票号ZZW001）。

借：银行存款/中行存款（100202） 82 750

贷：实收资本（3101） 82 750

④ 8 日，供应部白雪采购原纸 10 吨，每吨 5 000 元，材料直接入库，货款以银行存款支付（转账支票号 ZZR001）。

借：原材料/生产用原材料（121101） 50 000

贷：银行存款/工行存款（100201） 50 000

⑤ 12 日，销售二部王龙达收到北京宏运公司转来一张转账支票，金额 99 600 元，用以偿还前欠货款（转账支票号 ZZR002）。

借：银行存款/工行存款（100201） 99 600

贷：应收账款（1131） 99 600

⑥ 14 日，供应部白雪从南京大江购入样纸 100 包，单价 80 元，货税款暂欠，商品已验收入库（适用税率 17%）。

借：库存商品（1243） 8 000

应交税金/应交增值税/进项税额（21710101） 1 360

贷：应付账款（2121） 9 360

⑦ 16 日，总经理办公室支付业务招待费 1200 元（转账支票号 ZZR003）。

借：管理费用/招待费（550205） 1 200

贷：银行存款/工行存款（100201） 1 200

⑧ 18 日，总经理办公室孙义出差归来，报销差旅费 2 000 元，交回现金 200 元。

借：管理费用/差旅费（550204） 1 800

现金（1001） 200

贷：其他应收款（1133） 2 000

⑨ 20 日，生产部领用原纸 5 吨，单价 5 000 元，用于生产汽车。

借：生产成本/直接材料（410101） 25 000

贷：原材料/生产用原材料（121101） 25 000

（14）凭证记账，取消记账（“Ctrl+H”键激活“恢复记账前状态”功能）。

（15）查询基本会计核算账簿：部门账、部门总账、部门明细账、部门收支分析。

（16）自动转账定义。

① 自定义结转。

借：管理费用/其他（550207） JG（ ）

贷：待摊费用/报刊费（130101） 642/12

② 期间损益结转。

（17）转账生成：自定义转账生成、期间损益结转生成。

（18）对账，结账。

（19）取消结账（取消结账后，必须重新结账）。“Ctrl+Shift+F6”键激活“取消结账”功能。

第4章 出 纳

4.1 学习与训练目标

出纳工作是管理货币资金、票据、有价证券进进出出的一项工作。出纳应按照有关规定和制度，办理本单位的现金收付、银行结算及有关账务，保管库存现金、有价证券、财务印章及有关票据等工作。出纳工作还包括票据、货币资金和有价证券的收付、保管、核算。本模块的学习与训练目标是使学生掌握出纳岗位的基本技能，具体包括现金管理、支票管理、银行对账、资金报表等。

4.2 岗位任务分析

现金、银行存款是企业的货币资金，由于它们具有一些特性，管好、用好企业货币资金是现代企业管理的一项重要内容。出纳是企业对现金流进行管理的重要工作岗位，主要负责办理现金收付和结算业务，登记现金和银行存款日记账，保管库存现金和各种有价证券，保管有关印章、空白收据和空白支票等工作。利用用友 ERP-U8 为出纳提供的出纳管理功能是出纳人员进行管理的一套工具，它包括现金和银行存款日记账的输出、支票登记簿的管理以及银行对账功能，还可对长期未达账提供审计报告。

4.3 岗位相关知识

1. 支票

支票是出票人签发的，委托办理支票存款业务的银行或者其他金融机构在见票时无条件支付确定的金额给收款人或持票人的票据。

2. 汇票

汇票是由出票人签发的，要求付款人在见票时或在一定期限内，向收款人或持票人无条件支付一定款项的票据。汇票是国际结算中使用最广泛的一种信用工具。

3. 银行对账单

银行对账单是银行和企业核对账务的联系单，也是证实企业业务往来的记录，还可以作为企业资金流动的依据。最重要的是通过银行对账单，可以认定企业某一时段的资金规模，因此很多地方需要对账单，如验资、投资等。

4. 银行存款日记账

银行存款日记账是专门用来记录银行存款收支业务的一种特种日记账，其账页格式一般采用“收入”（借方）、“支出”（贷方）和“余额”三栏式。银行存款收入数额应根据有关的现金付款凭证及时登记，以便检查监督各项收入和支出款项，避免坐支现金的出现，并便于定期同银行送来的对账单核对。

5. 现金日记账

现金日记账是用来逐日反映库存现金的收入、付出及结余情况的特种日记账，是由出纳人员根据审核无误的现金收、付款凭证和从银行提现的银付凭证逐笔进行登记的。其账页格式一般采用“收入”（借方）、“支出”（贷方）和“余额”三栏式。

4.4 岗位工作实践

4.4.1 基础设置

1. 选项设置

要进行出纳管理，必须进行相应的出纳管理工作的选项设置。在企业中此工作通常是由主管会计来进行设置，出纳可以进行查看选项的设置。在“总账系统”窗口中执行“设置”、“选项”命令，打开如图 4-1 所示的“选项”对话框，查看与出纳相关的选项是否已全部设置，如“支票控制”、“出纳凭证必须经由出纳签字”等选项。

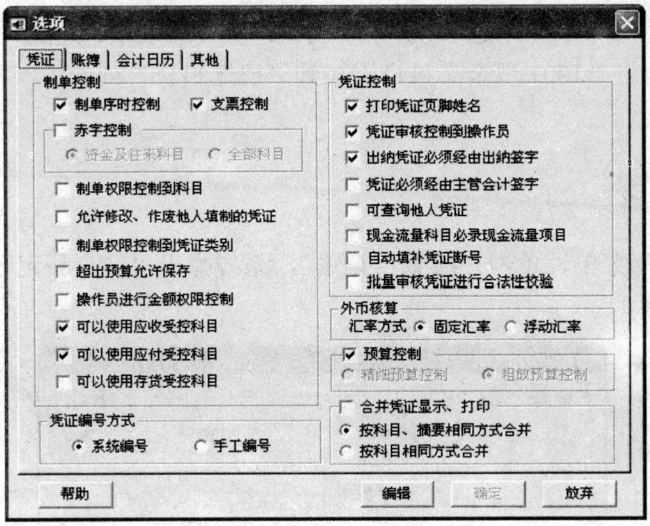

图 4-1　选项

2. 会计科目指定

在企业中，指定现金、银行及现金流量会计科目工作通常是由主管会计来进行设置，出纳可以进行查看选项的设置。在“会计科目”窗口中，执行“编辑”、“指定科目”命令，打开“指定科目”对话框（如图 4-2 所示）。

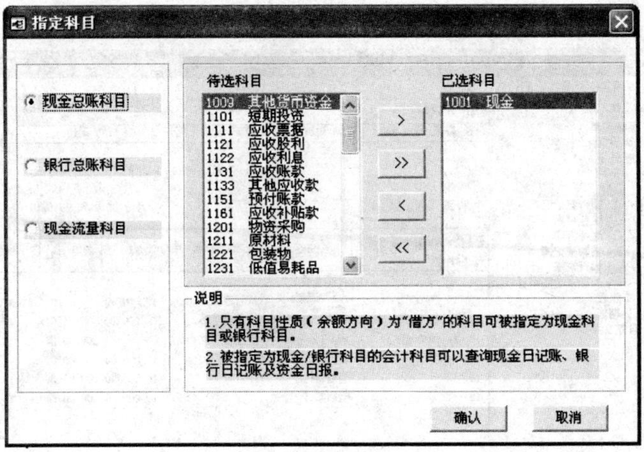

图 4-2　指定科目

选择“现金总账科目”单选按钮。在“待选科目”列表中，选择“1001 现金”科目，单击“>”按钮，将“1001 现金”科目添加到“已选科目”列表中，单击“确认”按钮保存。

4.4.2 现金日记账

打开“出纳”菜单，单击“现金日记账”，系统弹出“现金日记账查询条件”对话框（如图 4-3 所示）。

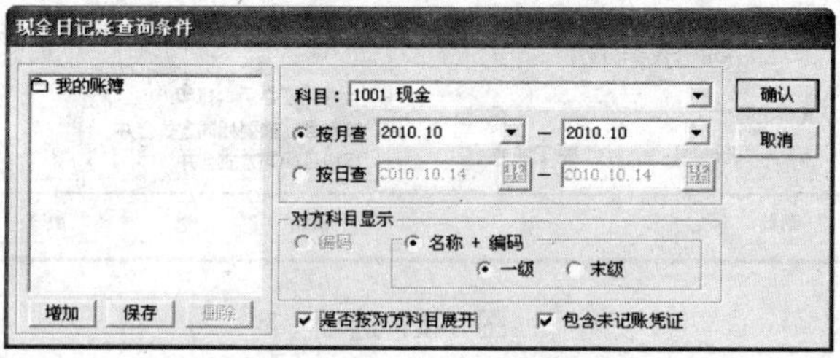

图 4-3　现金日记账查询条件

首先指定会计科目，“科目”处能浏览到的是被指定后的科目。勾选“包含未记账凭证”复选框，则查询出来的结果包含未记账的现金凭证的记录。

输入所需查询条件后，单击“确认”按钮，系统列出所有符合条件的记录（如图 4-4 所示）。

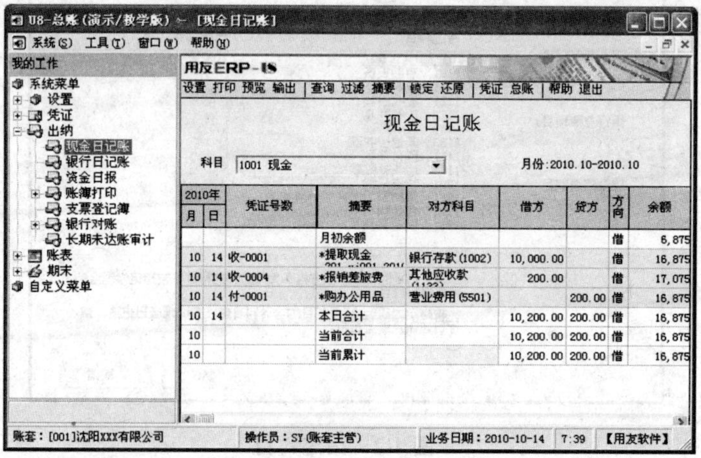

图 4-4　现金日记账

选中一条记录后，单击“凭证”菜单即可以打开产生该记录的来源凭证（双击具体的记录也可以完成此操作），如图4-5所示。

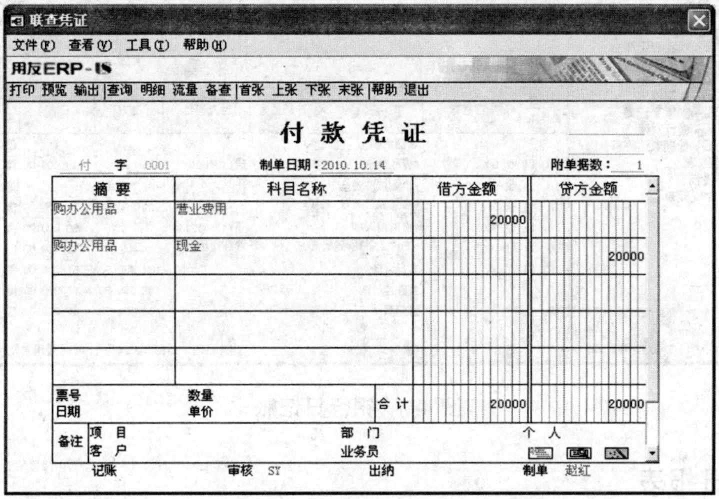

图4-5　联查凭证

4.4.3　银行日记账

单击“出纳管理”，选择“银行日记账”，系统弹出“银行日记账查询条件”对话框（如图4-6所示）。对话框中“科目”处选择的科目必须是在进行科目设置时将其设置为需要记入银行日记账的科目。

图4-6　银行日记账查询条件

在此输入查询条件，然后单击“确认”按钮，系统列出所有符合条件的记录（如图4-7所示）。

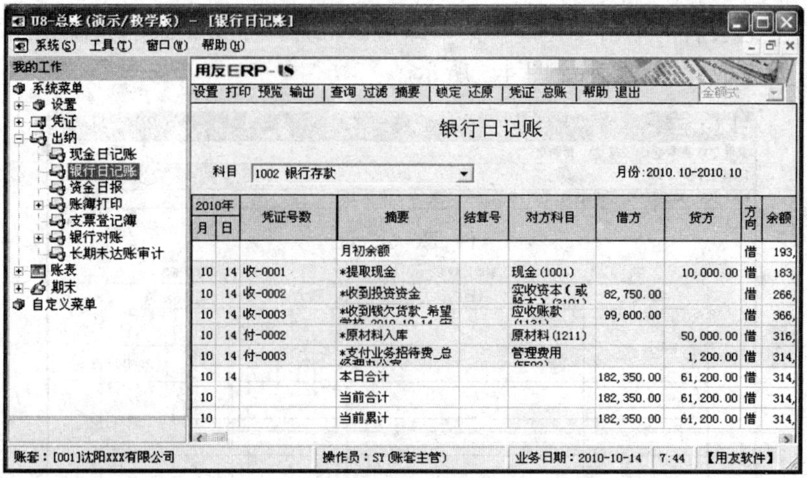

图 4-7　银行日记账

4.4.4　资金日报表

资金日报表是反映企业现金、银行存款每日发生额及余额情况的报表。本功能用于查询输出现金、银行存款科目某日的发生额及余额情况。

打开“出纳”，单击“资金日报”，系统弹出“资金日报表查询条件”对话框（如图 4-8 所示）。

图 4-8　资金日报表查询条件

如果查询条件设置选择查询科目的级次，且选择多级查询时，在一张资金日报表上可以看到所有资金发生的明细情况。在查询时有些凭证尚未记账，如果想要查询资金发生的真实情况，可以选择“包含未记账凭证”；如果只想查询账面数据，则不选。选择“有余额无发生也显示”后，即使现金或银行科目在查询日没有发生业务（即没有制作凭证），只要有余额就会显示。输入查询条件后单击“确认”按钮即可查询出符合条件的记录（如图 4-9 所示）。

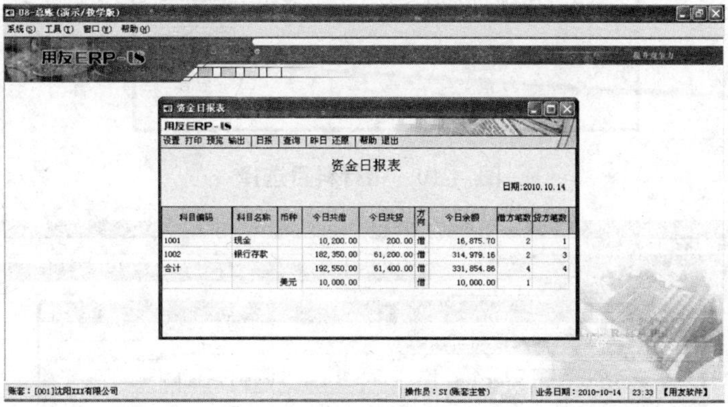

图 4-9 资金日报表

资金日报表可以显示今日余额、今日共借、今日共贷、余额方向、借方发生凭证笔数、贷方发生凭证笔数等信息。单击“日报”按钮，可显示、打印光标所在科目的日报单。单击“昨日”按钮，在表头“今日共借”前增加“昨日余额”，可查看各现金、银行科目的昨日余额。单击“还原”按钮，还原列宽。在查看报表过程中，如果调整了列宽，可使用“还原”按钮恢复原视图效果。

4.4.5 支票登记簿

手工记账时，银行出纳通常建立支票领用登记簿，用来登记支票领用情况；而电算化系统则为出纳员提供了“支票登记簿”功能，以供其详细登记支票领用人、领用日期、支票用途、是否报销等情况。当应收、应付系统或资金系统有支票领用时，系统会自动填写。

只有在“会计科目”中设置了银行账的科目才能使用支票登记簿。使用本功能时，请在“结算方式”设置中选择“是否票据管理”。

打开“出纳”菜单，单击“支票登记簿”，系统弹出“银行科目选择”对话框（如图 4-10 所示）。

在此选择需要进行支票登记的科目名称，然后单击“确定”按钮，系统弹出所选科目的支票登记记录（如图 4-11 所示）。

在“支票登记”窗口中，点击“增加”按钮，新增一空行，登记支票领用人、领用日期、支票用途、是否报销等信息。新增记录为未报销记录。

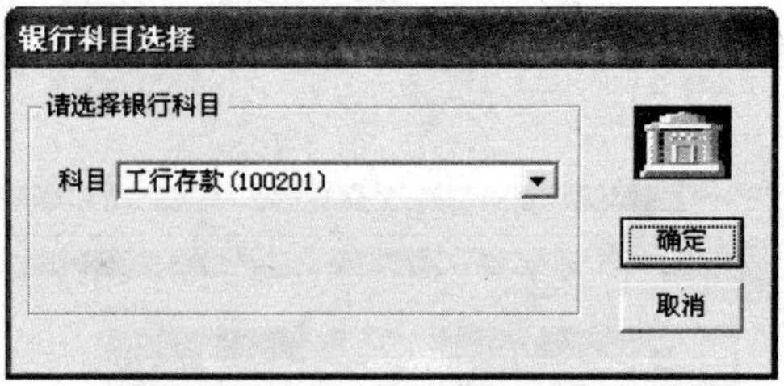

图 4-10 银行科目选择

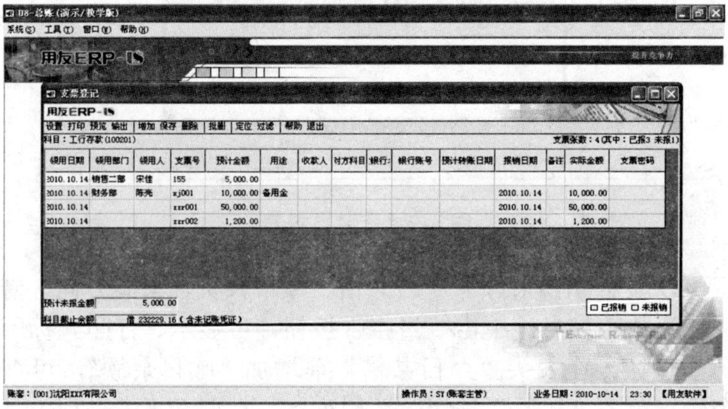

图 4-11 支票登记

在“支票登记”窗口中，点击“定位”按钮，在查找窗口中输入支票领用日期或支票号，确定后光标将停在符合条件的记录上。

在“支票登记”窗口中，点击“批删”按钮，输入需要删除已报销支票的起止日期，即可删除此期间内的已报销支票。

在“支票登记”窗口中，点击“过滤”按钮，即可对支票按领用人或部门进行各种统计。

屏幕显示所有已登记的记录情况，右上角显示已报销和未报销支票数。未报销支票背景呈现白色。屏幕下方显示预计未报金额和本科目的截止余额。当支票支出后，经办人持原始单据（发票）到财务部门报销，会计人员据此填制记账凭证；当在系统中录入该凭证时，系统要求录入该支票的结算方式和支票号；在系统填制完成该凭证后，系统自动在支票登记簿中将该号支票写上报销日期，该号支票即为已报销。

4.4.6　银行对账

为了保证银行对账的正确性，在使用“银行对账”功能进行对账之前，必须在开始对账的月初先将日记账、银行对账单未达项等信息录入系统中。

1. 录入银行对账期初内容

如果是第一次使用银行对账，需录入日记账对账单未达项。打开“出纳”菜单下的“银行对账”，单击“银行对账期初录入”，系统弹出“银行科目选择”窗口（如图 4-12 所示）。

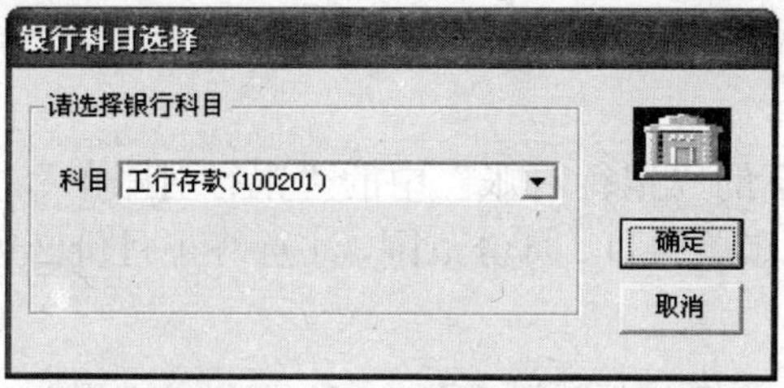

图 4-12　银行科目选择

选择需要录入银行对账期初的科目，然后单击“确定”按钮，系统列出“银行对账期初”对话框（如图 4-13 所示）。在“启用日期”处录入该银行账户的启用日期，并录入单位日记账及银行对账单的调整前余额。

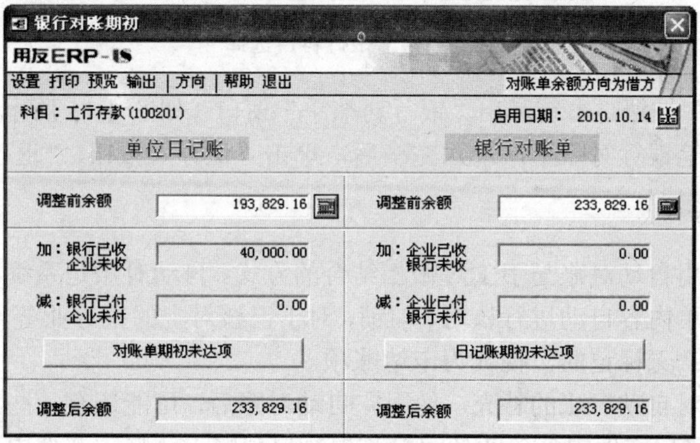

图 4-13　银行对账期初

单击“对账单期初未达项”或“日记账期初未达项”按钮进行记录录入，录入银行对账单及单位日记账期初未达项后，系统将根据调整前余额及期初未达项自动计算出银行对账单与单位日记账的调整后余额（在此仅录入单位日记账及银行对账单的调整前余额，假设期初没有未达项）。记录录入完毕，单击“退出”按钮完成操作。

须注意，录入的银行对账单、单位日记账的期初未达项的发生日期不能大于等于此银行科目的启用日期。因此，在录入完单位日记账、银行对账单期初未达项后，请不要随意调整启用日期，否则可能会造成启用日期后的期初数不能再参与对账。若某银行科目已进行过对账，在期初未达项录入中，对于已勾对或已核销的记录不能再修改。

2. 银行对账单

本功能用于平时录入、查询和引入银行对账单。在此功能中显示的银行对账单为启用日期之后的对账单。

打开“出纳”菜单下的“银行对账”中的“银行对账单”，系统弹出“银行科目选择”对话框，选择银行对账单科目、月份范围，注意终止月份必须大于等于起始月份（如图 4-14 所示）。

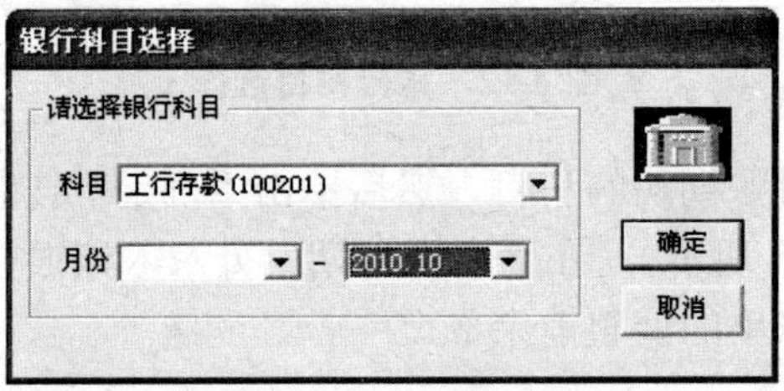

图 4-14 银行科目选择

单击“确定”按钮，系统弹出“银行对账单”窗口（如图 4-15 所示）。单击“增加”按钮，可增加一笔银行对账单，录入完毕后，单击“保存”按钮、“退出”按钮。

3. 自动对账

银行对账采用自动对账与手工对账相结合的方式。自动对账是系统根据银行存款日记账和银行对账单内容自动进行核对、勾销，对于已核对上的银行业务，写上两清标志，并视为已达账项；无标记的，视其为未达账项。

手工对账是对自动对账的补充。使用完自动对账后，可能还有一些特殊的已达账没有对出来（如对账单文件中多条业务记录与银行日记账未达账项文件中一条业务记录相同）而被视为未达账项，为了保证对账更彻底正确，可用手工对账来进行调整。

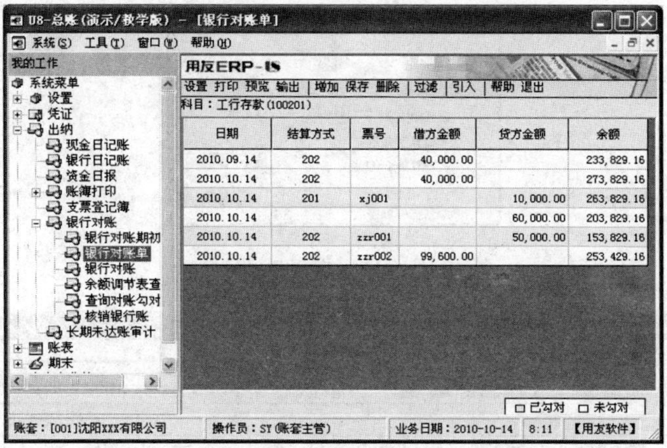

图 4-15　银行对账单

单击“银行对账”菜单，选择要对账的银行科目（账户）和要对账的月份范围，若选择“显示已达账”选项则显示已两清勾对的单位日记账和银行对账单（如图 4-16 所示）。

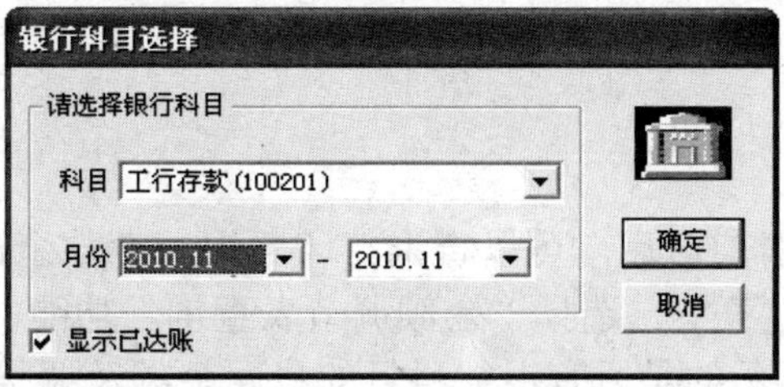

图 4-16　银行科目选择

单击“确定”按钮，系统弹出“自动对账”窗口，左边为单位日记账，右边为银行对账单。点击“显示方式”按钮，可由水平改变为上下显示方式。

单击“对账”按钮，显示“自动对账”界面。在此可以根据业务需要确定对账截止日期、对账条件、结算方式、票号等自动对账条件（如图 4-17 所示）。

单击“确定”按钮，系统开始按照已设定的对账条件对账，自动对账两清的记录标记为“○”（如图 4-18 所示）。

对于一些无法自动对账勾销的账项，可使用手工对账功能。当对账单中有记录同当前日记账相对应却未勾对上，则在当前单位日记账和对应的对账单的“两清”区双击鼠标左键，标上两清标记“Y”；如果在对账单中有两笔以上记录同日记账对应，则所有对应的对账单都应标上两清标记。

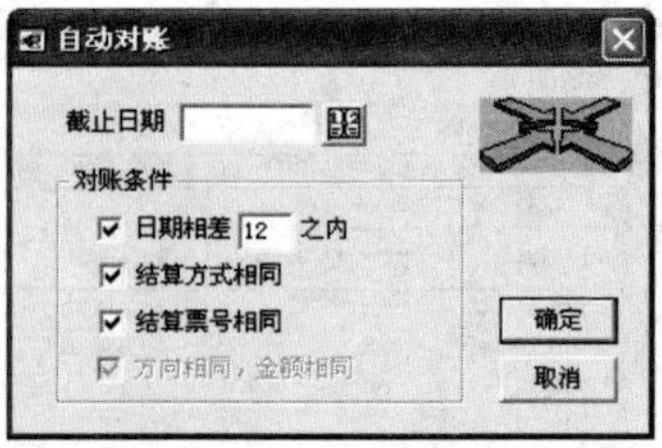

图 4-17　自动对账

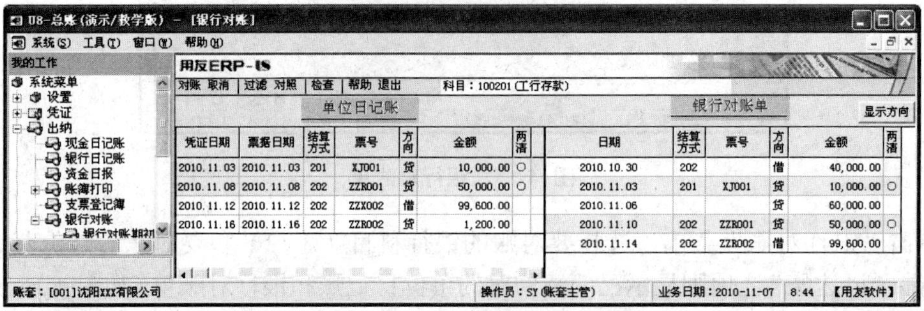

图 4-18　银行对账

4. 余额调节表

在对银行账进行两清勾对后，可以查询打印“银行存款余额调节表”，以检查对账是否正确。打开“出纳”菜单，选择“余额调节表查询”功能，系统弹出“银行存款余额调节表”窗口，此处显示的是所有银行科目的账面余额及调整余额（如图 4-19 所示）。如要查看某科目的调节表，则将光标移到该科目上，然后用鼠标单击“查看”按钮或双击该行，则显示该银行账户的银行存款余额调节表（如图 4-20 所示）。

图 4-19　银行存款余额调节表 1

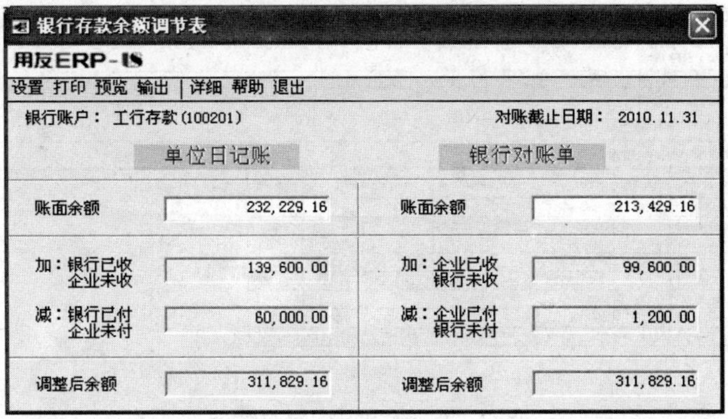

图 4-20　银行存款余额调节表 2

在银行余额调节表中单击“详细”按钮，显示当前光标所在行的详细情况，并提供打印功能（如图 4-21 所示）。

图 4-21　余额调节表（详细）

5. 查询银行勾对情况

此功能用于查询单位日记账及银行对账单的对账结果。

选择“出纳”菜单，单击“查询银行勾对情况”命令，进入“银行科目选择”窗口，在此输入要查找的银行科目和显示全部、显示未达账、显示已达账等过滤条件，然后单击“确认”按钮，系统弹出“查询银行勾对情况”窗口（如图 4-22 所示）。

在“查询银行勾对情况”窗口可重新选择不同的银行科目进行查询，还可以通过单击银行对账单、单位日记账页签切换显示对账情况。

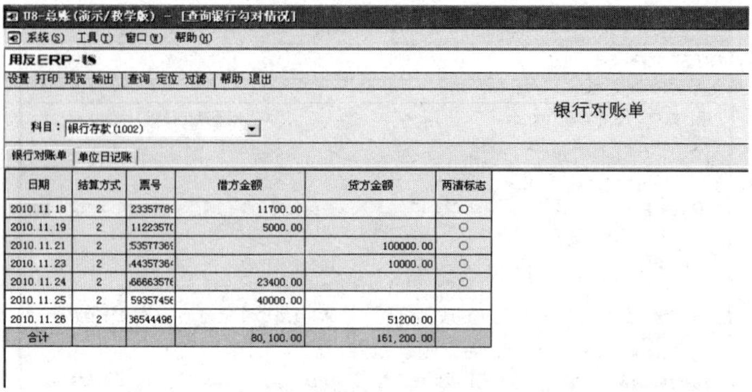

日期	结算方式	票号	借方金额	贷方金额	两清标志
2010.11.18	2	2335778	11700.00		○
2010.11.19	2	1122357	5000.00		○
2010.11.21	2	5357736		100000.00	○
2010.11.23	2	4435736		10000.00	○
2010.11.24	2	6666357	23400.00		○
2010.11.25	2	5935745	40000.00		
2010.11.26	2	36544496		51200.00	
合计			80,100.00	161,200.00	

图 4-22　查询银行勾对情况

6. 核销银行账

已正确对账后，如果想将已达账删除并只保留未达账时，可在此核销银行账。

打开“出纳”菜单下的“银行对账”，单击“核销银行账”功能，弹出“核销银行账”窗口；在此选择要核销的银行账科目，然后单击“确定”按钮，系统出现核销提示；选择“是”，出现核销完毕提示，然后单击“确定”按钮退出（如图 4-23 所示）。

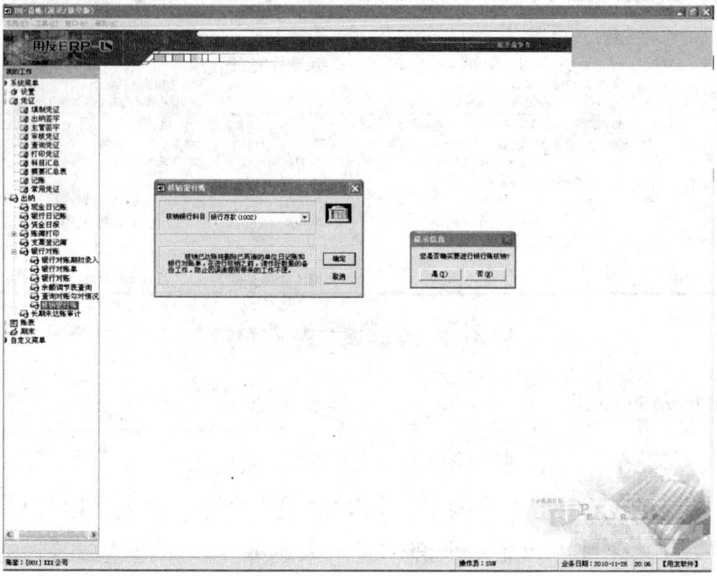

图 4-23　核销银行账

如果银行对账不平衡，则请不要使用核销银行账功能，否则将造成以后对账错误。本功能不影响银行日记账的查询和打印。

4.4.7　支票管理

启动“总账”系统。执行“系统菜单”、“出纳”、“支票登记簿”命令，打开“银行科目选择”对话框（如图 4-24 所示）。

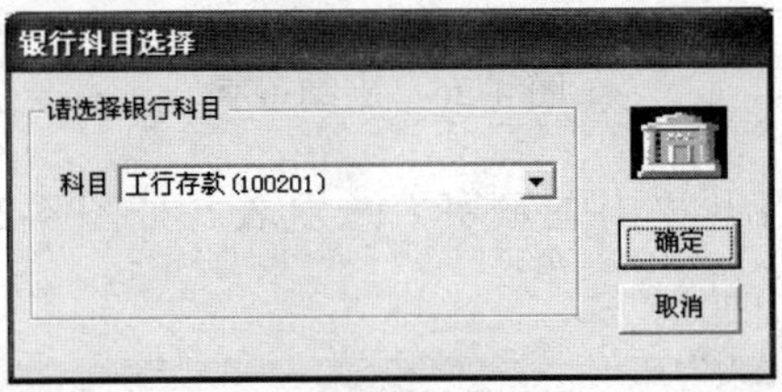

图 4-24　银行科目选择

选择要进行支票管理的会计科目，单击“确定”按钮，打开“支票登记”窗口。在“支票登记”窗口中，单击“增加”按钮，增加一空白行（如图 4-25 所示）。输入领用日期、领用人、支票号、预计金额、用途等信息。新增记录为未报销记录。单击“保存”按钮，保存记录。

图 4-25　支票登记

4.4.8　凭证管理

出纳对于凭证的管理主要有填制凭证和出纳签字，出纳凭证填制的方法与正常的凭证填制方法相同，在第 3 章中已经介绍，此处就不再重复。下面重点介绍出纳签字。

出纳签字在系统中，是对收、付款凭证所记录的资金额进行确认的一种审核。以出纳身份进入总账系统。执行“系统菜单”、“凭证”、“出纳签字”命令，打开“出纳签字”对话框（如图 4-26 所示）。

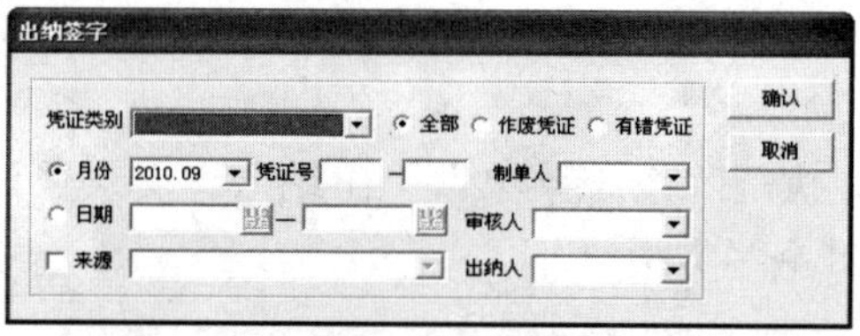

图 4-26 出纳签字

单击“确认”按钮。打开“出纳签字”一览表（如图 4-27 所示）。单击“确定”按钮，打开“出纳签字”对话框。

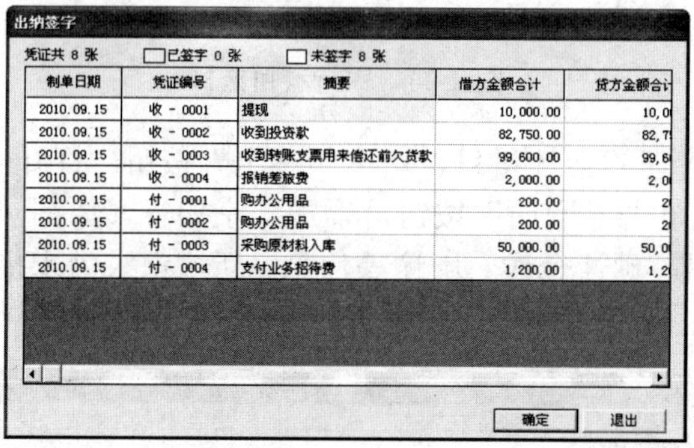

图 4-27 出纳签字一览表

检查后，单击“签字”按钮，系统自动在出纳位置签上操作员“SUN”的名字（如图 4-28 所示）。全部出纳凭证签字完毕后，单击“退出”按钮。

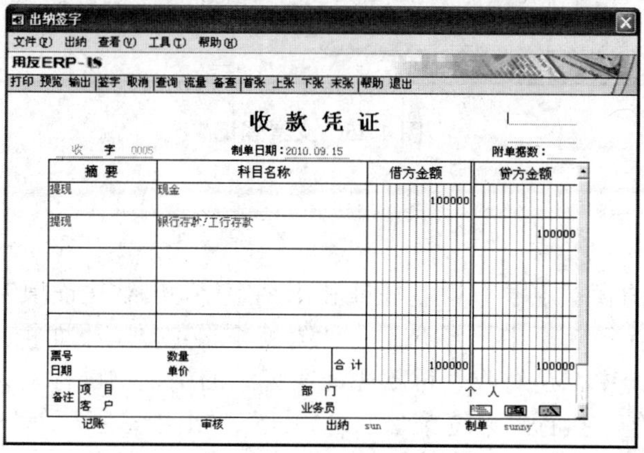

图 4-28 出纳签字结果

出纳签字也可以进行成批签字。在出纳签字时，可以选择“出纳”菜单下的“成批出纳签字”命令，进行全部符合条件的凭证出纳签字（如图 4-29 所示）。

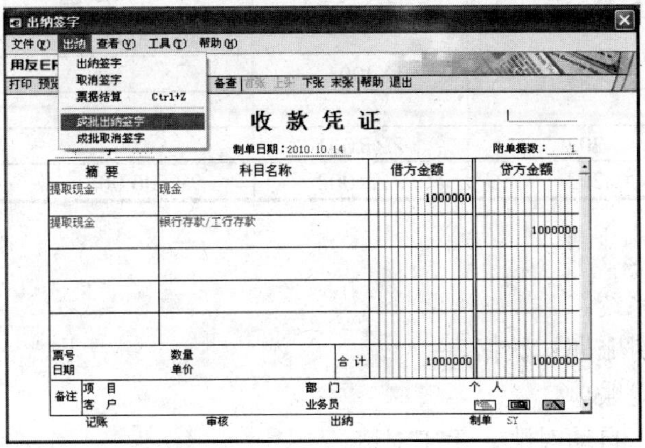

图 4-29　成批出纳签字

如果出纳签字后，发现出纳凭证有错误，可以进行取消签字操作。先查询找到有错误的出纳凭证，在出纳签字的窗口中点击“取消”按钮即可；如果想成批取消出纳签字，其方法与成批出纳签字的方法相同，选择“出纳”菜单下的“成批取消签字”命令即可。

4.5　实 训 资 料

1. 企业资料

（1）在第 3 章的账套资料基础上进行本章的实训操作。

（2）银行账期初数据。

公司银行账的启用日期为 2011/01/01；

工商银行人民币户企业日记账调整前余额为 193 829.16 元，银行对账单调整前余额为 233 829.16 元；

未达账项一笔，系银行已收企业未收款 40 000 元。

（3）银行对账单参见表 4-1。

表 4-1　银行对账单

日　期	结 算 方 式	票　号	借 方 金 额	贷 方 金 额
2010.12.31			40 000.00	
2011.01.03	201	XJ001		10 000.00
2011.01.06				60 000.00
2011.01.10	202	ZZR001		50 000.00
2011.01.14	202	ZZR002	99 600.00	

2. 实训内容

（1）登录总账系统。

（2）输入银行对账期初数据。

（3）录入银行对账单。

（4）银行对账：自动对账、手工对账。

（5）输出余额调节表。

（6）查询账簿：现金日记账、银行存款日记账、资金日报表、支票登记簿。

第 5 章　报表管理员

5.1　学习与训练目标

每个企业的经营成果都必须要以报表的形式对外公布，这就是企业的财务报表。报表的编制是企业非常重要的一项财务工作，而报表管理系统是企业编制报表的有效工具。通过对报表内容的实时更新，可以对企业的经营状态进行有效的管理、监控，即时掌握企业的经营状态。本模块的学习与训练目标是使学生熟练地掌握报表管理的基本技能，包括具体常用报表的编制方法、报表模板的使用、自定义报表的编制、报表数据的引用、报表的修改、常用报表函数的使用等。

5.2　岗位任务分析

报表分析员是企业专门的报表管理员，负责企业的报表编制管理发布工作，监控企业的经营状态，及时发现企业经营风险。报表分析员主要负责报表的建立、财务报表的生成、各种常用报表模板的建立、各种统计分析报表的生成等。

5.3　岗位相关知识

报表分为对内报表和对外报表。财务报表亦称对外会计报表，是会计主体对外提供的反映会计主体财务状况和经营的会计报表，包括资产负债表、损益表、现金流量表或财务状况变动表、附表和附注。对内报表是企业根据其内部经营管理的需要而编制的，供其内部管理人员使用的财务报表，它不要求统一格式，没有统一指标体系。

1. 报表模板

UFO 报表系统管理提供各个行业的标准财务报表模板，可轻松生成复杂报表，也可以利用自定义模板的功能，根据本单位的实际需要定制模板。

2. 报表状态

用友的UFO报表有两种状态，即“格式状态”和“数据状态”。在该表的左下角有状态标志，鼠标单击状态标志可以进行格式/数据状态互换。在“格式”状态下，所看到的只是报表的格式，可以设计报表的格式，但不能进行数据的录入、计算等操作；而在“数据”状态下可管理报表的数据，看到的是报表的全部内容，包括格式和数据，但不能修改格式。

3. 关键字

关键字是游离于单元之外的特殊数据单元，可以唯一标识一个表页，用于在大量表页中快速选择表页。UFO报表提供了单位名称、单位编号、年、季、月、日六种关键字。关键字的显示位置在格式状态下设置，关键字的值则在数据状态下录入，每个报表可以定义多个关键字。

4. 审核公式

UFO报表系统提供的数据审核公式将报表数据之间的勾稽关系用公式表示出来，确保报表数据的准确性。

5. 筛选

筛选是在执行UFO报表系统的命令或函数时，根据用户指定的筛选条件，对报表中每一个表页或每一个可变行（列）进行判断，只处理符合筛选条件的表页或可变行（列），不处理不符合筛选条件的表页或可变行（列）。筛选条件分为表页筛选条件和可变区筛选条件：表页筛选条件指定要处理的表页，可变区筛选条件则指定要处理的可变行或可变列。

6. 文件管理

UFO报表系统提供了各类文件管理功能：可以对报表文件的创建、读取、保存和备份进行管理；能够进行不同文件格式的转换，如文本文件、*.MDB文件、*.DBF文件、EXCEL文件、LOTUS1-2-3文件等；支持多个窗口同时显示和处理，可以同时打开的文件和图形窗口多达40个；提供了标准财务数据的“导入”和“导出”功能，可以和其他流行财务软件交换数据。

7. 数据处理

UFO报表系统的数据处理功能以固定的格式管理大量不同的表页，能将多达99 999张具有相同格式的报表资料在一个报表文件中进行统一管理，并且在每张表页之间建立有机的联系。同时，UFO 报表系统数据处理还提供了排序、审核、舍位平衡、汇总功能；提供了绝对单元公式和相对单元公式，可以方便、迅速地定义计算公式；提供了种类丰富的函数功能，可以从系统中提取数据，生成财务报表。

8. 表页

一个 UFO 报表最多可容纳 99 999 张表页，每一张表页都是由许多单元组成的。一个报表中的所有表页具有相同的格式，但其中的数据不同。表页在报表中的序号在表页的下方以标签的形式出现，称为“页标”。页标用“第 1 页”—“第 99 999 页”表示。

9. 单元

单元是组成报表的最小单位，单元名称由所在行、列标识。行号用数字 1—9 999 表示，列标用字母 A—IU 表示。如 A22 表示第 1 列第 22 行的那个单元。

5.4 岗位工作实践

5.4.1 设计报表

1. 打开UFO报表

在“用友 ERP-U8 门户”中，在“控制台”页中，选择“账务会计”(如图 5-1 所示)。

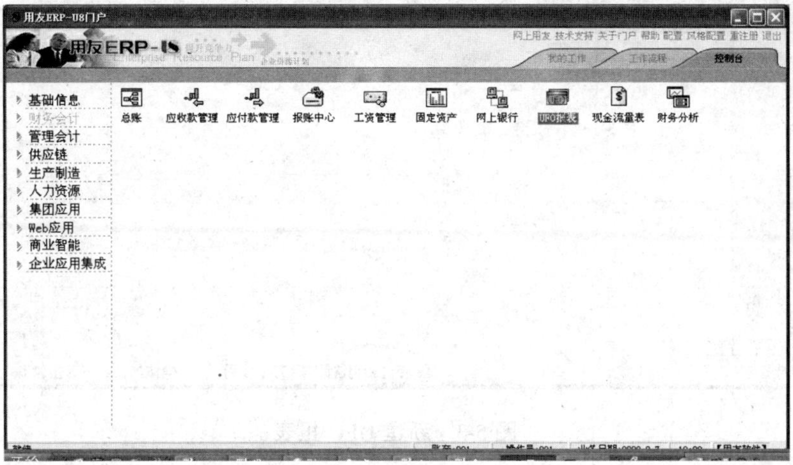

图 5-1　控制台

双击“UFO 报表”图标，系统打开 UFO 报表窗口（如图 5-2 所示）。

图 5-2 UFO 报表

打开“文件”菜单，单击“新建”命令建一张空表（如图 5-3 所示）。

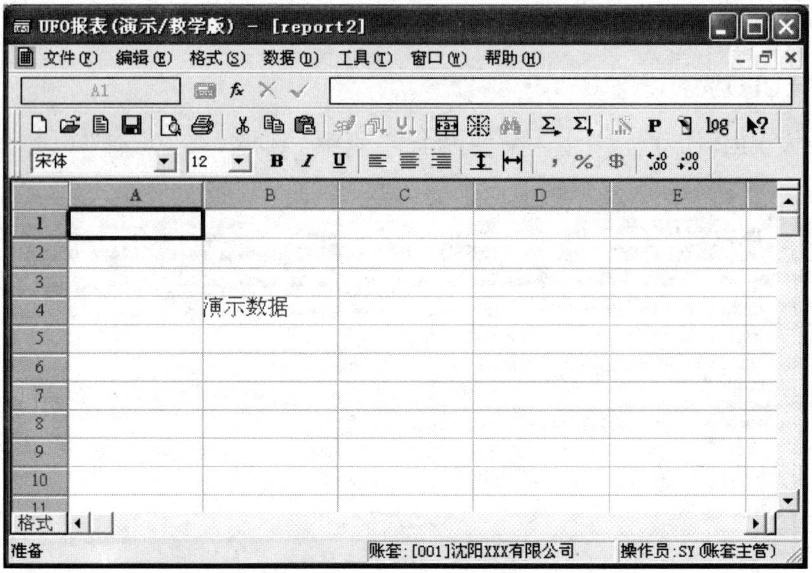

图 5-3 新建 UFO 报表

2. 调整表尺寸和线条

打开“格式”菜单，选择“表尺寸”命令，系统弹出“表尺寸”对话框，输入所需进行调整的行数和列数，然后单击“确认”按钮。也可用“编辑”菜单下的“插入”或“追加”命令来增加行数、列数。

打开“格式”菜单，选择“行高”、“列宽”命令调整所设置表格的整体行高或是列宽（单位：毫米），如图 5-4 所示。也可将鼠标放在行或列的分隔线上（鼠标呈“十”字形），按住鼠标左键拖拽来调整该行的行高或是列宽。

图 5-4　调整行高

按住鼠标左键，拉动鼠标选定需要实线的表格区域，然后选择“格式”菜单下的“区域画线”功能（如图 5-5 所示）。

选择画线类型、线条样式，然后单击“确认”按钮，即可以看到区域画线的结果。

需要取消画线时，也可以使用以上方法，只是在选择线型时，要选择线型为空，单击“确认”按钮即可取消原先的画线。

3. 单元格属性

选定需要进行设置的单元格，然后打开“格式”菜单，单击“单元属性”（或者在选定的单元格上单击鼠标右键，在弹出的菜单上选择“单元格属性”），系统弹出“单元格属性”对话框（如图 5-6 所示）。

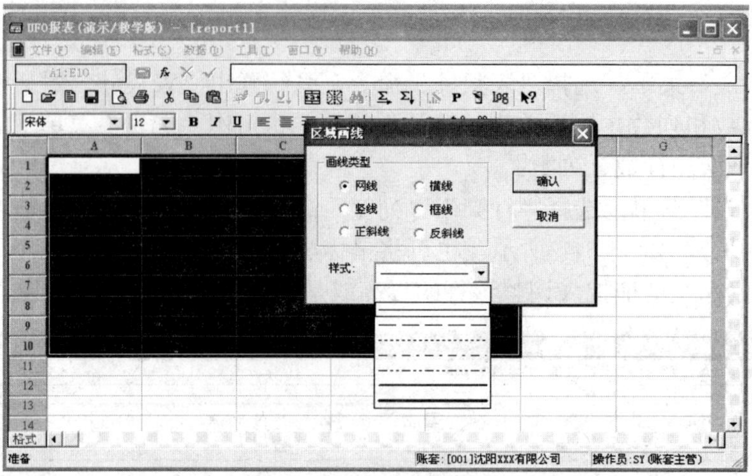

图 5-5 区域画线

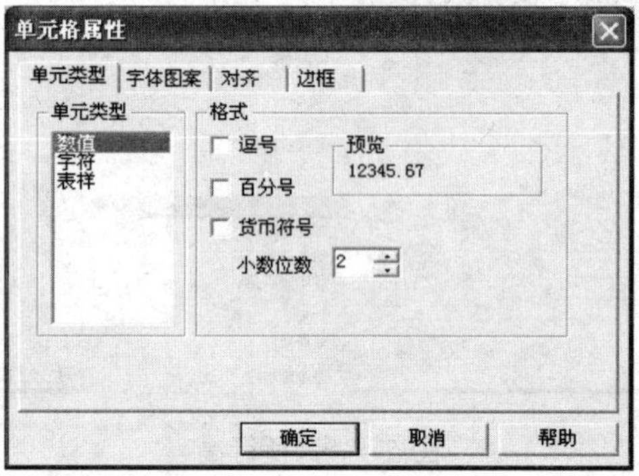

图 5-6 单元格属性

在此对所选定单元格的“单元类型”、“字体图案”、“对齐”、“边框”等进行调整，设置完成后单击“确定”按钮。

4. 组合单元

如果数据需要一个比较大的单元时，需要运用“组合单元”的功能。选定几个需要组合的单元。打开“格式”菜单（或在选定的单元格单击鼠标右键），选择“组合单元”，系统弹出“组合单元”对话框（如图 5-7 所示）。选择组合单元的方式后组合完成。如需对已经组合的单元格进行取消操作，可以按同样的操作过程，选择“取消组合”按钮即可。

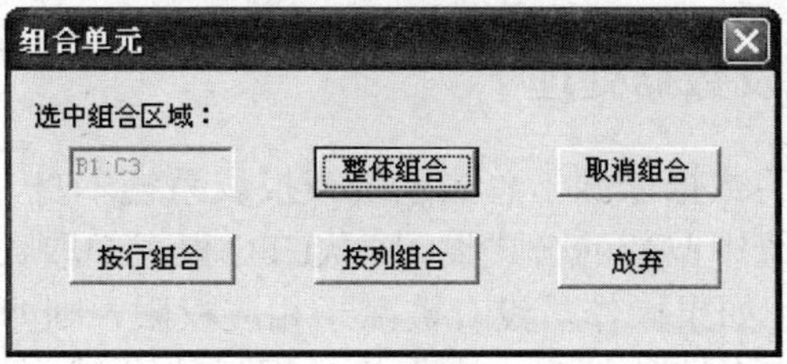

图 5-7　组合单元

5. 关键字设置

关键字是游离于单元格之外的特殊数据单元，可以唯一标识一个表页，用于在大量表页中快速选择表页。UFO 报表提供了以下 6 种关键字，即单位名称、单位编号、年、季、月、日，也可以自定义关键字。关键字的显示位置要在格式状态下设置，关键字的值则在数据状态下录入。每个报表可以定义多个关键字。

选中需要输入关键字的单元格，执行“数据”、“关键字”命令，选择“设置”，出现“设置关键字”对话框（如图 5-8 所示）。选择所需要的关键字，然后单击“确定”按钮。

若要取消所设置的关键字，则选择“数据”菜单下的“关键字”选项，再选择“取消”按钮即可。

如果需要重新设置关键字的位置，则选择“数据”菜单，单击“关键字”选项，再单击“偏移”选项，系统弹出“定义关键字偏移”对话框（如图 5-9 所示）。关键字偏移量的范围是-300 到 300，负数表示向左偏移，正数表示向右偏移。关键字只能左右偏移，不能上下偏移。

相同的关键字只能在一张表中定义一次，同一表中不能重复定义，如不能在一张表上分别定义两个“单位名称”的关键字，这样系统会取消第一个关键字，只保留后一次的设置。

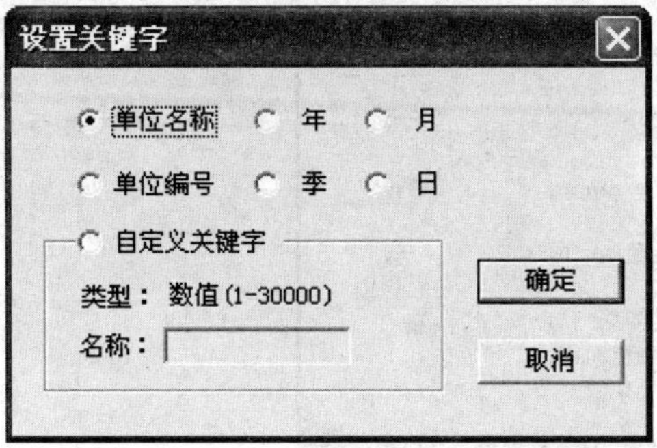

图 5-8　设置关键字

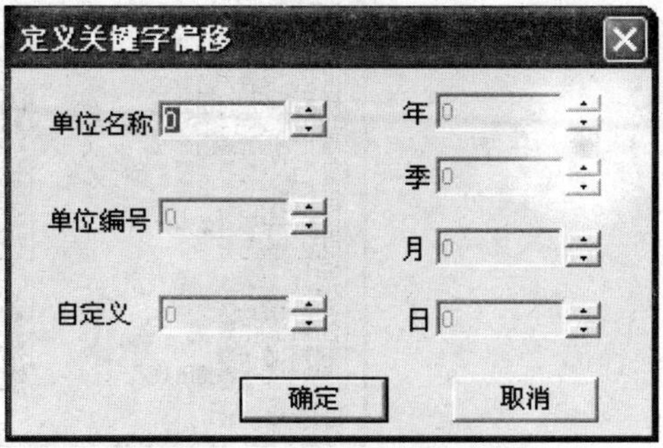

图 5-9　定义关键字偏移

5.4.2 编辑报表公式及数据处理

通常企业财务报表的数据来源于总账系统或报表系统本身，用友UFO报表管理系统具有可以从别的功能系统中取数的公式设置。从UFO报表中取数一般是指从本表或其他表的表页中取数。注意，如果操作员没有被赋予相应权限，则即使在UFO报表中设置了单元公式进行取数，最终在UFO报表中也仍然是不可见的。这是操作员权限的限制所造成的。

1. 定义单元公式

选定需要录入公式的单元格，可以利用函数向导来定义单元公式，也可以直接手工输入单元公式，系统弹出“定义公式”对话框（如图5-10所示）。启动函数向导有三种方法：单击工具栏上“fx”按钮；单击“数据”菜单，依次选择“编辑公式”、“单元公式”命令；直接按键盘上的“=”键。

图5-10 定义公式

在“定义公式”对话框中输入所需要的函数公式，或单击“函数向导”按钮，系统弹出“函数向导”对话框（如图5-11所示）。

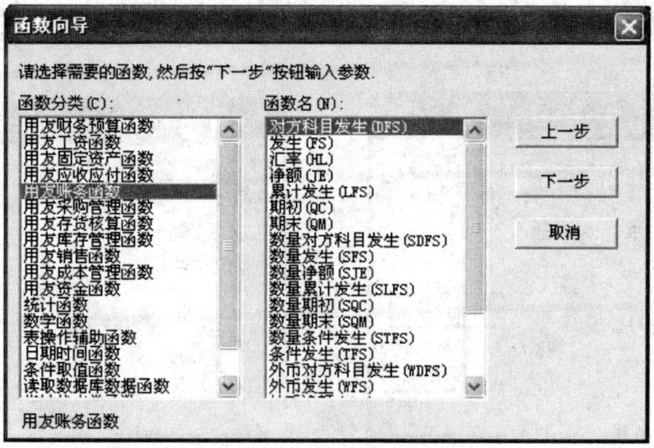

图5-11 函数向导

先选择左边的“函数分类”中的所需函数类别，则右边的“函数名”会依据所选择的函数类别而显示出相应的函数名。选定函数后单击“下一步”按钮，系统会提示所选择函数的函数格式，可在“函数录入”栏中直接依据所提示的内容进行录入（如图 5-12 所示）。

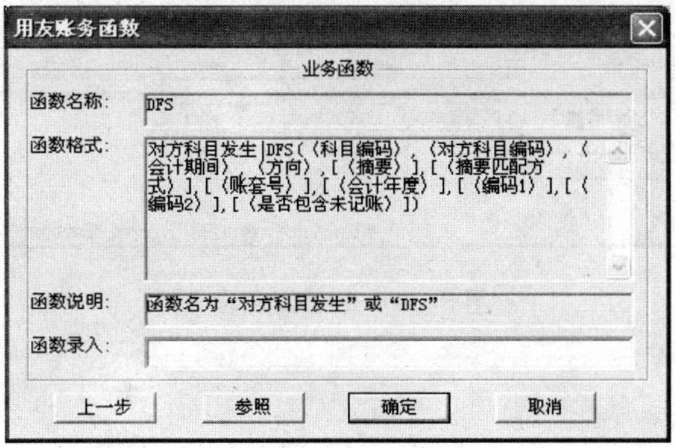

图 5-12　函数向导 1

也可以单击“参照”按钮，在向导的提示下完成函数建立工作（如图 5-13 所示）。

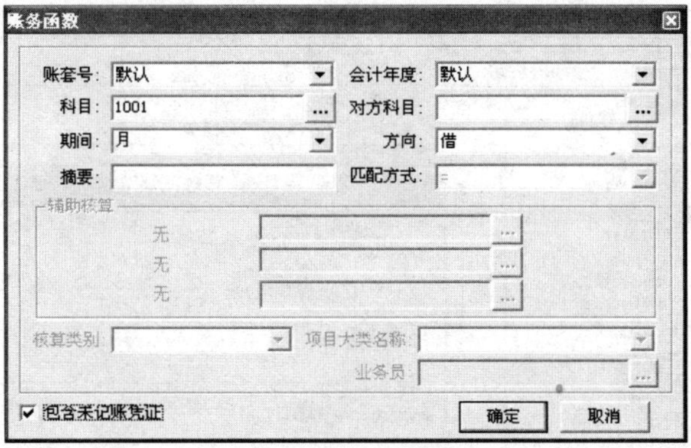

图 5-13　函数向导 2

系统默认的账套号是当前打开的账套，选择所需函数取数的会计年度、科目、期间、方向后单击“确定”按钮。如果选定“包含未记账凭证”，则在所设置的公式取数范围就包含了未记账凭证，这样可以在凭证未做记账时就得到所有已填制凭证的最终结果，数据更趋于实时。设置完毕后系统自动将公式定义带回“定义公式”的对话框中，再单击“确认”按钮，公式就填入单元格中。单元格中不显示函数内容，只显示“公式单元”字样（如图 5-14 所示）。

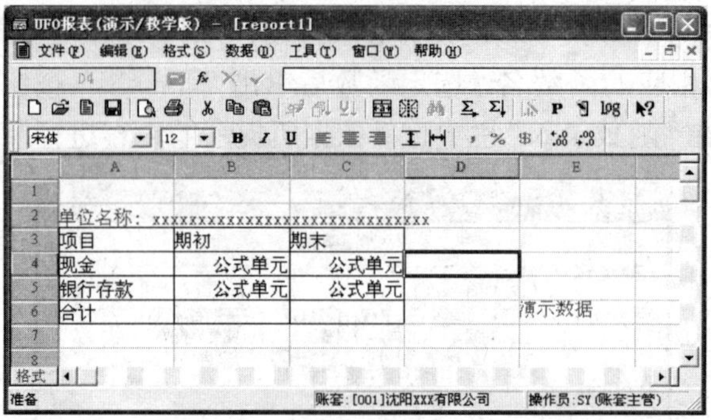

图 5-14　完成公式设置

2. 保存报表格式

当报表所需要的公式定义完成之后，需要保存报表的格式，以便以后随时调用。单击“文件”菜单，选择“保存”命令或直接按“F6”键，系统弹出“另存为”对话框（如图 5-15 所示）。

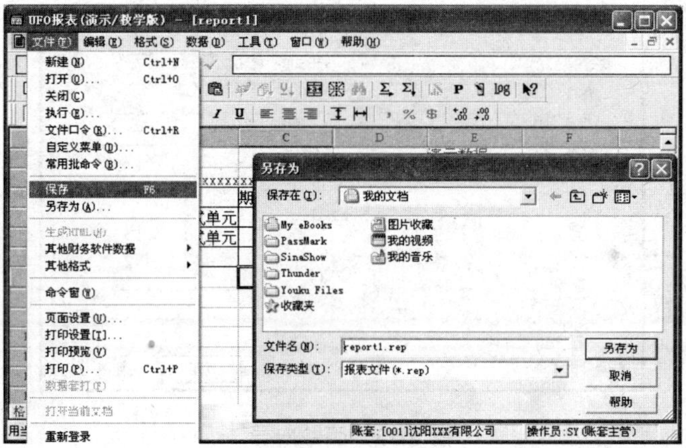

图 5-15　另存为

选择保存文件的路径，录入文件名称，单击“另存为”按钮完成保存工作。

3. 报表数据处理

报表的数据处理主要有生成报表数据、审核报表数据、舍位平衡操作等。单击“打开”按钮，打开已设置好格式的报表文件（如图 5-16、图 5-17 所示）。

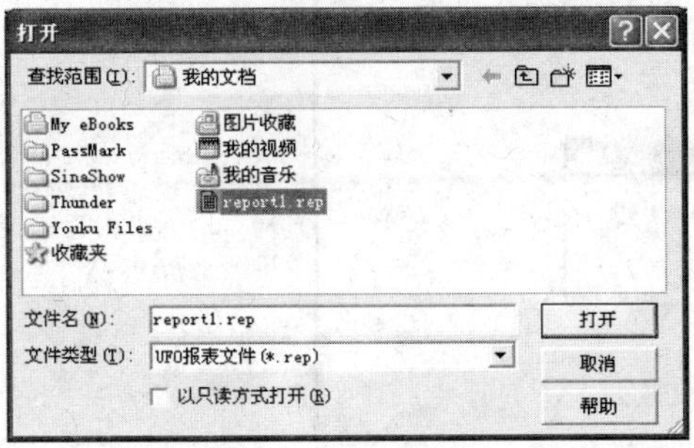

图 5-16　选择报表

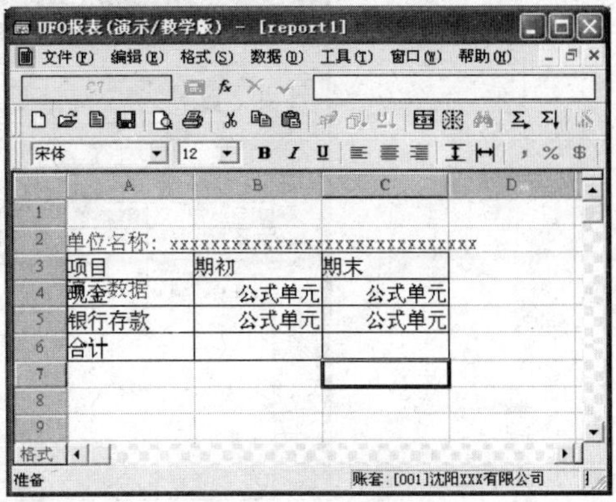

图 5-17　打开报表

单击左下角的“格式”一次，报表转换为“数据”状态，原来没有设置区域画线的单元格周围的线条也已经消失（如图 5-18 所示）。“数据”状态下可进行数据的处理，但不能进行报表格式和公式的设置；“格式”状态下可进行报表格式和公式的设置，但不能进行数据的处理。在“数据”状态按一下“数据”按钮则又转换为“格式”状态。

执行“数据”、“关键字”命令，选择“录入”，系统弹出“录入关键字”对话框（如图 5-19 所示）。

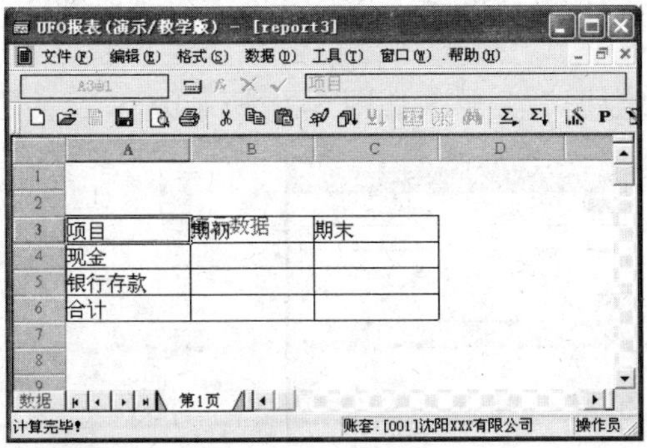

图 5-18　“数据”状态

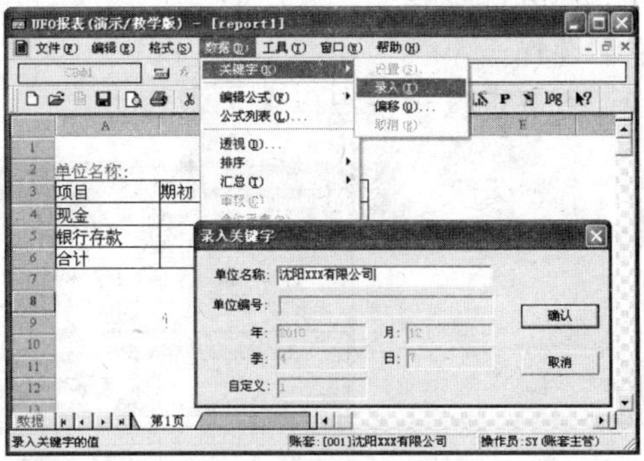

图 5-19　录入关键字

录入当前页的关键字数据，没有设置关键字的对话框都为灰色不能输入，录入完毕后单击“确认”，系统提示“是否重算第一页”，单击“是”，则系统开始计算数据（如图 5-20 所示）。

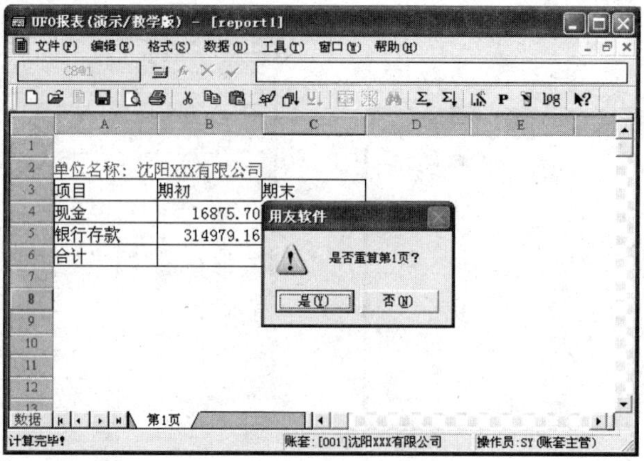

图 5-20 重算表页

关键字的录入只能在“数据”状态下进行。系统以当前的操作员身份、账套名称、时间为默认值进行计算，计算结果显示在表中，在该表页的左下角出现“计算完毕”字样。如果数据有错，可点击“数据”回到“格式”状态，检查无误后，再进入“数据”状态，进行整表重算工作。

只有在“格式”状态下单元公式有变动时，进入“数据”状态时，系统才会提示是否整表进行重算；如果还有其他表页，可选择该表页，按以上录入关键字步骤，进行关键字设置。

表页重算系统提供多种重算方式。打开“数据”菜单（如图 5-21 所示）。

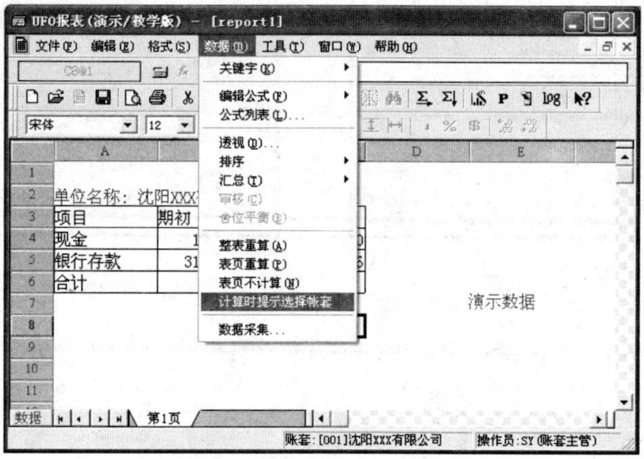

图 5-21 “数据”菜单

选择“整表重算”，则本表中所有的表页都重新进行计算。

选择“表页重算”，则系统只重新计算当前表页的内容，而其他表页不参与计算。

选择“表页不计算”，则指本表页被锁定，无论任何情况下，表页中的单元公式都不再重新计算。

选择“计算时提示选择账套”，则每次进行表页计算时，系统会自动弹出注册对话，提示操作员重新选择账套等数据。

当计算出来的数据中出现“######”这样的字符时，这是因为单元格太窄了，将单元格的宽度调整一下即可（如图 5-22 所示）。

UFO 报表支持联查明细的功能。用鼠标选定一个有数据的单元格，单击鼠标右键，在弹出菜单中选择“联查明细账”功能，就可以联查到该单元格中数据来源的明细账，在明细账中还可以联查到凭证，甚至可以联查到该凭证的原始单据。如果该单元格内的数据是表中取数则另当别论了。

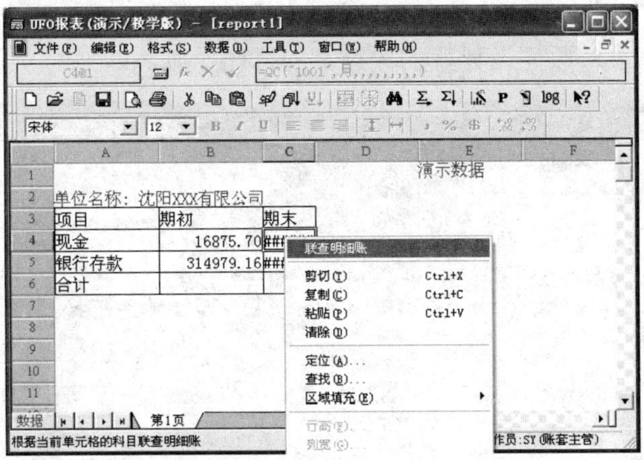

图 5-22　单元格宽度

5.4.3　报表管理

1. 追加表页

报表中，如果表页不够，可以追加表页。

打开一个已有的报表，将其转换到数据状态下。打开“编辑”菜单，选择“追加”下面的“表页”命令，（如图 5-23 所示）。系统弹出“追加表页”窗口，在此窗口中填入所需要追加的表页数，单击“确认”按钮，完成表页追加操作。

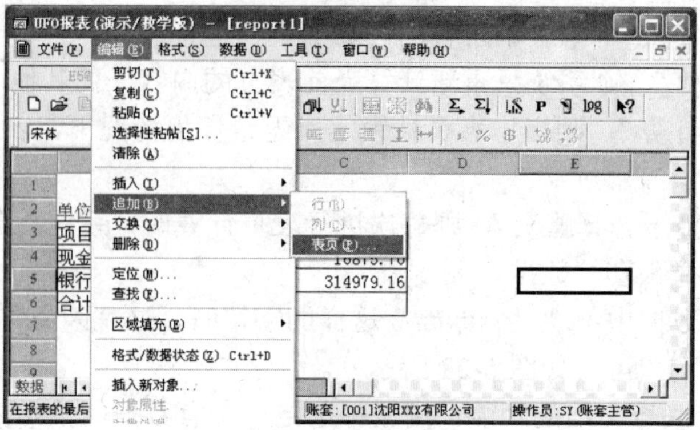

图 5-23 追加表页

2. 表页排序

执行“数据”、“排序”命令，然后选择“表页”选项，系统弹出“表页排序”窗口（如图 5-24 所示），录入原先设计好的关键字的排序原则。

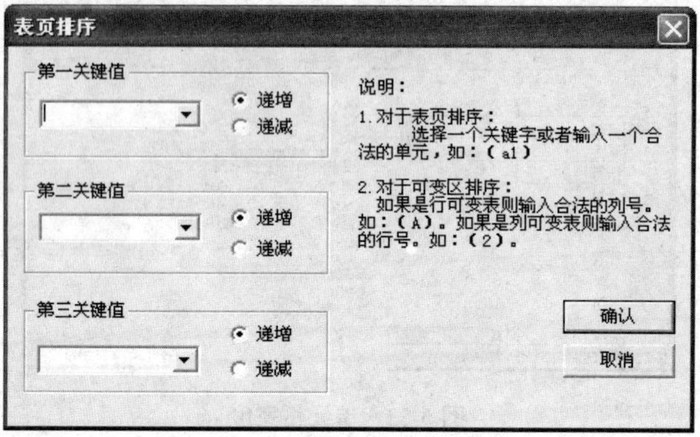

图 5-24 表页排序

单击“确认”按钮后，系统会按照所给条件进行表页排序。

3. 表页查找

执行“编辑”、“查找”命令，系统弹出“查找”对话框（如图 5-25 所示）。在此输入查找条件，选择“并且” 选项表示两个条件都需要符合，选择“或者”选项表示符合其中一个即可。

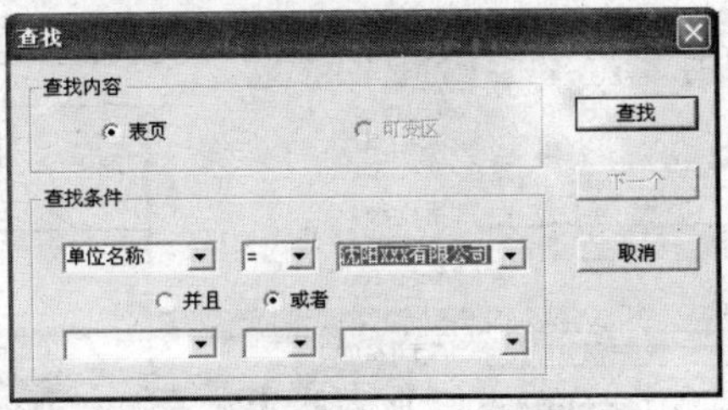

图 5-25　查找

单击“查找”按钮，系统自动将符合条件的表页设定为当前页，单击“下一个”按钮，可自动依据现有条件查询下一个符合条件的表页。

4. 表页透视

使用表页透视功能可以将 UFO 报表多张表页中指定的局部区域同时显示在一个平面上，这样就无须一张一张地翻动不同的表页。

首先选择要透视的第一张表页的页标，选定它，将其作为当前页，系统会从该页开始向其后的表页透视。

执行“数据”、“透视”命令，系统弹出“多区域透视”窗口（如图 5-26 所示）。

在区域范围内输入需要透视的区域，如果两个区域不在一起，则在区域与区域之间用“,”分开，如 A1：C3，E5：G7。输入列标字串后单击“确定”按钮，出现如图 5-27 所示的“透视”窗口。

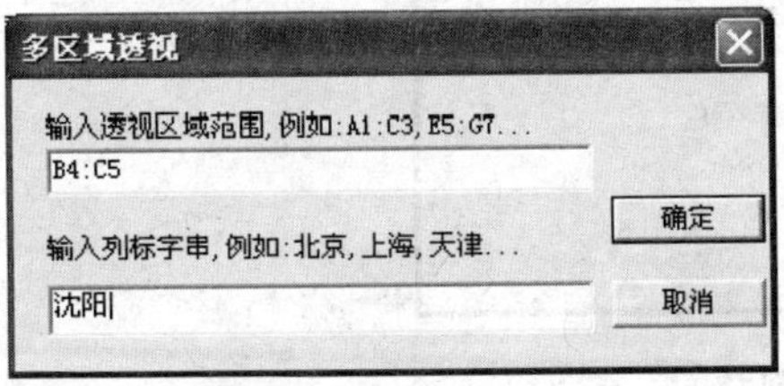

图 5-26　多区域透视

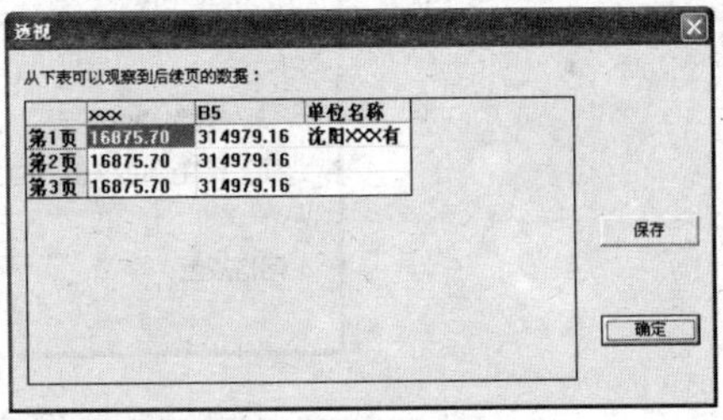

图 5-27　透视

输入的列标名称已取代了坐标名称；如果输入的列标名称数不及列标数，则系统后面的列标名称仍然用坐标代替。最后单击“保存”按钮，将该结果保存起来；单击“确定”按钮直接退出窗口。

5. 显示比例

执行“工具”、“显示比例”命令，系统弹出“显示比例”对话框（如图 5-28 所示）。

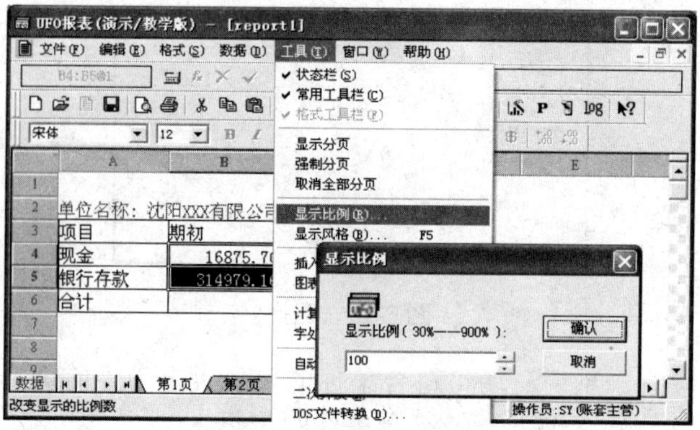

图 5-28 显示比例

输入显示比例，限制范围 30～900，单击“确认”按钮完成。注意，显示比例只是指在电脑屏幕上显示比例的放大或缩小，而对打印结果不产生影响。

6. 定义显示风格

执行“工具”、“显示风格”命令，系统弹出“显示风格”对话框，选择所需要的显示风格，单击“确认”按钮（如图 5-29 所示）。

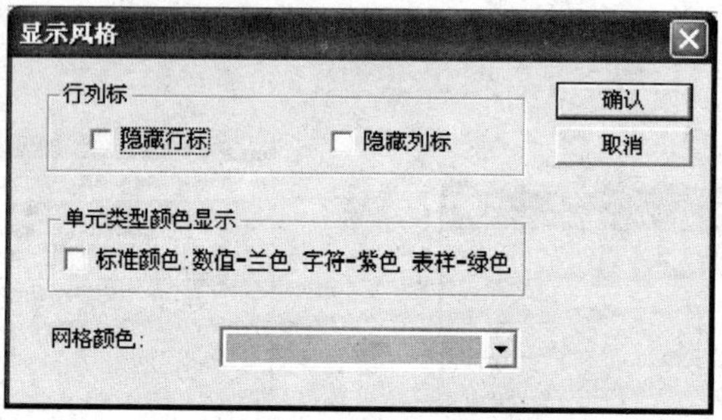

图 5-29 显示风格

7. 设置打印分页

将鼠标选定在需要分页处的单元格里，然后选择“工具”菜单下的“强制分页”功能即可（如图 5-30 所示）。

若要取消分页，则将鼠标定位在该分页单元格，然后选择“工具”菜单下的“取消分页”功能即可，也可以单击“取消全部分页”功能以取消所有分页设置。

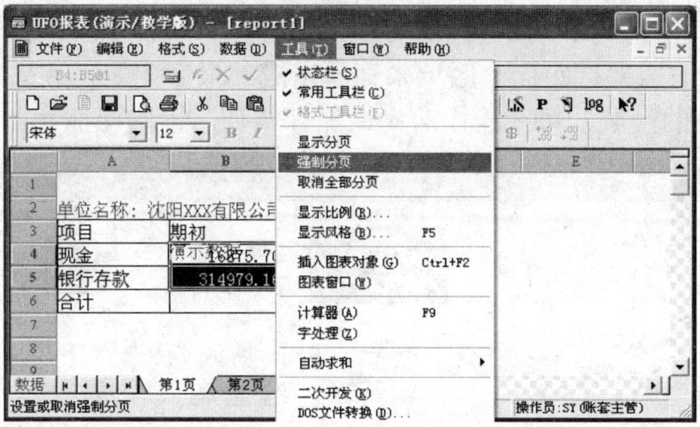

图 5-30　强制分页

5.4.4　图表功能

编制完成报表并取得数据后，可以使用图表功能进行更加直观的分析。图表格式有直方图、立体图及折线图等10种图式的分析图表。打开一个已设计好的表页，将其转换到“数据”状态下，并进行表页重算。选定需要进行图表分析的表页数据范围（如图 5-31 所示）。

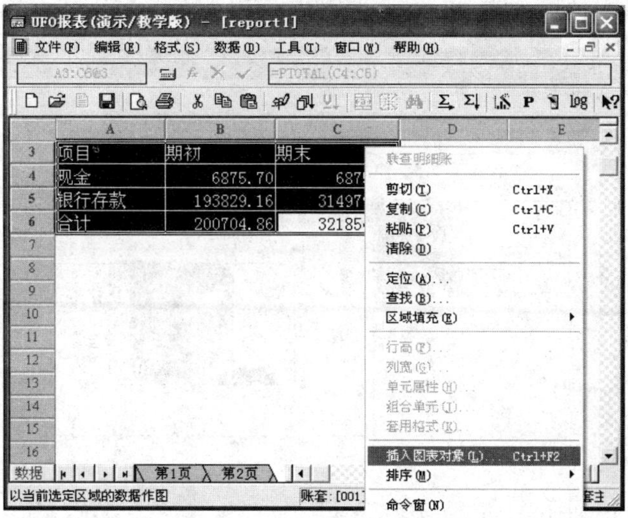

图 5-31　选定图表数据范围

执行“工具”菜单下的“插入图表对象”命令，系统弹出“区域作图”对话框（如图5-32所示）。这时需要选定一个区域来存放生成的最后图表，如果原来所设置的该表页没有足够放图表的区域，可在操作前先追加行或列，以确保插入图表有足够的空间。

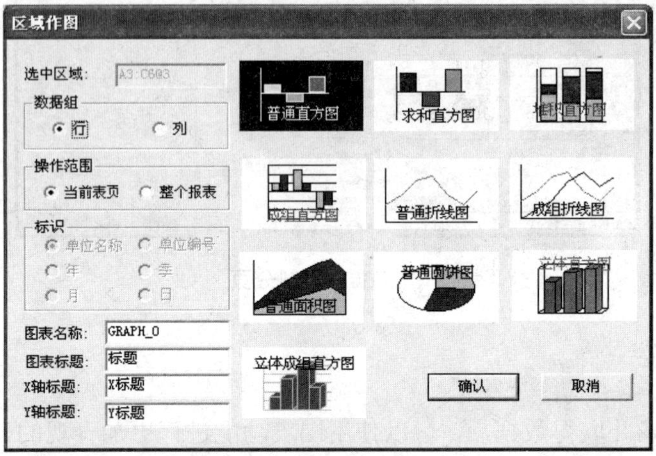

图 5-32 区域作图

确定“数据组”和“操作范围”，填写“图表名称”、“图表标题”后，在列出的10种图表格式中选择一种，单击“确认”按钮，结果如图5-33所示。

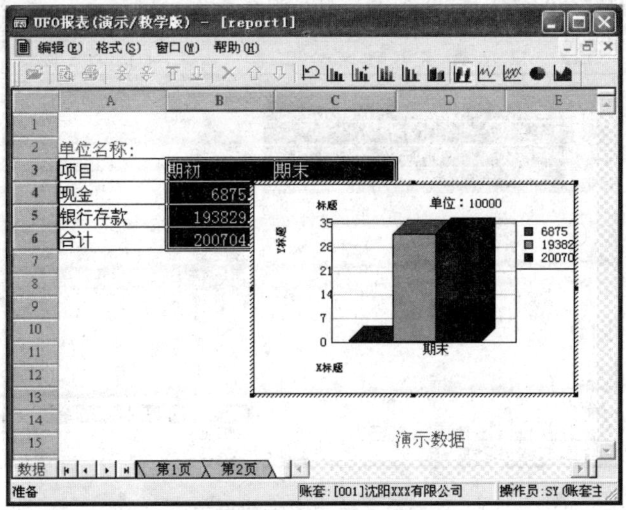

图 5-33 插入图表

用鼠标拉动图表的边框线，调整图表的大小和位置。双击 X 轴和 Y 轴，系统会出现“编辑标题”窗口，可修改标题。可直接单击表页上面的“图表格式”进行当前图表格式的更改。

5.4.5　报表模板

UFO 报表还为用户提供了不同行业的各种标准财务报表模块，用户也可以自己编制报表模板。

1. 调用系统自带的报表模板

执行“格式”菜单下的“报表模板”命令，系统弹出“报表模板”窗口（如图 5-34 所示）。选择的合适的行业类型、所需的财务报表后单击“确认”按钮，系统提示“模板格式将覆盖本表格式！是否继续”（如图 5-35 所示）。单击“确定”按钮，则原来表页的内容将全部丢失（建议每次都使用新建表来操作），报表格式被新的财务报表所覆盖（如图 5-36 所示）。

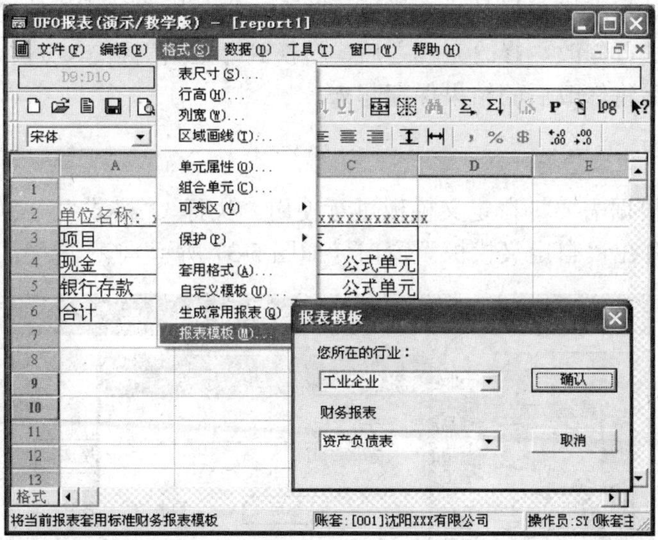

图 5-34　报表模板

注意，如果在建账时所选择的是按新会计制度建账，则在选择所处的行业时应选择相对应的“新会计制度科目”，否则将会出现取数不正确的现象。或者也可以修改模板内的取数公式，之后方可正确取数。

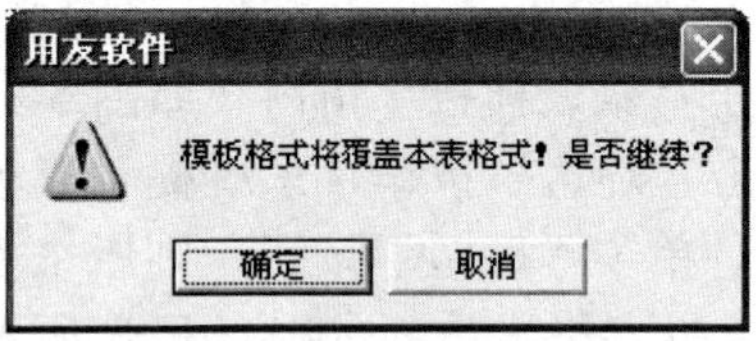

图 5-35 报表格式覆盖

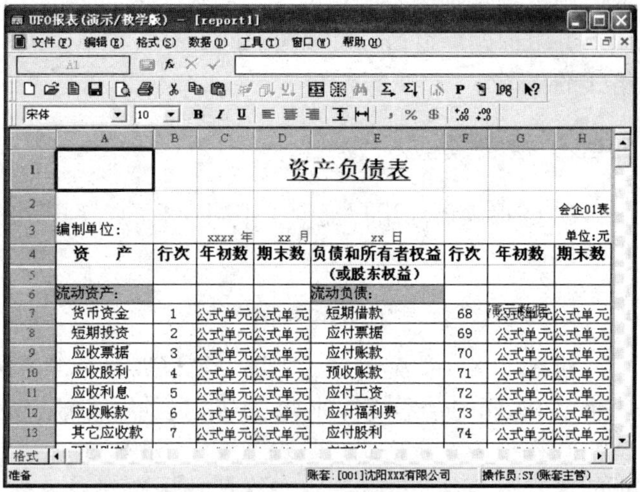

图 5-36 生成报表

所调用的当前报表格式只是一个模板，并不一定与用户的需求完全相同，可能还需要对公式或格式进行修改。修改完成之后，转换到“数据”状态，进行账套初始、整表重算等工作，最后将修改后的结果保存起来。

2. 自定义模板

用户也可以根据需要，自定义模板进行使用。执行 “格式”菜单下的“自定义模板”命令，系统弹出“自定义模板”窗口（如图 5-37 所示）。

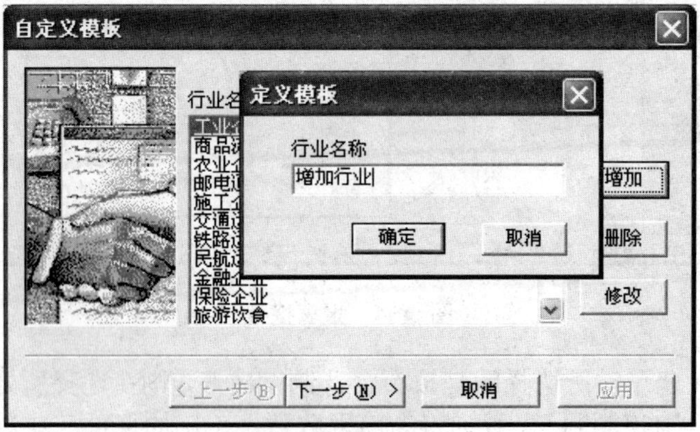

图 5-37 自定义模板

选择一个行业名称，也可单击“增加”按钮未增加新的行业名称。

单击“下一步”按钮，进入 “模板名”设置中（如图 5-38 所示）。单击“增加”按钮，弹出“添加模板”对话框；选择一个原来设置好准备做模板的报表，单击“添加”按钮，系统退回“自定义模板”窗口；单击“完成”按钮，则刚才自定义的模板就被保存起来。以后要使用该模板，则可单击“格式”下的“报表模板”，然后选定自己自定义的模板名称即可。

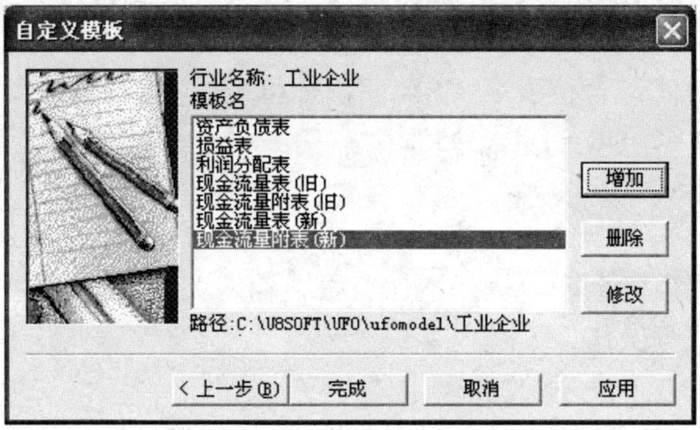

图 5-38　模板名设置

5.5　实训资料

1. 企业资料

货币资金表参见表 5-1。

表 5-1　货币资金表

编制单位：　　　　　　年　月　日　　　　　　　　　　　　　单位：元

项　目	行　次	期 初 数	期 末 数
现金	1		
银行存款	2		
合计	3		

制表人：

说明：编制单位和年、月、日应设为关键字。

2. 实训内容

（1）启动 UFO 报表管理系统，建立一张空白报表，定义为货币资金表。定义报表格式，设置报表尺寸，定义组合单元，画表格线，输入报表项目，定义报表行高和列宽，设置单元风格，定义单元属性，设置关键字，调整关键字位置。

（2）报表公式定义。

C4 单元格直接输入公式 QC（“1001”，月，“借”,,,,,,,,），D5 单元格利用公式向导输入 “银行存款”期末数。

定义舍位平衡公式：舍位表名“SW1”，舍位范围“C4：D6”，舍位位数“3”，平衡公式“C6 = C4 + C5，D6 = D4 + D5”。

（3）保存报表格式。

（4）报表管理。

打开定义好的货币资金表，执行增加表页、输入关键字值、生成报表、报表舍位、表页排序、表页查找等操作。

（5）图表功能。

追加行作为图表显示区域，插入图表对象，编辑图表对象，编辑图表主标题，编辑图表主标题字样。

（6）报表模板。

调用资产负债表模板，调整报表模板，生成资产负债表数据。

第 6 章　固定资产管理员

6.1　学习与训练目标

固定资产管理是对企事业单位所持有的固定资产进行的核算和管理。该模块的学习与训练目标是使学生熟悉固定资产管理系统的处理流程；掌握固定资产管理的系统初始化；掌握日常业务处理；掌握固定资产管理月末处理的操作；明确固定资产管理系统与总账系统的凭证传递关系，以及与其他子系统（如成本核算系统）的联系。

6.2　岗位任务分析

固定资产管理系统主要是完成对企业固定资产日常业务的核算和管理，生成固定资产卡片，按月反映固定资产的增加、减少、原值的变化及其他变动情况；自动计提固定资产折旧，根据固定资产的使用部门和类别分摊折旧费用，计提固定资产减值准备，生成记账凭证。在固定资产管理系统生成的凭证要传递到总账系统进行账务处理，同时输出固定资产变动明细账以及一些与设备管理相关的报表和账簿。

6.3　岗位相关知识

6.3.1　固定资产系统岗位相关知识

固定资产管理系统可以为各类企业和行政事业单位进行设备管理、计提折旧等；同时可为总账系统提供固定资产增加、减少、计提折旧等记账凭证，为成本管理系统提供设备的折旧费用。用友 ERP-U850 系统中的固定资产管理子系统主要包括系统设置、业务处理、计提折旧、输出账表等功能。

1. 系统设置

系统设置主要是定义资产分类、编码方式、资产类别、使用年限、残值率、部门核算科目、转账时自动生成凭证、使用状况等，同时为用户提供了外币管理资产设备，并增加了折旧属性，使用更灵活；为适应行政事业单位固定资产管理的需要，提供账套内固定资产不提折旧的功能。

2. 业务处理

业务处理功能模块主要是对企业固定资产进行卡片管理，反映固定资产的增减变动情况，处理固定资产其他变动业务，包括原值变动、部门转移、使用状况变动、使用年限调整、折旧方法调整、净残值（率）调整、工作总量调整、累计折旧调整、资产类别调整等。

业务处理功能还提供了对固定资产的评估功能，包括对原值、使用年限、净残值率、折旧方法等进行评估。此外，还提供原值变动表、启用记录、部门转移记录、大修记录、清理信息等附表。

3. 计提折旧

计提折旧功能提供了自定义折旧分配周期；为满足不同行业的需要，提供了折旧公式自定义功能，并按分配表自动生成记账凭证；提供了两种平均年限法、工作量法、年数总和法、双倍余额递减法和不计提折旧等方法。折旧分配表更灵活全面，包括部门折旧分配表和类别折旧分配表，各表均按辅助核算项目汇总。

考虑原值、累计折旧、使用年限、净残值和净残值率、折旧方法的变动对折旧计提的影响，系统自动更改折旧计算，计提折旧，生成折旧分配表，并按分配表自动制作记账凭证。

4. 输出账表

系统可以输出以下各种账表：

（1）固定资产分析表（包括部门构成分析表、价值结构分析表、类别构成分析表、使用情况分析表）；

（2）账簿（包括部门、类别明细账，单个固定资产明细账，固定资产登记簿，固定资产总账）；

（3）固定资产统计表（包括固定资产原值一览表、固定资产到期提示表、固定资产统计表、盘盈盘亏报告表、评估变动表、役龄资产统计表、逾龄资产统计表）；

（4）固定资产折旧表（包括部门折旧计提汇总表、固定资产及累计折旧表（二）、固定资产及累计折旧表（一）、固定资产折旧计算明细表、固定资产折旧清单）。

6.3.2　固定资产管理系统的处理流程

固定资产管理系统的处理流程如图 6-1 所示。

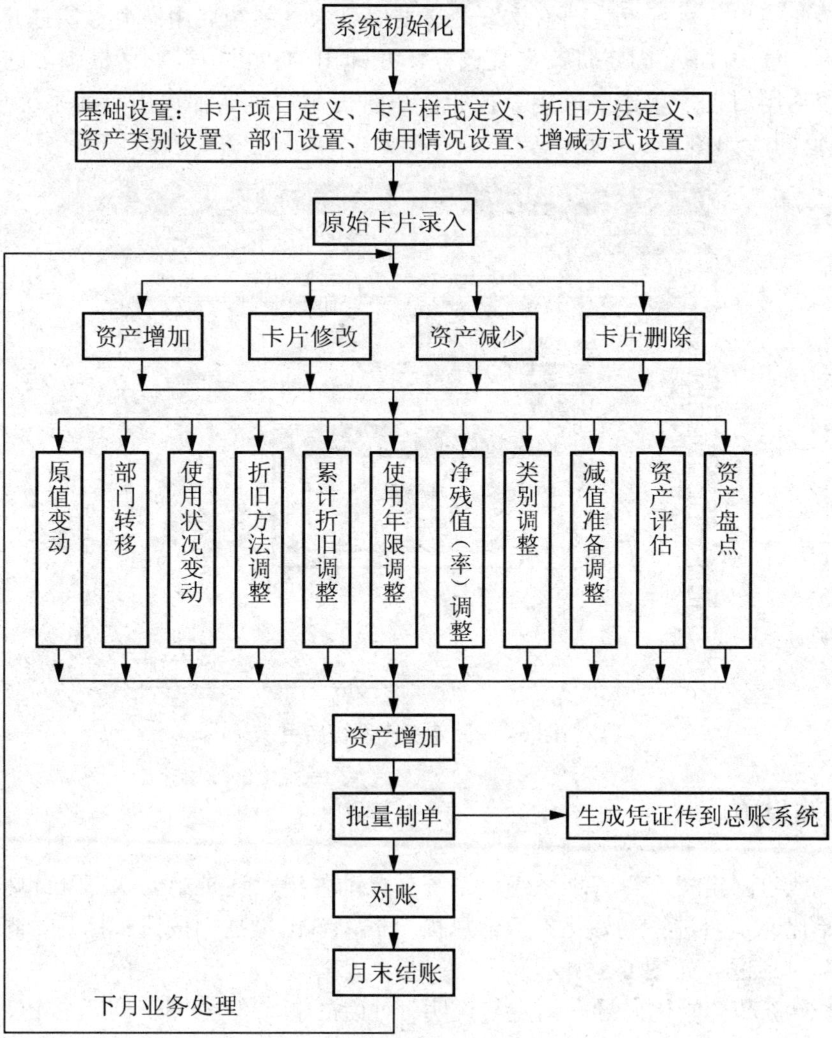

图 6-1　固定资产管理系统的处理流程

6.4 岗位工作实践

6.4.1 启用并注册固定资产管理系统

登录企业门户，执行“基础信息”、“基本信息”、“系统启用”命令，打开“系统启用”对话框，选中“FA 固定资产”复选框，在弹出的“日历”对话框中，选择固定资产管理系统启用日期，单击“确定”按钮，系统提示“确实要启用当前系统吗”；单击“是”按钮返回（如图 6-2 所示）。

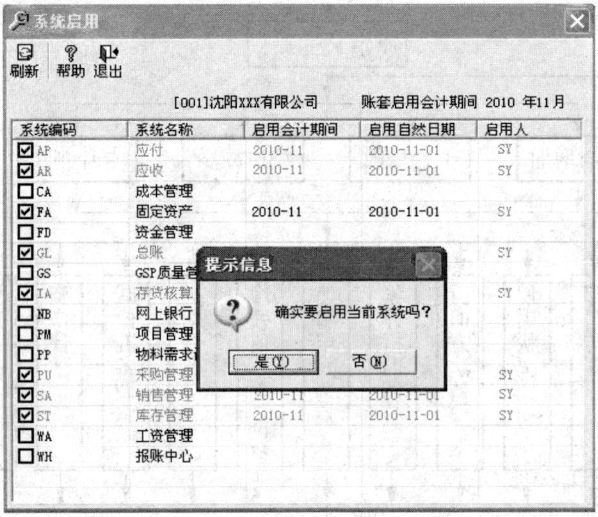

图 6-2 固定资产系统启用

6.4.2 初始设置

首次进入“固定资产”管理系统，系统会自动弹出“这是第一次打开此账套，还未进行过初始化，是否进行初始化？”信息提示框，单击“是”按钮。打开“固定资产初始化向导”对话框（如图 6-3 所示）。

在“固定资产初始化向导—约定与说明”对话框中，单击“下一步”按钮，进入“固定资产初始化向导—启用月份”对话框，选择账套的启用月份（如图 6-4 所示）。单击“下一步”按钮，进入“固定资产初始化向导—折旧信息”对话框。选中“本账套计提折旧”复选框，选择主要折旧方法“平均年限法（一）”，折旧汇总分配周期“1 个月”；选中“当（月初已计提月份=可使用月份-1）时将剩余折旧全部提足（工作量法除外）”复选框（如图 6-5 所示）。单击“下一步”按钮。

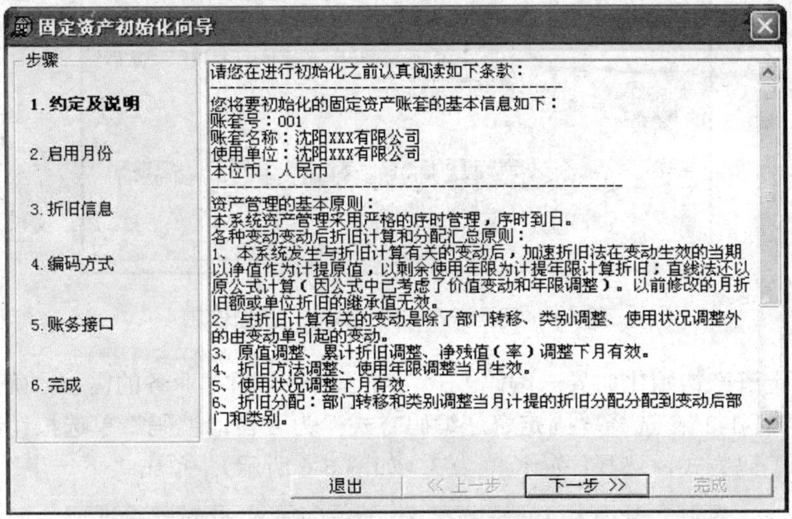
固定资产初始化向导
步骤
1. 约定及说明
2. 启用月份
3. 折旧信息
4. 编码方式
5. 账务接口
6. 完成
请您在进行初始化之前认真阅读如下条款：
您将要初始化的固定资产账套的基本信息如下：
账套号：001
账套名称：沈阳xxx有限公司
使用单位：沈阳xxx有限公司
本位币：人民币
资产管理的基本原则：
本系统资产管理采用严格的序时管理，序时到日。
各种变动变动后折旧计算和分配汇总原则：
1、本系统发生与折旧计算有关的变动后，加速折旧法在变动生效的当期以净值作为计提原值，以剩余使用年限为计提年限计算折旧；直线法还以原公式计算（因公式中已考虑了价值变动和年限调整）。以前修改的月折旧额或单位折旧的继承值无效。
2、与折旧计算有关的变动是除了部门转移、类别调整、使用状况调整外的由变动单引起的变动。
3、原值调整、累计折旧调整、净残值（率）调整下月有效。
4、折旧方法调整、使用年限调整当月生效。
5、使用状况调整下月有效.
6、折旧分配：部门转移和类别调整当月计提的折旧分配分配到变动后部门和类别。
退出
<< 上一步
下一步 >>
完成

图 6-3　固定资产初始化向导—约定与说明

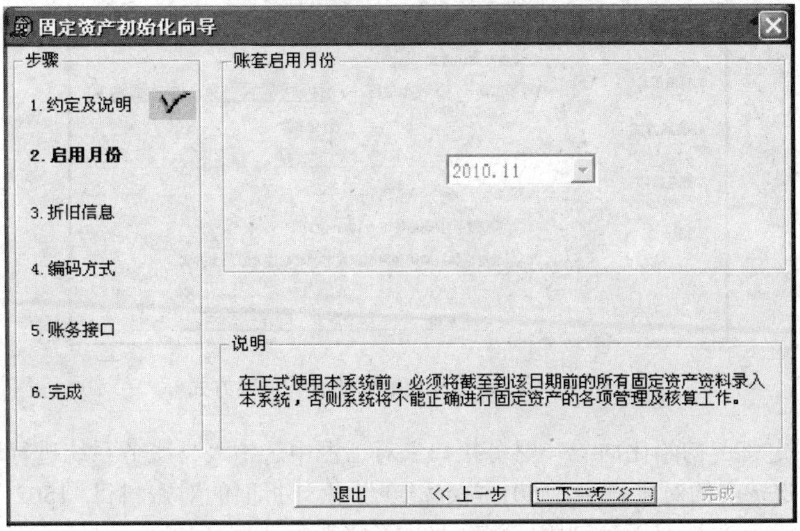
固定资产初始化向导
步骤
1. 约定及说明
2. 启用月份
3. 折旧信息
4. 编码方式
5. 账务接口
6. 完成
账套启用月份
2010.11
说明
在正式使用本系统前，必须将截至到该日期前的所有固定资产资料录入本系统，否则系统将不能正确进行固定资产的各项管理及核算工作。
退出
<< 上一步
下一步 >>
完成

图 6-4　固定资产初始化向导—启用月份

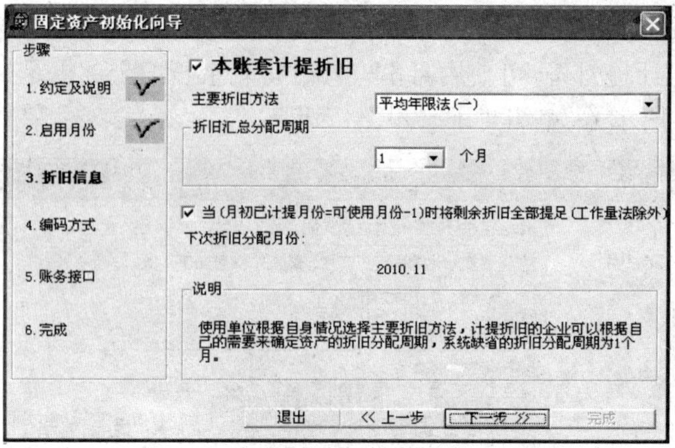

图 6-5 固定资产初始化向导—折旧信息

在“固定资产初始化向导—编码方式”对话框中，根据业务的需求，确定资产类别编码长度“2-1-1-2”；选择“固定资产编码方式”为“自动编码”单选按钮，选择合适的固定资产编码方式，选择序号长度为 3（如图 6-6 所示）。单击“下一步”按钮。

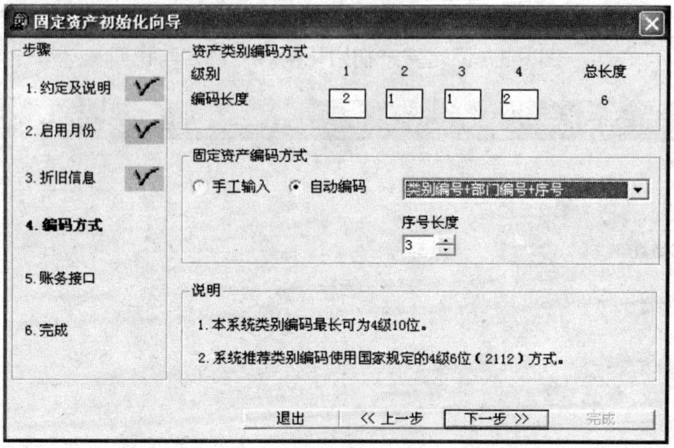

图 6-6 固定资产初始化向导—编码方式

在“固定资产初始化向导—财务接口”对话框中选中“与账务系统进行对账”复选框；选择固定资产的对账科目“1501 固定资产”，累计折旧的对账科目“1502 累计折旧”；选择“在对账不平情况下允许固定资产月末结账”复选框（如图 6-7 所示）。单击“下一步”按钮。

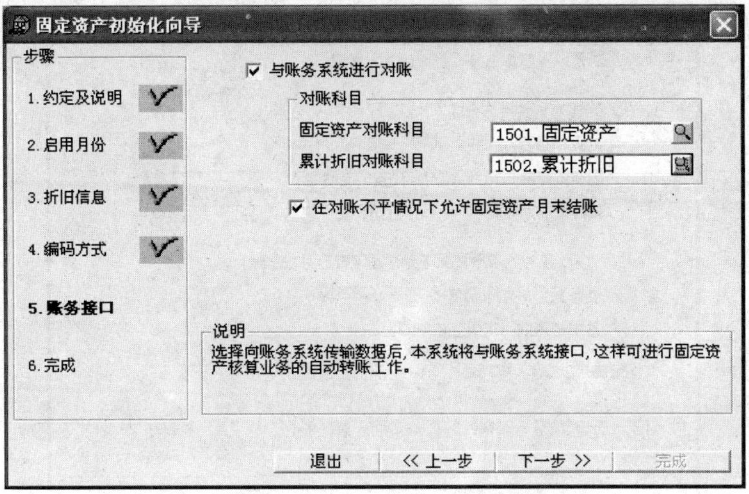

图 6-7　固定资产初始化向导—财务接口

在“固定资产初始化向导—完成”对话框中，单击“完成”按钮，完成账套的初始化工作，系统弹出“是否确定所设置的信息完全正确并保存对新账套的所有设置”信息提示对话框（如图 6-8 所示）。单击“是”按钮，系统弹出“已成功初始化本固定资产账套”信息提示对话框，单击“确定”按钮。

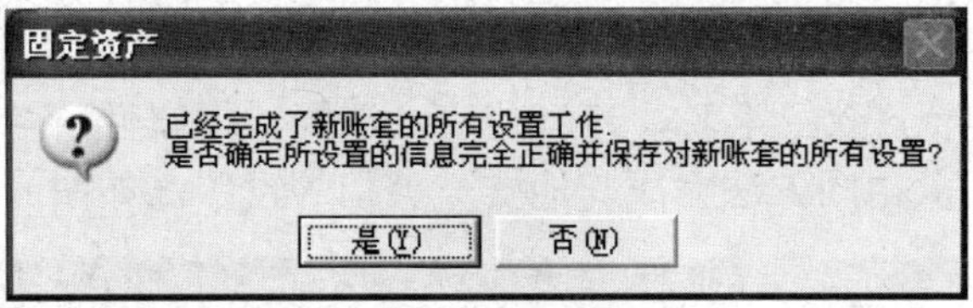

图 6-8　信息提示窗口

1. 参数设置

固定资产账套初始化工作完成以后，还可以根据企业实际业务的需求，修改补充参数。例如要求固定资产业务发生后立即制单，月末结账前一定要完成制单的记账业务时，可以修改固定资产系统的选项设置。

执行“系统菜单”、“设置”、“选项”命令，进入“选项”窗口（如图 6-9 所示）。单击“编辑”按钮，选择“与账务系统接口”选项卡，选中“业务发生后立即制单”、“月末结账前一定要完成制单登账业务”复选框；选择默认入账科目“1501 固定资产”、“1502 累计折旧”，单击“确定”按钮，完成参数的设置。

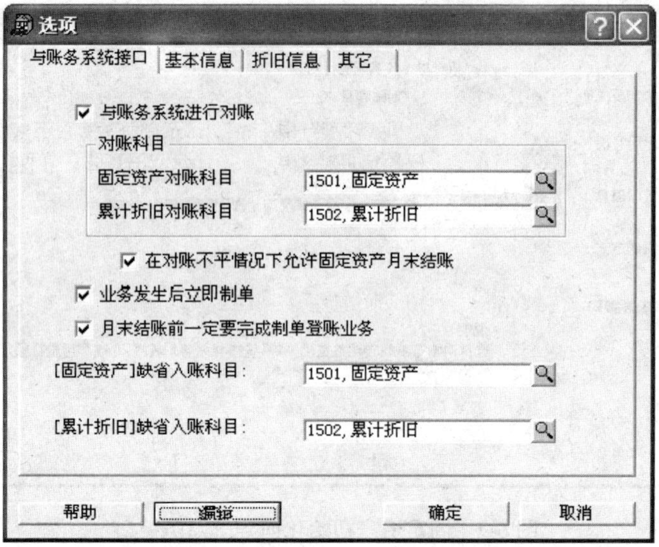

图 6-9 “与账务系统接口”选项卡

2. 设置资产类别

由于企业固定资产的种类繁多，规格不一，所以对固定资产进行分类有利于强化固定资产管理，可以根据自身的特点和管理要求对固定资产进行分类。

执行“系统菜单”、“设置”、“资产类别”命令，进入“类别编码表”窗口。单击“增加”按钮，输入固定资产类别名称、净残值率，选择计提属性、折旧方法、卡片样式，单击“保存”按钮。以相同方法完成其他资产类别的设置（如图 6-10 所示）。

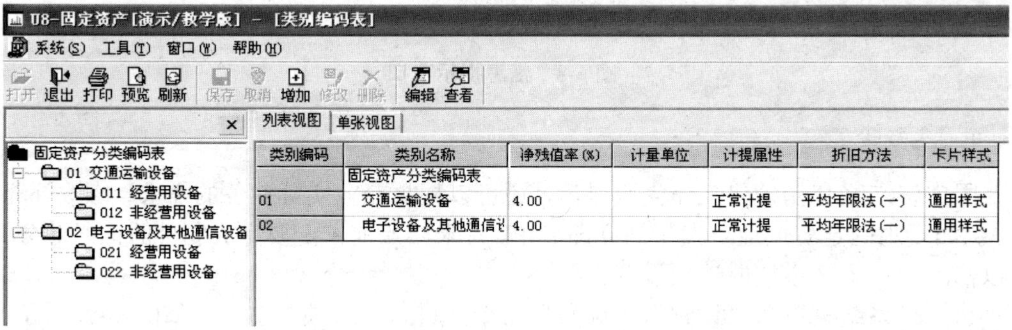

图 6-10 设置资产类别结果窗口

3. 设置部门对应折旧科目

资产计提折旧后必须把折旧归入成本或者费用，对应科目是指计提折旧时所对应的成本或者费用科目。根据不同企业的具体情况，有按照部门归集的，也有按照类别归集的。当按照部门归集折旧费用时，某一部门的资产折旧费用将归集到一个比较固定的科目，每个部门对应一个折旧科目。

执行“系统菜单”、“设置”、“部门对应折旧科目设置”命令，进入“部门编码表”窗口，结果如图 6-11 所示。选择要修改的部门，单击“修改”按钮，选择折旧科目“管理费用/折旧费（550206）”，单击“保存”按钮。如果所修改的部门有下级部门，系统会弹出“是否将所有下级部门的折旧科目替换”信息提示对话框，单击“是”按钮，完成操作。同理，完成其他部门折旧科目的设置。

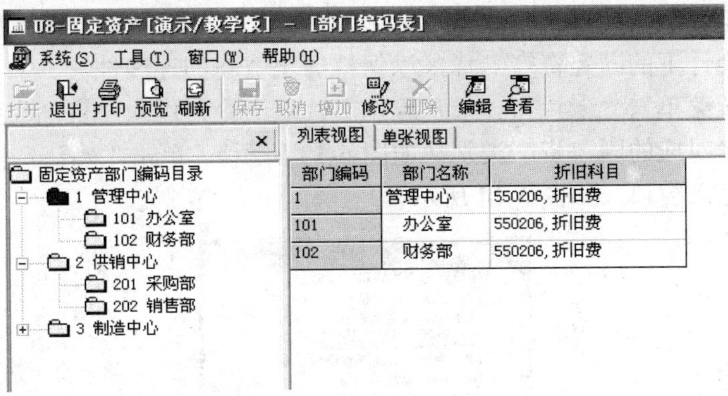

图 6-11　部门对应折旧科目窗口

4. 设置增减方式的对应科目

系统预置的增加方式主要有：直接购买、投资者投入、接受捐赠、盘盈、融资租入等，系统预置的减少方式主要有：出售、盘亏、投资转出、捐赠、报废、毁损、融资租赁转出等。也可以根据需求自行设置固定资产增减方式。设置固定资产增减方式的对应科目是为了在生成凭证时为缺省值。如增加资产采用直接购买方式时该科目可能就是“银行存款”。又如“直接购入”通常对应“银行存款”，毁损通常对应“固定资产清理”。

执行“系统菜单”、“设置”、“增减方式”命令，进入增减方式窗口。在左侧列表框中，单击“直接购入”增加方式，再单击“修改”按钮（如图 6-12 所示）。输入对应入账科目后，单击“保存”按钮。同理，输入其他增减方式的对应入账科目。

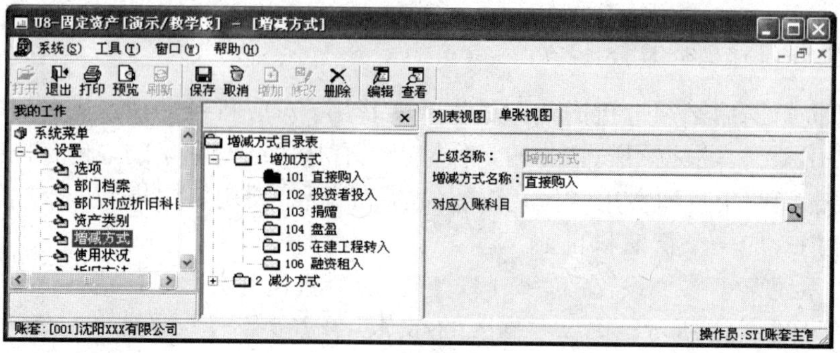

图 6-12　增减方式

5. 录入原始卡片

常用的固定资产管理方式就是卡片管理。原始卡片是固定资产核算和管理的基础依据，录入手工会计下的固定资产卡片，以保持历史资料的连续性。

执行“系统菜单”、“卡片”、“录入原始卡片”命令，进入“资产类别参照”窗口。选择需录入资产对应的固定资产类别（如图 6-13 所示）。单击“确认”按钮，进入“固定资产卡片”录入窗口（如图 6-14 所示）。

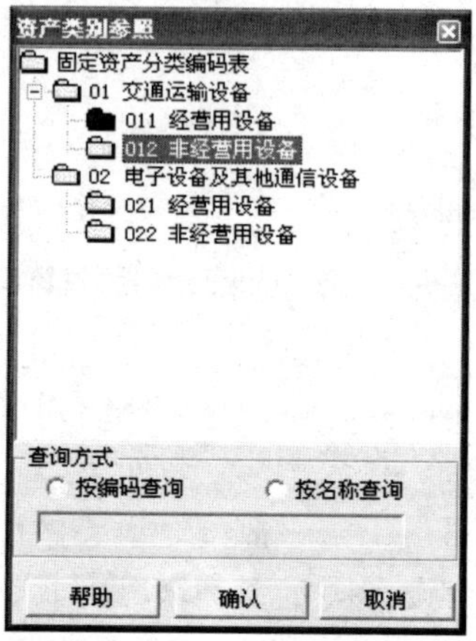

图 6-13　资产类别参照

输入固定资产名称，双击“部门名称”选择使用部门，双击“增加方式”选择增加方式，双击“使用状况”选择“在用”；输入日期、原值、累计折旧、使用年限等信息。

图 6-14　“固定资产卡片”窗口

单击“保存”按钮，系统弹出“数据成功保存”信息提示对话框，单击“确定”按钮完成录入。同理，完成其他固定资产卡片的输入。

全部卡片录入完成后，执行“系统菜单”、“处理”、“对账”命令，系统将固定资产的明细资料数据汇总并与财务核对，显示与财务对账结果，单击“确定”按钮返回。

6.4.3　日常及期末处理

1. 资产增加

在日常业务处理过程中，可能会因为购进或者其他的方式增加企业资产，这部分资产通过“资产增加”操作录入系统，即新卡片录入。

执行“系统菜单”、“卡片”、“资产增加”命令，进入“资产类别参照”窗口。选择合适的资产类别，单击“确认”按钮，在“固定资产卡片新增”窗口中输入固定资产名称。双击部门名称，弹出“本资产部门使用方式”信息提示对话框（如图 6-15 所示），选择“单部门使用”或“多部门使用”选项，单击“确定”按钮。打开“部门参照”对话框，选择使用部门；依次选择“增加方式”、“使用状况”后，输入原值、使用年限、使用日期等信息（如图 6-16 所示）。

单击“保存”按钮，进入“填制凭证”窗口。选择凭证类型，修改制单日期、附件数，单击“保存”按钮（如图 6-17 所示）。

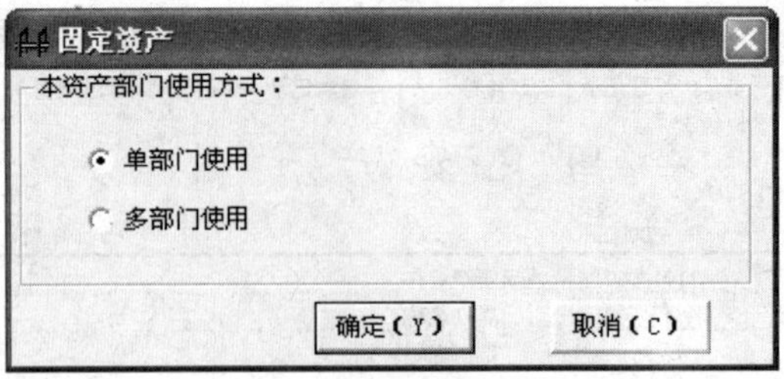

图 6-15 本资产部门使用方式

图 6-16 固定资产卡片窗口

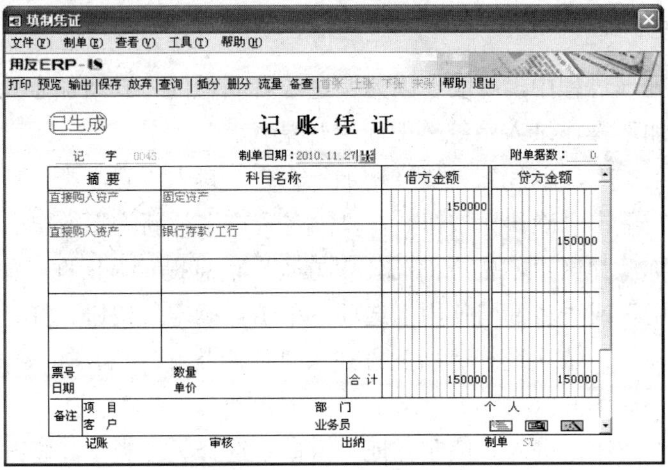

图 6-17 固定资产增加生成凭证

2. 折旧处理

计提折旧是固定资产管理的主要工作之一。系统每期根据录入系统的资料自动计算每项资产的折旧，并自动生成折旧分配表，然后填制记账凭证，将本期的折旧费自动登账。

执行“系统菜单”、“处理”、“计提本月折旧”命令，系统弹出“计提折旧后是否要查看折旧清单？”对话框（如图 6-18 所示）。单击“否”按钮。

系统继续弹出“本操作将计提本月折旧，并花费一定时间，是否要继续？”对话框（如图 6-19 所示）。单击“是”按钮。

系统计提折旧完成后，进入“折旧分配表”窗口（如图6-20 所示）。单击“凭证”按钮，进入“填制凭证”窗口，选择“转账凭证”，修改其他项目，单击“保存”按钮（如图 6-21 所示）。

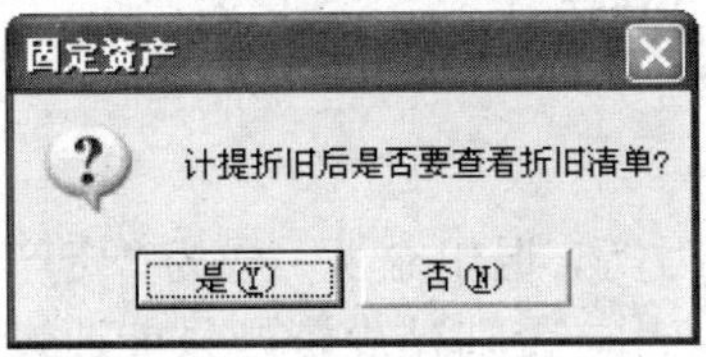

图 6-18　信息提示窗口 1

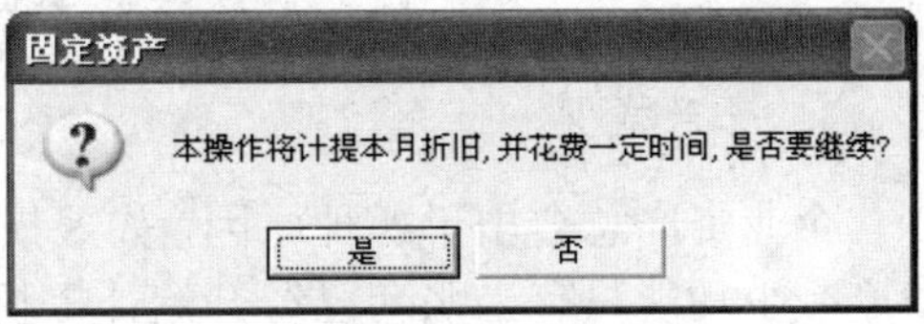

图 6-19　信息提示窗口 2

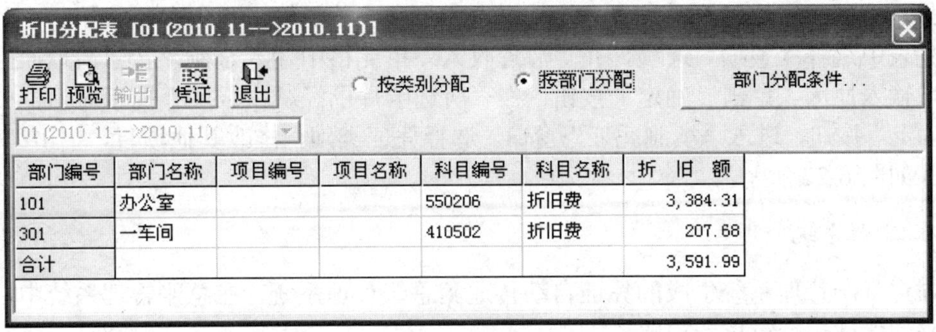

图 6-20　折旧分配表窗口

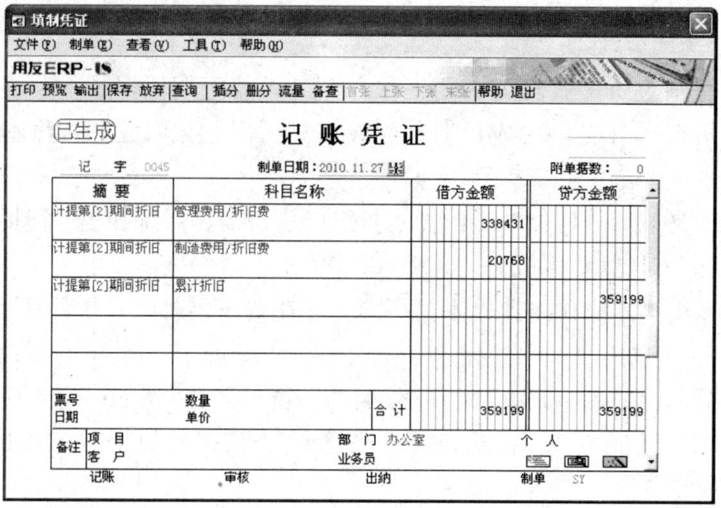

图 6-21 计提本月折旧生成凭证

3. 资产减少

企业资产总会由于各种原因，如毁损、出售、盘亏等，退出企业，成为“资产减少”。资产减少功能只有当账套已经开始计提折旧后方可使用，否则减少资产只能通过删除卡片来完成。

执行“系统菜单”、“卡片”、“资产减少”命令，进入“资产减少”窗口。在“资产减少”窗口中，单击“卡片编号”框右侧的参照按钮。在参照列表中，选择要减少的资产编号，单击“增加”按钮，双击“减少方式”所在单元格，弹出参照按钮，在打开的参照列表中选择“毁损”选项，在“清理收入”单元格中输入金额，在“清理原因”单元格中输入原因。单击“确定”按钮，在“所选卡片已经减少成功”提示对话框中，单击“确定”按钮，进入“填制凭证”窗口。选择凭证类别，修改其他项目，单击“保存”按钮（如图 6-22 所示）。

4. 总账系统处理

固定资产管理系统生成的凭证自动传递到总账管理系统，在总账管理系统中，对传递过来的凭证进行审核和记账。

5. 账表管理

固定资产管理过程中，需要及时掌握资产的统计、汇总和其他方面的信息。系统根据用户对系统的日常操作，自动提供这些信息，以账和表的形式提供给财务人员和资产管理人员。固定资产管理系统提供的账表分为四类：分析表、统计表、账簿、折旧表。也可以根据企业需求自定义账表。

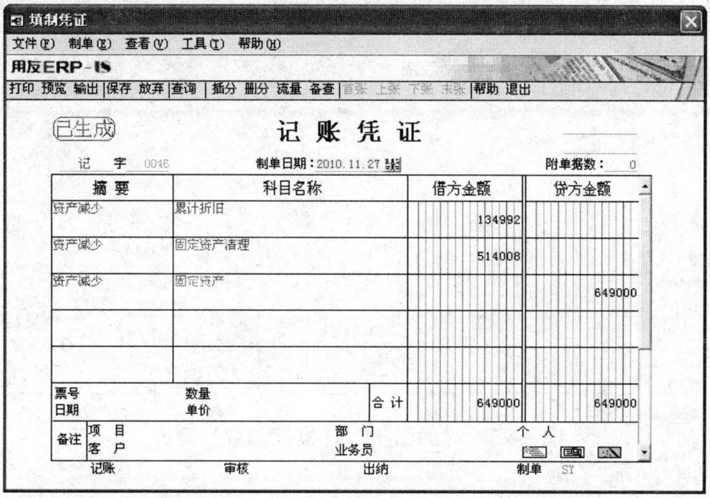

图 6-22 固定资产毁损生成凭证

执行“系统菜单”、“账表”、“我的账表”命令，进入“固定资产报表”窗口。单击“折旧表”，选择“(部门)折旧计提汇总表”(如图 6-23 所示)。

单击“打开”按钮，打开“条件”对话框。选择期间为“2010.11”，汇总部门为“1—3”(如图 6-24 所示)。单击“确定”按钮，部门折旧计提汇总表如图 6-25 所示。

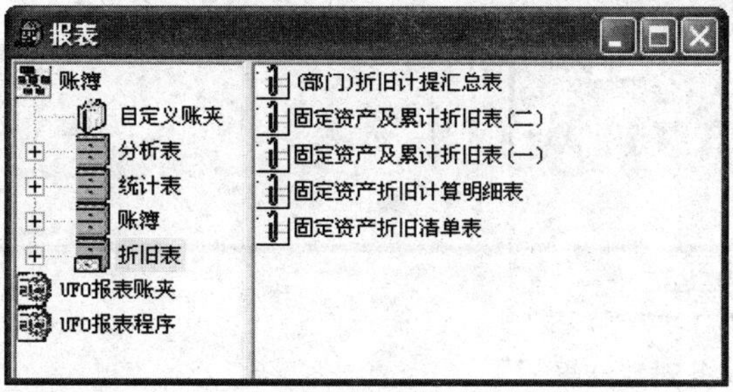

图 6-23 “固定资产报表”窗口

图 6-24 “条件”窗口

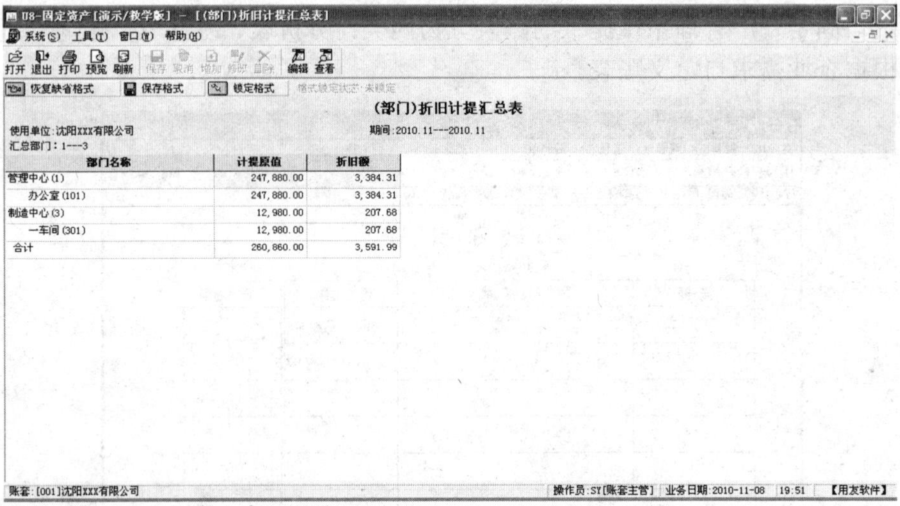

图 6-25 “部门折旧计提汇总表”窗口

6. 对账

在系统运行过程中，固定资产管理系统管理中固定资产的价值应该和账务系统中固定资产科目的数值相等。资产价值是否相等，可以通过对账功能来检验。对账操作任何时间都可以进行，不受时间限制。系统在月末结账时自动对账一次，并给出对账结果。执行“系统菜单”、“处理”、“对账”命令，系统弹出“与账务对账结果”信息提示对话框，单击“确定”按钮（如图 6-26 所示）。

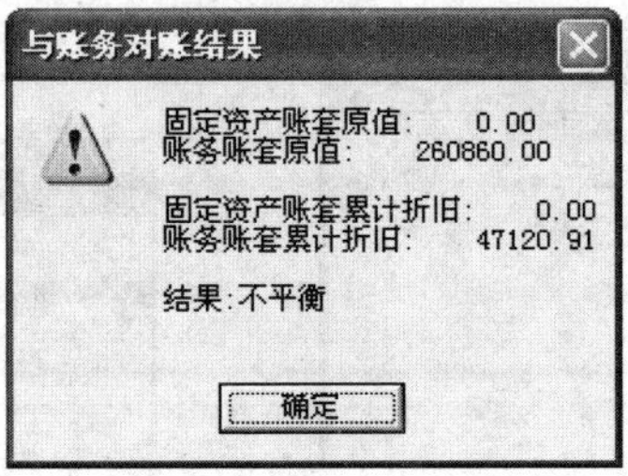

图 6-26 与账务对账结果

7. 结账

在手工会计处理中，每月月底都要有结转的过程，电算化处理也体现这一过程，即月末结账。月末结账每月进行一次，结账后当期的数据不能修改。执行“系统菜单”、“处理”、“月末结账”命令，打开“月末结账”对话框（如图 6-27 所示）。

单击“开始结账”按钮，系统开始进行结账工作，并显示与账务对账结果。系统弹出“月末结账成功完成！”对话框（如图 6-28 所示）。单击“确定”按钮，完成固定资产的月末结账处理。

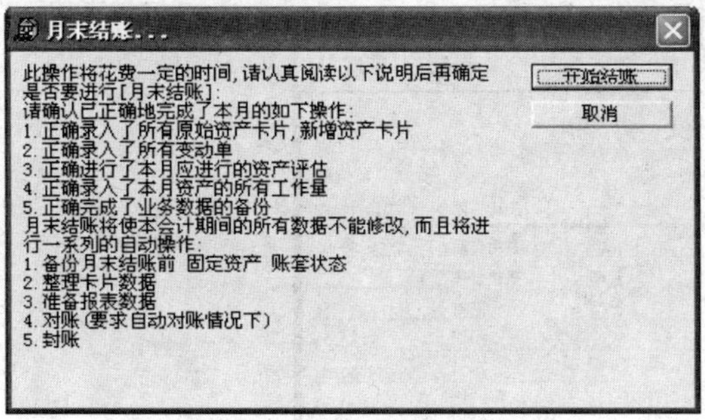
月末结账...
此操作将花费一定的时间，请认真阅读以下说明后再确定
是否要进行[月末结账]：
请确认已正确地完成了本月的如下操作：
1. 正确录入了所有原始资产卡片，新增资产卡片
2. 正确录入了所有变动单
3. 正确进行了本月应进行的资产评估
4. 正确录入了本月资产的所有工作量
5. 正确完成了业务数据的备份
月末结账将使本会计期间的所有数据不能修改，而且将进行一系列的自动操作：
1. 备份月末结账前 固定资产 账套状态
2. 整理卡片数据
3. 准备报表数据
4. 对账（要求自动对账情况下）
5. 封账
开始结账
取消

图 6-27　月末结账

固定资产
月末结账成功完成！
开始时间：2010年11月31日 17时48分58秒
结束时间：2010年11月31日 17时48分58秒
确定

图 6-28　月末结账成功完成窗口

8. 取消结账

在系统的使用过程中，如果在结账后，必须修改结账前的数据，可以使用“恢复结账前状态”功能。系统提供的取消结账功能只有在本月已执行月末结账的情况下方才显示。执行“系统菜单”、“处理”、“恢复月末结账前状态”命令，系统弹出“是否继续?”信息提示对话框。单击“是”按钮，系统弹出“成功恢复账套月末结账前状态！”对话框（如图 6-29 所示），单击“确定”按钮。

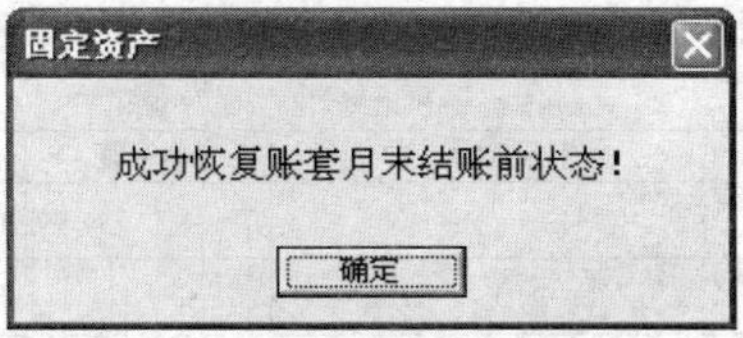
固定资产
成功恢复账套月末结账前状态！
确定

图 6-29　成功恢复月末结账前状态

6.4.4　次月业务

1. 资产原值变动

资产在使用过程中，可能会有资产价值发生变动的情况，这就需要调整卡片上的一些项目，即资产变动操作。此类操作必须留下原始凭证，制作的原始凭证为变动单。资

产变动的操作包括：原值变动、部门转移、使用状况变动、使用年限调整、折旧方法调整、资产类别调整、工作总量调整等内容。执行“系统菜单”、“卡片”、“变动单”、“原值增加”命令，进入“固定资产变动单”窗口。输入卡片编号、金额和变动原因（如图 6-30 所示）。

图 6-30　固定资产变动单——原值增加

单击“保存”按钮，进入“填制凭证”窗口。选择凭证类型，填写其他需要修改的内容，单击“保存”按钮（如图 6-31 所示）。

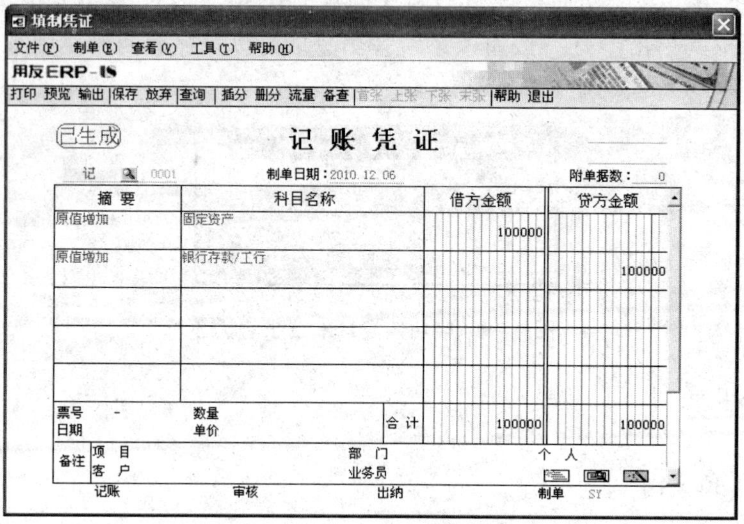

图 6-31　固定资产原值变动生成凭证

2. 资产部门转移

执行“系统菜单”、“卡片”、“变动单”、“部门转移”命令，进入“固定资产变动单”窗口。输入卡片编号，双击“变动后部门”选择变动部门；输入变动原因（如图 6-32 所示）。单击“保存”按钮。

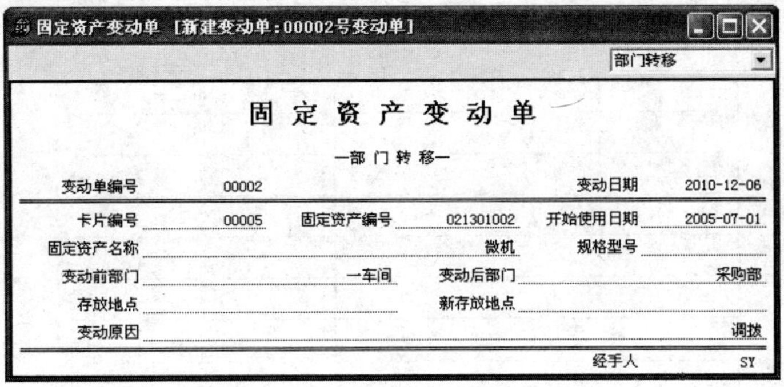

图 6-32　固定资产变动单—部门转移

3. 计提减值准备

资产在使用过程中，如果发生资产价值的持续下跌，或者其他原因导致其可回收金额低于账面价值的，应当将可回收金额低于账面价值的差额作为固定资产减值准备。

执行“系统菜单”、“卡片”、“变动单”、“计提减值准备”命令，进入“固定资产变动单”窗口。输入卡片编号和减值准备金额、减值原因（如图 6-33 所示）。

图 6-33　固定资产变动单—计提减值准备

单击“保存”按钮，进入“填制凭证”窗口（如图6-34所示）。选择转账凭证，填写修改其他项目，单击“保存”按钮。

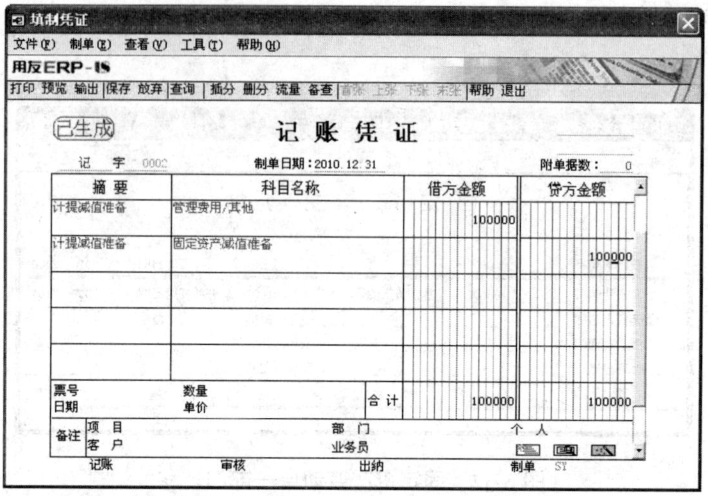

图6-34 固定资产减值准备生成凭证

6.5 实训资料

1. 企业资料

（1）账套信息。

账套号：学生学号后三位；

账套名称：学生的班级姓名有限公司；

启用日期：2010年01月01日，会计期间设置：1月1日－12月31日；

单位名称：学生的班级姓名有限公司。

（2）财务分工及权限设置。

电算主管：学生姓名，负责财务软件运行环境的建立以及各项设置工作。

软件操作员：学生姓名1，负责固定资产系统。

（3）业务控制参数。

按平均年限法（一）计提折旧，折旧分配周期为1个月，类别编码方式为2112。固定资产编码方式：按“类别编码+部门编码+序号”自动编码，卡片序号长度为3。已注销的卡片 5 年后删除，当（月初已计提月份=可使用月份－1）时，要求将剩余折旧全部提足。

（4）与总账系统共同使用。

固定资产对账科目：（1501）固定资产；累计折旧对账科目：（1502）累计折旧；在对账不平的情况下不允许月末结账；业务发生后立即制单，月末结账前一定要完成制单登账业务；固定资产缺省入账科目：（1501），累计折旧缺省入账科目：（1502）。

（5）资产类别参见表 6-1。

表 6-1 资产类别一览表

编 码	类 别 名 称	单 位	计 提 属 性
01	交通运输设备		正常计提
011	经营用设备		正常计提
012	非经营用设备		正常计提
02	电子设备及其他通讯设备		正常计提
021	经营用设备	台	正常计提
022	非经营用设备	台	正常计提

（6）原始卡片信息参见表 6-2。

表 6-2 固定资产原始卡片一览表

固定资产名称	类别编号	所在部门	增加方式	可使用年限	开始使用日期	原值	累计折旧	对应折旧科目名称
轿车	012	总经理办公室	直接购入	6	2009.10.1	215470.00	5745.87	管理费用
笔记本	022	总经理办公室	直接购入	5	2009.11.1	28900.00	4624.00	管理费用
传真机	022	总经理办公室	直接购入	5	2009.10.1	3510.00	112.32	管理费用
微机	021	开发部	直接购入	5	2009.11.1	6490.00	103.84	制造费用
微机	021	开发部	直接购入	5	2009.11.1	6490.00	103.84	制造费用

注：净残值率均为 4%，使用状态均为“在用”，折旧方法均采用平均年限法（一）。卡片项目与卡片式采用软件的标准设定。

（7）部门及对应折旧科目参见表 6-3。

表 6-3 部门及对应折旧科目表

部　门	对应折旧科目
1 综合计划部	管理费用
2 市场部	营业费用
3 开发部	制造费用

（8）增减方式设置参见表 6-4。

表 6-4 增减方式一览表

增减方式目录	对应入账科目
增加方式	
直接购入	100201，工行存款
减少方式	
出售	固定资产清理

（9）部分经济业务情况如下。

① 1 月 21 日，开发部购买扫描仪一台，价值 1 500 元，净残值率 4%，预计使用年限 5 年。

② 1 月 25 日，开发部出售微机一台，售价 5 800 元，已提折旧 103.84 元。

③ 1 月 25 日，总经理办公室的轿车添置新配件 10 000 元。

④ 1 月 31 日，计提本月折旧费用。

2. 实训内容

（1）完成固定资产系统基础设置。

（2）完成日常业务处理。

（3）完成账表管理及月末处理。

第 7 章　工资核算员

7.1　学习与训练目标

工资核算员根据企业的工资核算要求，在实际的会计工作中主要进行工资核算、工资成本的分配等。本模块的学习与训练目标是让学生掌握工资核算员的会计核算岗位基本技能，具体包括定义工资项目及计算公式、选择工资类别核算、个人所得税扣税处理、计件工资标准设置和工资方案设置等。

7.2　岗位任务分析

工资是企业给所有员工的劳动报酬，体现对每个员工劳动成果的认可程度。工资发放的合理、正确与否，关系到企业的发展。工资核算员的主要工作就是要确保核算正确无误的工资。工资核算员主要负责完成企业的工资核算、工资发放、工资费用分摊、工资统计分析和个人所得税核算等。

7.3　岗位相关知识

1. 工资类别管理

工资账套提供处理多个工资类别管理，工资类别是指一套工资账中，根据不同情况而设置的工资数据管理类别。如某企业中将正式职工和临时职工分设为两个工资类别，两个类别同时对应一套账务。

2. 建账

建账工作是整个工资管理正确运行的基础。建立一个完整的账套，是系统正常运行的根本保证。用户可通过系统提供的建账向导，逐步完成整套工资的建账工作。建账向导共分为四步：参数设置、扣税设置、扣零设置、人员编码设置。

3. 参数设置

设置工资账套的参数，例如工资类别的个数为单个或多个。如果单位中有多种不同类别（部门）的人员，工资发放项目不尽相同，计算公式亦不相同，但需进行统一工资核算管理，则应选择多个工资类别；如果单位中所有人员的工资统一管理，且人员的工资项目、工资计算公式全部相同，则选择单个工资类别。

需要设置的工资参数还有“是否核算计件工资”，如选定核算计件工资，则系统中显示“计件工资”、“核算计件工资”、“计件工资标准设置”、“计件工资方案设置”、“计件工资统计”等功能菜单。

4. 扣税设置

选择“是否从工资中代扣个人所得税”选项，工资核算时系统会根据输入的税率自动计算个人所得税额。

5. 扣零设置

确定进行扣零处理时，系统在计算工资时将依据所选择的扣零类型将零头扣下，并在积累成整时补上。扣零的计算公式将由系统自动定义，无须设置。扣零处理类型有“扣零至元”、“扣零至角”和“扣零至分”三种类别，系统在计算工资时将依据扣零类型进行扣零计算。

6. 工资项目

工资项目的名称、类型和宽度等，可根据需要自由设置，如基本工资、岗位工资、副食补贴、扣款合计等。

7.4 岗位工作实践

工资核算是企业财务核算的重要内容，工资管理系统是会计信息系统的重要组成部分。工资管理系统可为企事业单位进行工资核算、工资发放、工资费用分配、工资统计分析和个人所得税核算等，并通过转账向总账系统和成本核算系统传递数据（可以将工资凭证传递到总账中为成本管理系统提供人员的费用信息）。工资岗位实践有初始设置、业务处理、统计分析等主要工作。

7.4.1 初始设置

初始设置可以根据使用单位的不同需要来建立工资账套数据，设置工资系统运行所需要的各项基础信息。

（1）基础档案设置。基础档案设置主要设置人员附加信息、人员类别、部门选择设置、人员档案等基础档案，也可设置代发工资的银行名称。

（2）工资账套参数设置。工资账套参数设置提供多工资类别核算、工资核算币种、扣零处理、个人所得税扣税处理、是否核算计件工资等账套参数设置。

（3）设置方案及公式。设置方案及公式可以自定义工资项目及计算公式，提供计件工资标准设置和工资方案设置。

1. 建立工资账套

在建立工资账套之前，首先要有本单位的核算账套，本单位核算账套建立完成后，才可以启用工资管理系统，否则无法应用工资管理系统。工资管理系统的启用方法参见第 2 章“系统管理员”的内容。

工资系统启用之后，系统自动进入建账向导（如图 7-1 所示）。建账工作是整个工资管理正确运行的基础。通过工资管理系统提供的建账向导，逐步完成工资的建账工作。系统提供的建账向导包括参数设置、扣税设置、扣零设置和人员编码。

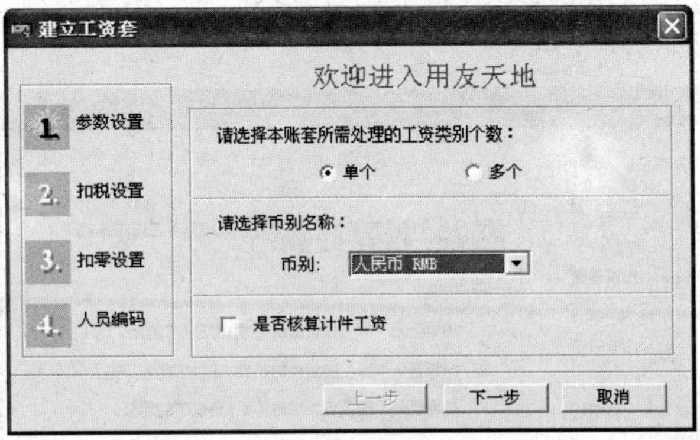

图 7-1　建立工资套—参数设置

首先选择需要在本账套中处理的工资类别个数，同一套账中可以同时处理多种不同的工资类别，系统提供了“单个”和“多个”两个工资类别选项。然后选择工资计算的币别。如果勾选“是否核算计件工资”项，则本套工资还可以核算计件工资。

2. 扣税设置

在工资管理系统中，可以设定是否从工资中扣除个人所得税。系统将根据设定的所得税基数和所得税扣除方法自动计算（如图 7-2 所示）。

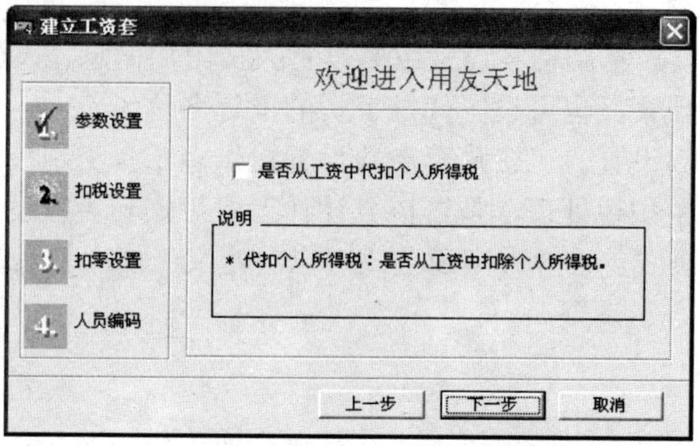
建立工资套
欢迎进入用友天地
参数设置
扣税设置
扣零设置
人员编码
是否从工资中代扣个人所得税
说明
* 代扣个人所得税：是否从工资中扣除个人所得税。
上一步
下一步
取消

图 7-2 建立工资套—扣税设置

3. 扣零设置

扣零设置是将工资的零头扣下，本月不发放，至积累取整时再补上，系统在计算工资时将依据扣零类型进行扣零计算。扣零包括“扣零至元”、“扣零至角”、“扣零至分”三种类别。扣零设置是指扣除零头，而非四舍五入，如“扣零至元”是指工资发放时不发 10 元以下的元、角、分（如图 7-3 所示）。

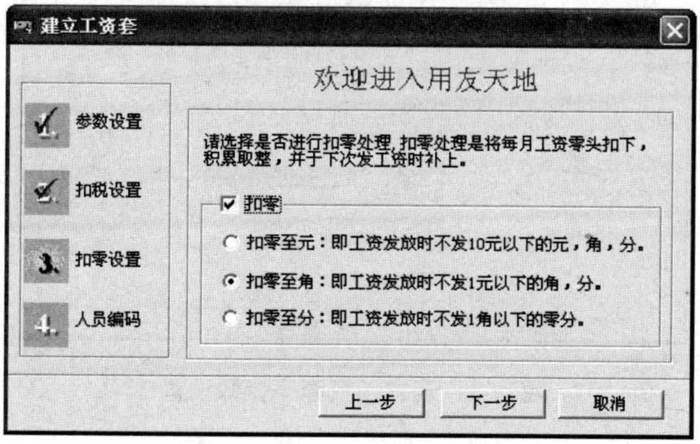
建立工资套
欢迎进入用友天地
参数设置
扣税设置
扣零设置
人员编码
请选择是否进行扣零处理，扣零处理是将每月工资零头扣下，积累取整，并于下次发工资时补上。
扣零
扣零至元：即工资发放时不发10元以下的元，角，分。
扣零至角：即工资发放时不发1元以下的角，分。
扣零至分：即工资发放时不发1角以下的零分。
上一步
下一步
取消

图 7-3 建立工资套—扣零设置

4. 人员编码长度设置

工资核算中每个职工都有一个唯一的编码。系统规定的编码范围为最大 10 位（如图 7-4 所示）。可根据需要自由定义编码长度。注意，人员编码长度中不包含所属部门编码。

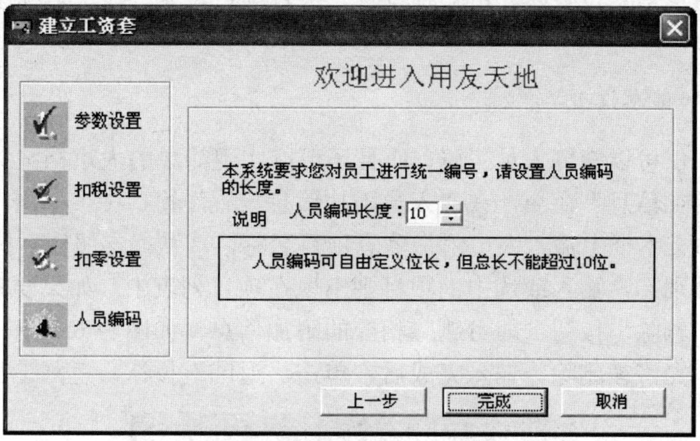

图 7-4　建立工资套—人员编码

在工资系统窗口中，执行“设置”、“选项”命令，系统弹出“选项”设置窗口，单击“编辑”可对已设置参数进行修改（如图 7-5 所示）。

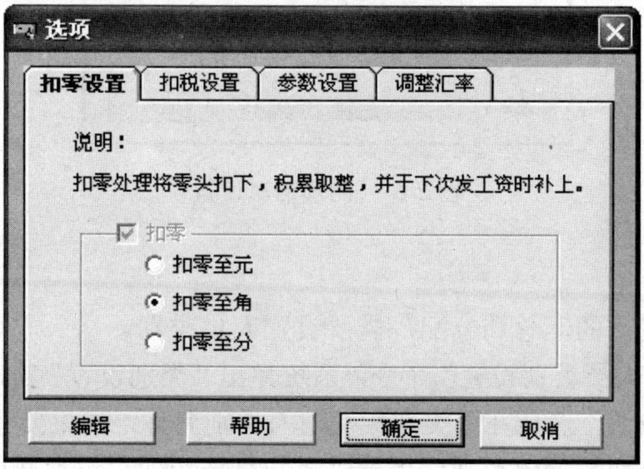

图 7-5　修改选项

7.4.2 基础信息设置

建立工资管理账套后，需要对基础信息进行初始设置，完成系统初始化。具体设置内容包括人员附加信息设置、人员类别设置、工资项目设置、银行名称设置、部门设置和人员档案等。

1. 人员附加信息设置

工资系统不仅可以核算人员工资，而且还可以实现简单的人事档案管理的作用。执行“设置”、“附加信息”命令，在“人员附加信息设置”窗口中，单击“增加”按钮，在“信息名称”文本框中输入人员附加信息项目名称，或从“参照”下拉列表中选择项目（如选择“性别”），输入或选中的项目则出现在项目列表中。如果要删除附加信息，则选中后单击“删除”按钮，即可删除相应的附加信息（如图 7-6 所示）。正在使用的人员附加信息不允许被删除。输入完成后，单击“返回”按钮，返回工资管理界面。

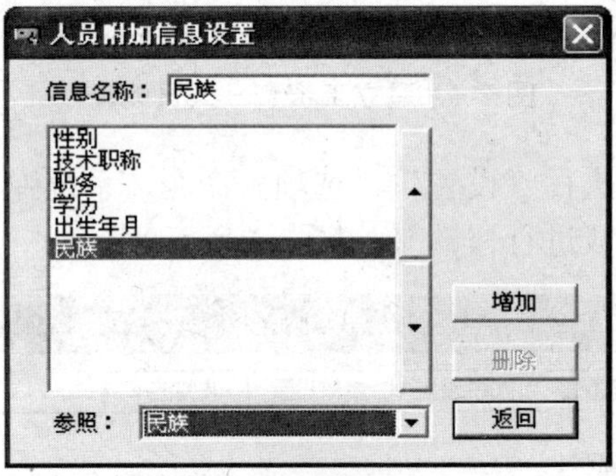

图 7-6 附加信息设置

2. 人员类别设置

为了进行工资费用的汇总和分配，需要设置人员类别。

执行“设置”、“人员类别设置”命令，系统弹出“类别设置”窗口（如图 7-7 所示）。

单击“增加”按钮，然后在“类别”栏输入类别名称，如果要删除人员类别，则选中后单击“删除”按钮删除该类别。单击“返回”按钮保存设置并退出。

3. 工资项目设置

工资系统提供了一些固定的工资项目，如“应发合计”、“扣款合计”、“实发合计”，这三项不能删除和重命名，其他工资项目都可自行定义。执行“设置”、“工资项目设置”命令，系统弹出“工资项目设置”窗口（如图 7-8 所示）。

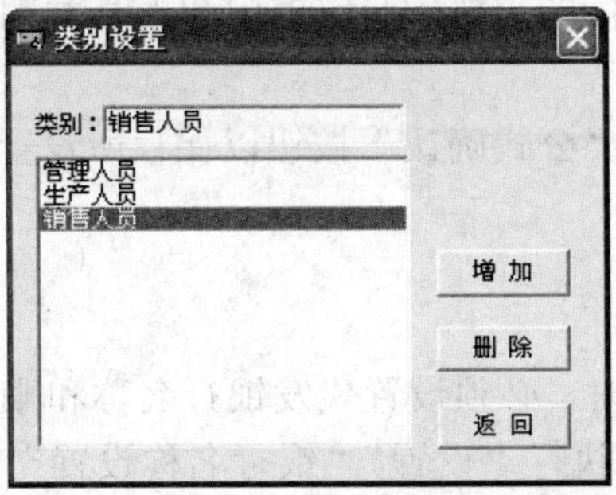

图 7-7　人员类别设置

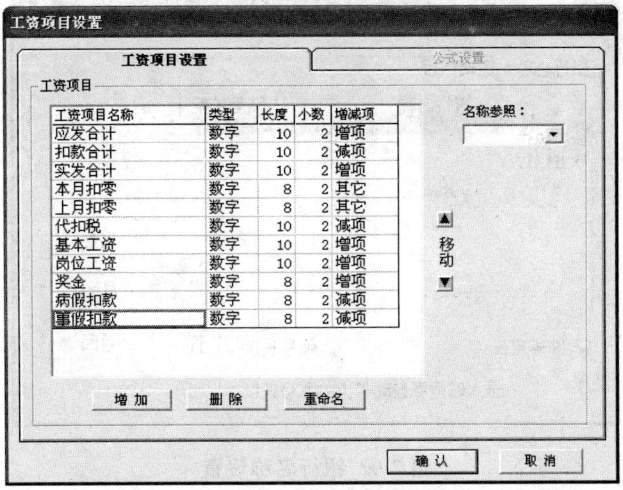

图 7-8　工资项目设置

单击“增加”按钮，在工资项目列表末增加一空行，输入工资项目名称（或在“名称参照”中选择），并设置新建工资项目的类型、长度、小数位数和工资增减项。增项直接计入应发合计，减项直接计入扣款合计。若工资项目类型为字符型，则小数位不可用，增减项为其他。单击界面上的向上、向下移动箭头可调整工资项目的排列顺序。单击“确认”按钮保存设置，单击“取消”按钮则取消设置并返回。

单击“重命名”按钮可修改工资项目名。如果要删除某一工资项目，先选中此行，再单击“删除”按钮，确认后即可删除。

选择“公式设置”选项卡可以设置工资项目的计算公式。首先单击“增加”以新增一个工资项目，然后在右边的公式定义栏中输入计算公式，计算公式中的工资项目、部门和人员类别需要在系统提供的工资项目、部门和人员类别浏览窗中选取；也可以用函数来定义公式。

公式设置完毕后，单击“公式确认”按钮以保存所设置的公式，最后单击“确认”按钮退出。

4. 银行名称设置

企业采用银行代发工资时，必须设置代发银行名称和账号长度。账号长度不得超过11位，且设定后不能修改。执行“设置”“银行名称设置”命令，系统打开“银行名称设置”窗口（如图7-9所示）。

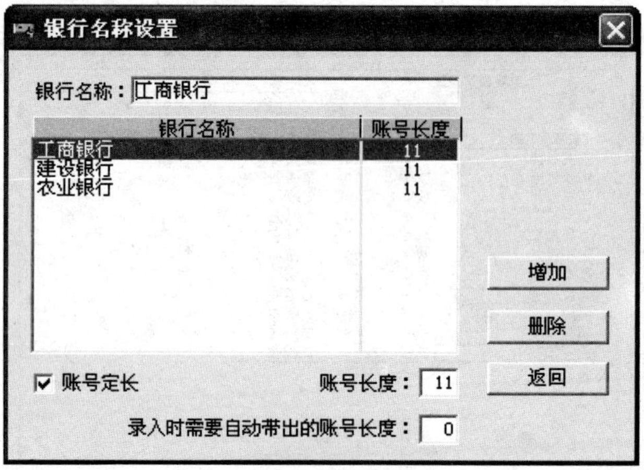

图7-9 银行名称设置

单击“增加”按钮，填入需要增加的银行名称；如果要删除某项，单击“删除”按钮即可，删除银行名称时，该银行有关的所有设置一同删除。单击“返回”按钮保存设置并退出。

5. 建立人员档案

人员档案的设置用于登记工资发放人员的姓名、职工编号、所在部门、人员类别等信息，员工的增减变动都必须先在本功能中进行处理。

执行“设置”、“人员档案”命令，系统弹出“人员档案”窗口（如图7-10所示）。

单击“增加”按钮，在人员档案录入窗口中录入新增的人员档案信息。

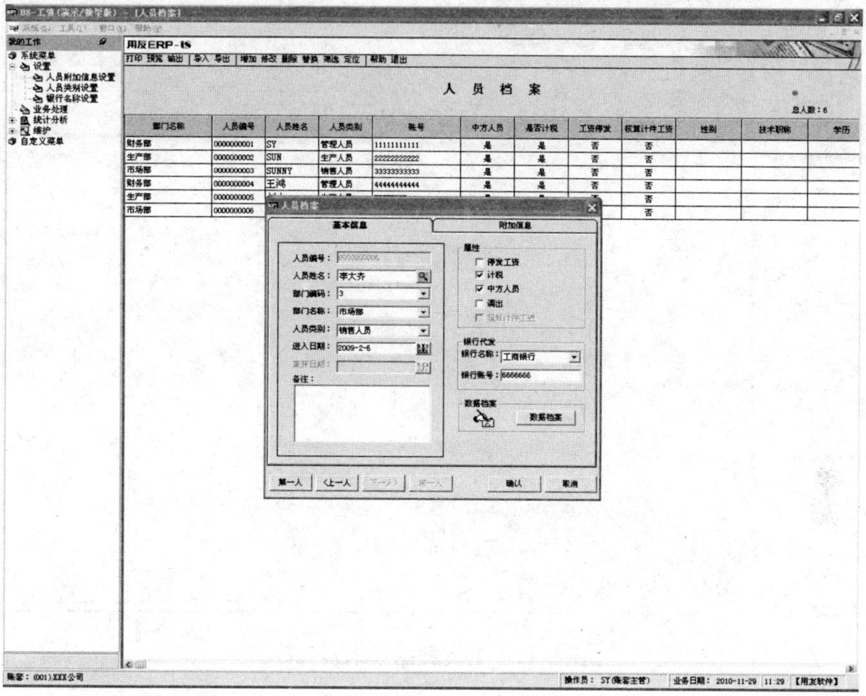

图 7-10　建立人员档案

在人员档案信息窗口中，可以进行“删除”、“修改”和“查询”等操作。如果没有勾选“核算计件工资”，则在计件工资设置时，将无法选择该人员。

7.4.3　工资核算日常业务处理

1. 工资变动

第一次使用工资系统必须将所有人员的基本工资数据录入计算机，每月发生的工资数据变动也在此进行调整。

在“业务处理”菜单下单击“工资变动”命令，进入“工资变动”窗口，即可对所有人员的工资数据进行录入、修改（如图 7-11 所示）。

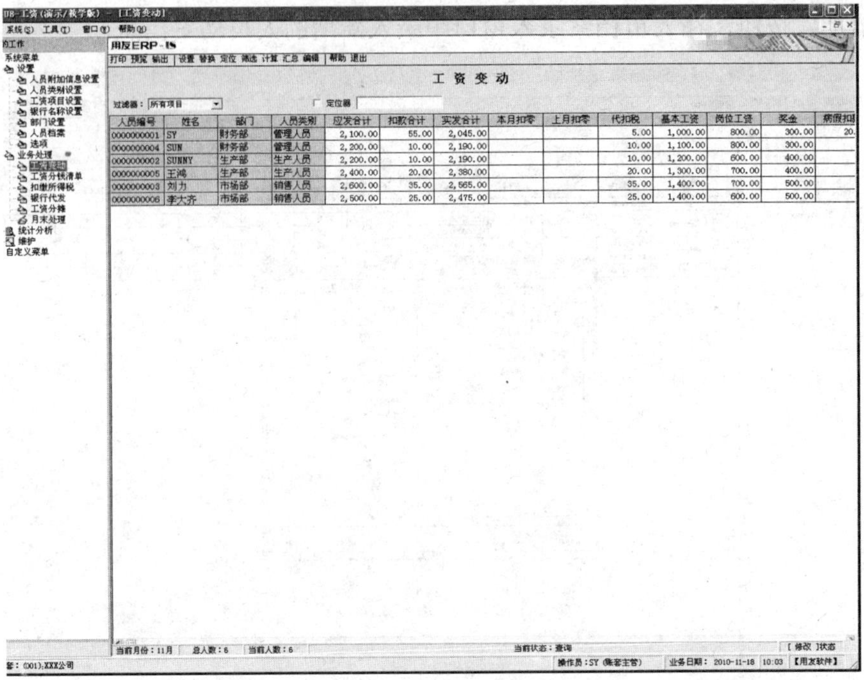

图 7-11　工资数据录入及修改

在“工资变动”窗口中，显示所有人员的所有工资项目，可以直接录入数据，也可以通过以下方法，快速进行数据录入或修改。

(1) 对某个部门、人员或某些工资项目的数据进行录入或修改，可以通过筛选和数据过滤功能进行。在“工资变动”窗口中单击“过滤器”菜单下的“过滤设置”命令，打开“项目过滤”窗口。选中“基本工资”这一项，单击“>”按钮，将其移动到已选区（如图 7-12 所示）。

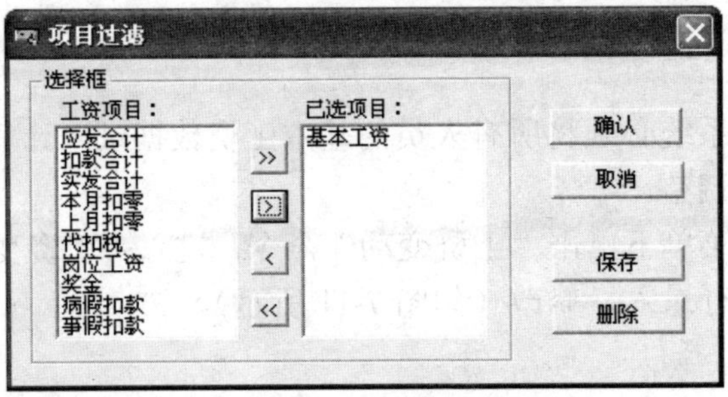

图 7-12　工资数据过滤

单击“确认”按钮，此时，“工资变动”窗口中显示“基本工资”这一项。单击“工资变动”菜单下的“筛选”命令，打开“数据筛选”对话框，进行如图 7-13 所示设置。

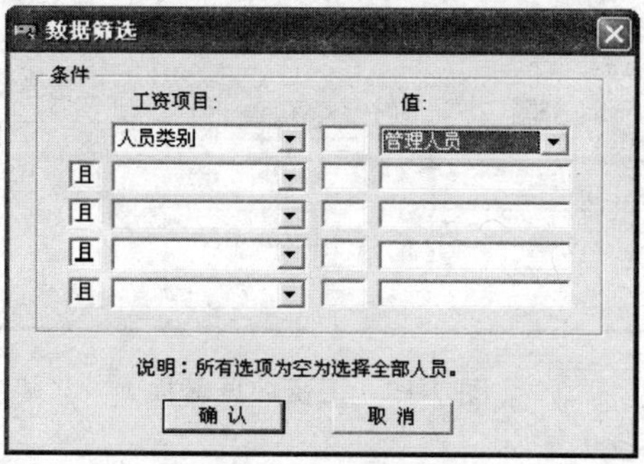

图 7-13　工资数据筛选

设置完毕后，在“工资变动”窗口中就只显示“管理人员”的“基本工资”项目，这样有利于加快工资输入速度。

（2）如果需要录入某个指定部门或人员的数据，可以通过定位功能。在“工资变动”窗口中，单击“定位”按钮，打开“部门/人员定位”对话框；选择定位方式及具体的项目（如图 7-14 所示）。单击“确认”按钮，系统定位在所选的记录上，这时可进行相应的修改；单击“取消”按钮，则返回“工资变动”窗口。

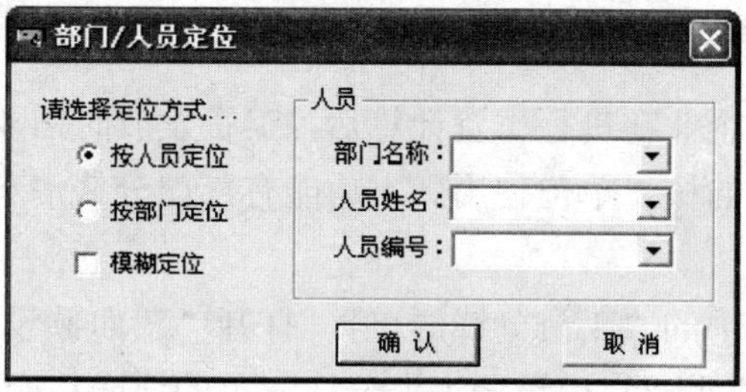

图 7-14　工资数据定位

（3）工资数据替换。当工资变动呈规律性变动时，可以通过替换功能来完成数据更新。在“工资变动”窗口中，单击“替换”按钮，打开“工资项数据替换”对话框。在“将工资项目”下拉列表框中选择被替换的项目，在“替换成”栏中输入替换规则，在“替换条件”中选择设定替换条件（如图 7-15 所示）。

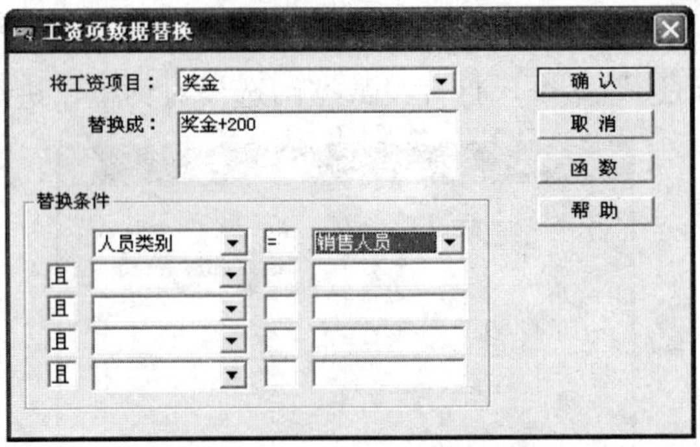

图 7-15 工资数据替换

单击“确认”按钮，系统提示“数据替换后将不可恢复，是否继续”，单击“是”按钮；系统又提示有多少条记录被替换，是否重新计算，再次单击“是”按钮，完成数据替换操作。

（4）计算与汇总。为了确保数据正确，修改数据后，例如进行了数据替换或执行了自动扣税以及重新设置了计算公式等操作以后，要调用“计算”和“汇总”功能对工资数据重新进行计算。通常实发合计、应发合计、扣款合计在修改完工资项目数据后不自动计算合计项；如果要检查合计项是否正确，需要先重算工资，如果不执行重算，在退出工资变动时，系统会自动提示重新计算。

2. 工资分钱清单

工资分钱清单是指企业在进行工资计算后，工资发放时需要的分钱票面额清单，适合那些以现金形式发放的核算单位使用。本功能有部门分钱清单、人员分钱清单、工资发放取款单三部分。

单击“业务处理”中的“工资分钱清单”，打开“票面额设置”对话框（如图 7-16 所示）。用户可根据单位需要自由设置工资分钱清单的票面组合。

选择会计月份和票面额组合后单击“确定”按钮，系统显示工资分钱清单，包括部门分钱清单、人员分钱清单和工资发放取款单（如图 7-17 所示）。

分别单击“部门分钱清单”、“人员分钱清单”和“工资发放取款单”选项卡，可查看各部门详细分钱情况。采用银行代发工资的企业一般无须进行工资分钱清单的操作。

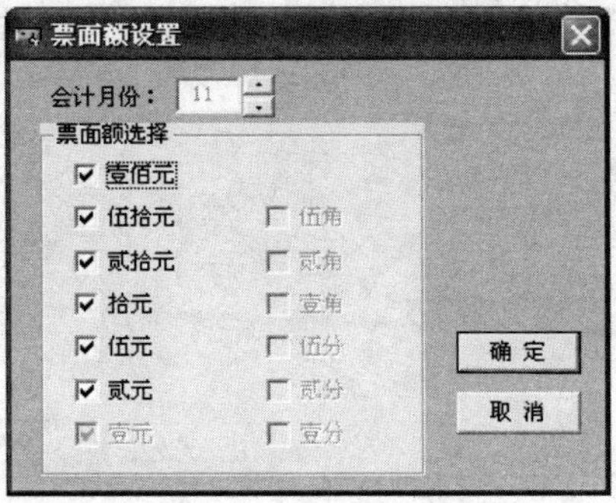

图 7-16　票面额设置

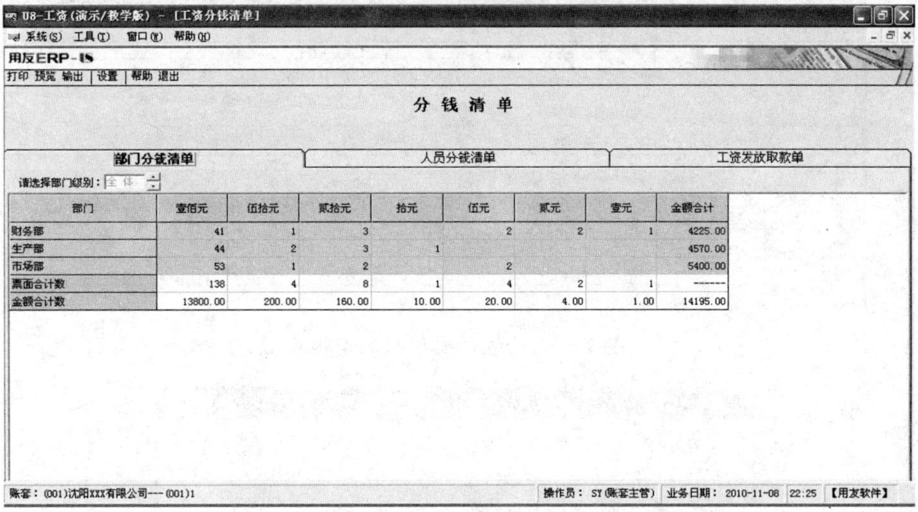

图 7-17　工资分钱清单

3. 扣缴所得税

系统提供对工资薪金所得征收个人所得税申报功能，此功能可以自动计算个人所得税。打开“业务处理”，选择“扣缴所得税”命令，系统弹出“栏目选择”对话框（如图 7-18 所示）。

在“栏目选择”对话框中，确定栏目，设置可选栏目，确定所得项目、对应工资项目等内容后，单击“确认”按钮，系统弹出“个人所得税扣缴申报表”窗口（如图 7-19 所示）。

单击“税率”按钮可以进行所得税基数的设置（如图 7-20 所示）。

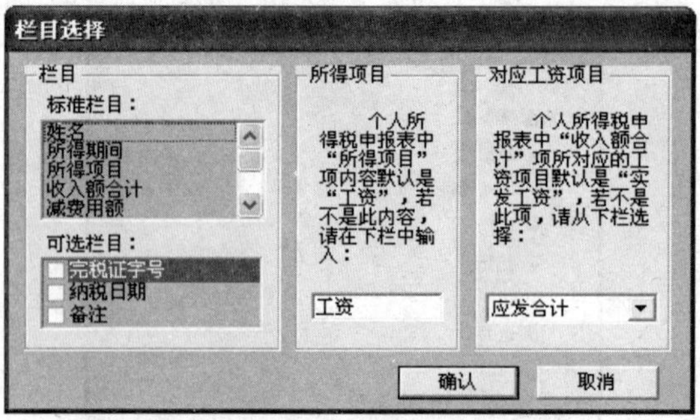

图 7-18 栏目选择

姓名	所得期间	所得项目	收入额合计	减费用额	应纳税所得额	税率(%)	速算扣除数	扣缴所得税额
SY	11	工资	2,101.32	2,000.00	101.32	5.00	0.00	5.07
SUN	11	工资	2,189.45	2,000.00	189.45	5.00	0.00	9.47
SUNNY	11	工资	2,200.00	2,000.00	200.00	5.00	0.00	10.00
王鸿	11	工资	2,400.00	2,000.00	400.00	5.00	0.00	20.00
刘力	11	工资	2,800.00	2,000.00	800.00	10.00	25.00	55.00
李大齐	11	工资	2,700.00	2,000.00	700.00	10.00	25.00	45.00
合计	11	工资	14,390.77	12,000.00	2,390.77			144.54

图 7-19 个人所得税扣缴申报表

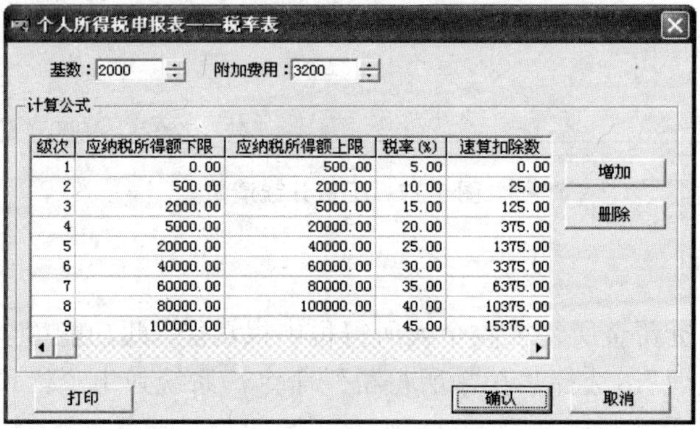

级次	应纳税所得额下限	应纳税所得额上限	税率(%)	速算扣除数
1	0.00	500.00	5.00	0.00
2	500.00	2000.00	10.00	25.00
3	2000.00	5000.00	15.00	125.00
4	5000.00	20000.00	20.00	375.00
5	20000.00	40000.00	25.00	1375.00
6	40000.00	60000.00	30.00	3375.00
7	60000.00	80000.00	35.00	6375.00
8	80000.00	100000.00	40.00	10375.00
9	100000.00		45.00	15375.00

图 7-20 税率表

完成设置后，系统自动计算出新的所得税申报表。注意，用户在退出个人所得税功能后，需要在数据变动功能中执行重新计算，否则系统将保留用户修改个人所得税前的数据状态。

4. 工资分摊

工资分摊是指对当月发生的工资费用进行工资总额的计算、分配及各种经费的计提，编制转账会计凭证，传递到总账系统供账务处理使用。

（1）工资分摊设置。

首次使用工资分摊功能，要先进行工资分摊设置，设置与工资相关费用的分摊类型名称及分摊比例。

执行“业务处理”菜单下的“工资分摊”命令，系统弹出“工资分摊”对话框（如图 7-21 所示）。

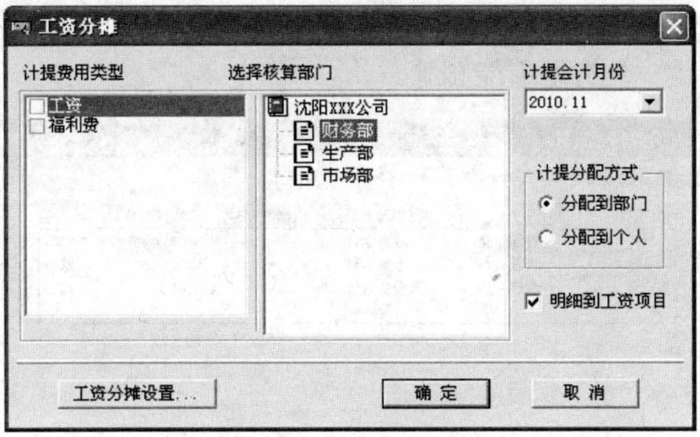

图 7-21　工资分摊

单击“工资分摊设置...”按钮，打开“分摊类型设置”对话框（如图 7-22 所示）。

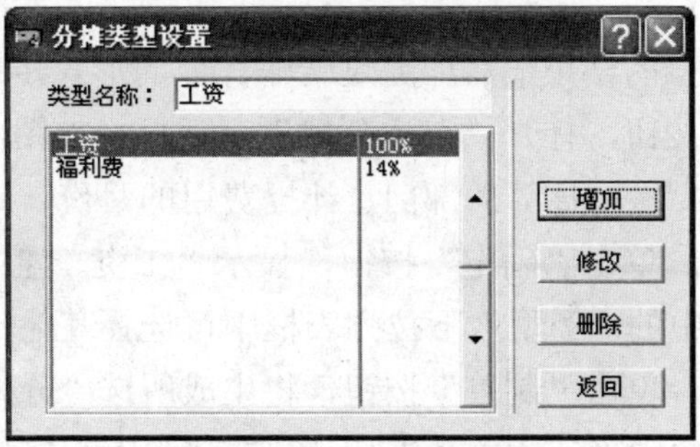

图 7-22　分摊类型设置

单击“增加”按钮，打开“分摊计提比例设置”对话框，输入新的工资分配计提类型和分摊计提比例（如图 7-23 所示）。

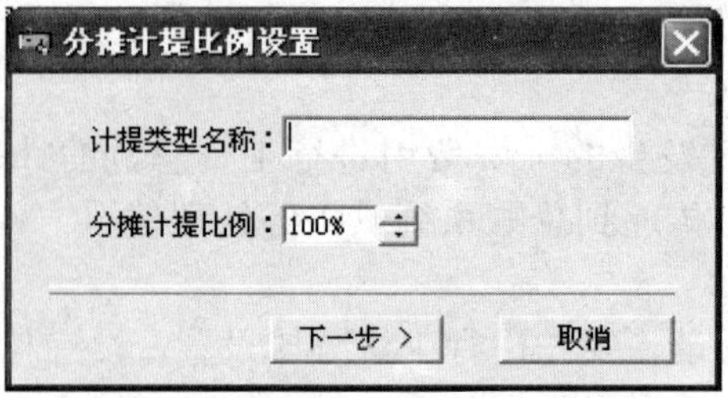

图 7-23 分摊计提比例设置

单击“下一步”按钮，打开“分摊构成设置”对话框，输入分摊构成设置（如图 7-24 所示）。单击“完成”、“修改”、“删除”按钮，可进行相应的操作。注意，分配计提的类型不能删除，最后一个类型不能删除。

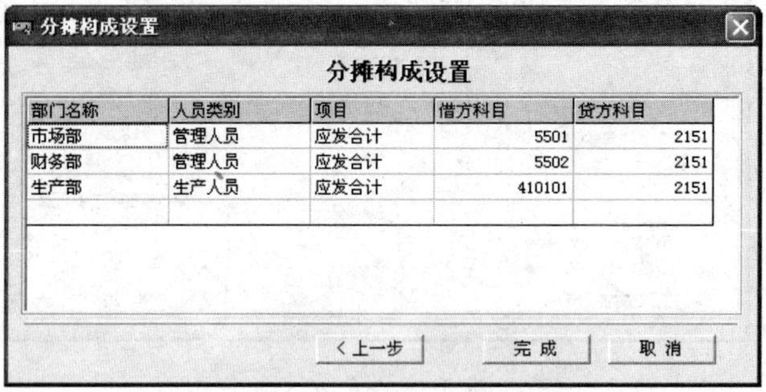

图 7-24 分摊构成设置

（2）生成转账凭证。

工资分配及费用分摊的结果最后应通过转账凭证的形式传递到总账。选择“业务处理”下的“工资分摊”按钮，打开“工资分摊”对话框（如图 7-25 所示）。选择参与本次费用分摊计提的类型、参与核算的部门、计提费用的月份、计提分配方式以及费用分摊是否明细到工资项目。单击“确定”按钮，显示“工资一览表”（如图 7-26 所示）。

在“工资一览表”中的“类型”下拉列表框中可选择其他不同的分摊类型，可以查看不同类型的分摊数据。单击“制单”按钮，将生成所选“分摊类型”所对应的一张凭证。在“填制凭证”窗口中确认相关数据后，单击“保存”按钮，凭证左上角显示红色的“已生成”字样，表明该凭证已传递到总账系统（如图 7-27 所示）。

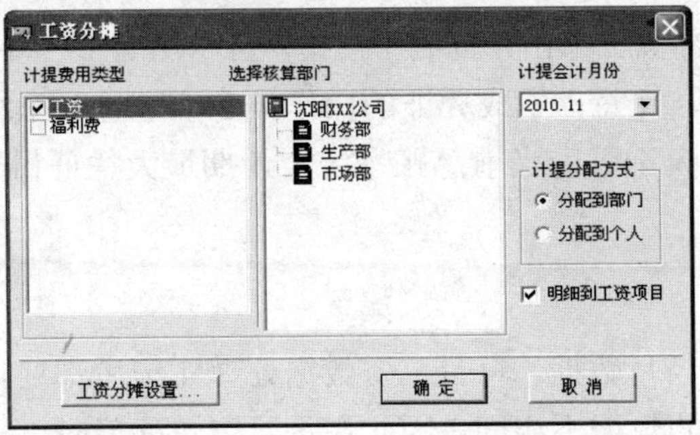

图 7-25　“工资分摊”选项

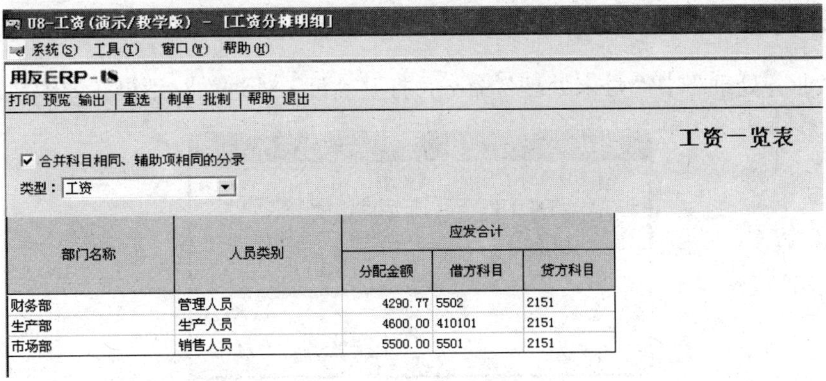

图 7-26　工资一览表

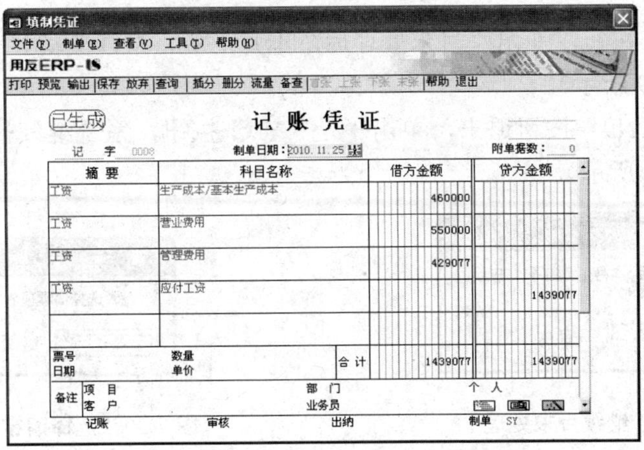

图 7-27　生成凭证

在“工资一览表”界面，单击“批制”按钮，可将所有参与本次分摊的“分摊类型”所对应的凭证全部生成。注意：生成凭证的操作员必须是总账系统中有制单权限的操作员，并且生成日期必须大于等于当前总账系统会计期最大凭证日期。

7.4.4 月末处理

月末处理就是结转当月数据，每月工资数据处理完毕后都要进行月末结转。在工资项目中，某些项目每月的数据不相同，因此在每月工资处理时，需将其数据清零，然后再输入下月的数据。

1. 月末处理

执行“业务处理”中“月末处理”命令，打开“月末处理”对话框（如图 7-28 所示）。

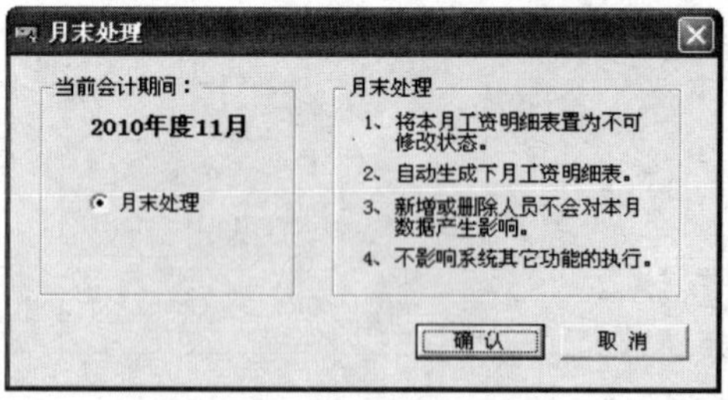
月末处理
当前会计期间：
2010年度11月
月末处理
月末处理
1、将本月工资明细表置为不可修改状态。
2、自动生成下月工资明细表。
3、新增或删除人员不会对本月数据产生影响。
4、不影响系统其它功能的执行。
确 认
取 消

图 7-28 月末处理

单击“确认”按钮，弹出“月末处理后，本月工资将不许变动！继续月末处理吗”提示框（如图 7-29 所示）。

若单击“否（N）”按钮退出，单击“是（Y）”按钮，系统继续提示“是否选择清零项”（如图 7-30 所示）。

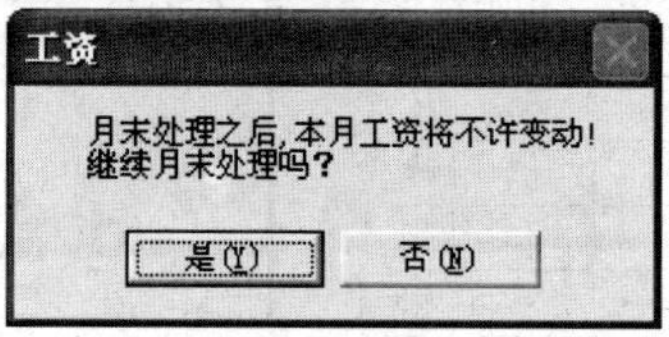
工资
月末处理之后,本月工资将不许变动!
继续月末处理吗?
是(Y)
否(N)

图 7-29 继续月末处理

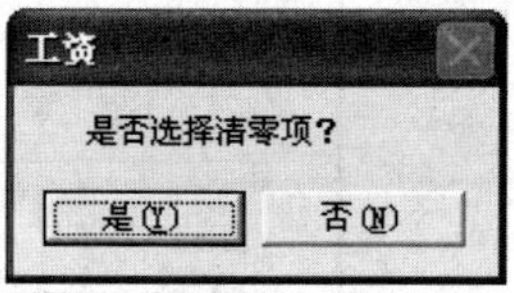
工资
是否选择清零项?
是(Y)
否(N)

图 7-30 选择清零项目提示

若选择“否”按钮，则下月项目完全继承当前月份数据，单击“是”按钮，则打开

“选择清零项目”对话框（如图 7-31 所示）。

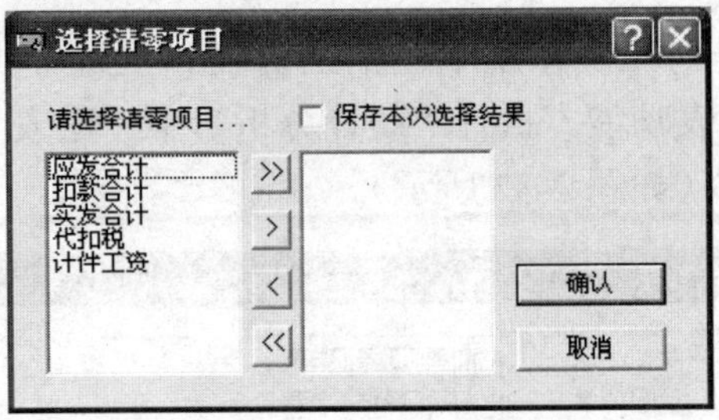

图 7-31　选择清零项目

选择需要清零的项目后，单击“确认”按钮，系统弹出“月末处理完毕”提示框。此时按设置将清零项目数据清空，其他项目继承当前月份数据。如果处理多个工资类别，则应对所有工资类别分别进行月末结算。注意：如果本月工资数据未汇总，则不允许进行月末结转；进行期末处理后，当月数据将不再允许变动；月末处理功能只有主管人员才能执行。

2. 年末结转

到新会计年度时，由账套主管先建立新年度账，再用“系统管理”中“年度账”菜单里的“结转上年数据”命令将工资数据结转至本年。

3. 反结账

工资管理系统结账后，如有需要在已结账月进行账务处理时，需要使用反结账功能，取消已结账标记。执行“业务处理”中“反结账”命令，打开“反结账”对话框，选择要反结账的工资类别，确认后即可完成反结账的操作。

反结账功能只能由账套主管执行。总账系统已结账或成本管理系统上月已结账时，不允许反结账。汇总工资类别的会计月份等于反结账会计月份，且包括需反结账的工资类别。如果系统中本月工资的相关凭证传输到总账系统后已制单并记账，则需要做红字冲销凭证后，才能反结账；如果总账系统未做任何操作，则只需删除此凭证即可。

7.4.5　统计分析

工资业务处理完成后，生成相关工作报表数据。系统设定了多种反映工资核算结果的报表形式。可以对系统提供的固定格式的报表进行修改。

1. 我的账表

我的账表主要功能是对工资系统中包括工资表和工资分析表所有在内报表进行管理，系统还提供自定义报表功能。执行“统计分析”中“账表”命令，然后选择“我的账表”，进入“账表管理”（如图 7-32 所示）。

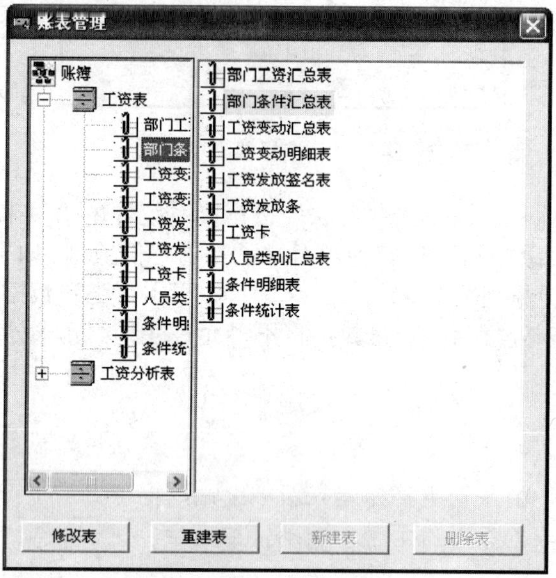

图 7-32 账表管理

选中需要修改的账表后点击“修改表”按钮，可以直接修改栏目有关内容；也可以增加或删除栏目，并为选中的栏目设置计算公式。如果要重建工资表，可点击“重建表”按钮，选择需要重新生成的系统原始表，再点击“确认”按钮，即可重新生成系统原始表。

2. 工资表

工资表功能主要用于本月工资的发放和统计，完成查询和打印各种工资表，包括工资发放签名表、工资发放条、工资卡、部门工资汇总表、人员类别工资汇总表、工资变动明细表及工资变动汇总表等。

执行“账表”中“工资表”命令，打开“工资表”对话框（如图 7-33 所示）。

选中要查看的表，单击“查看”按钮，在弹出的对话框中输入查询条件，即可得到相应的查询结果。

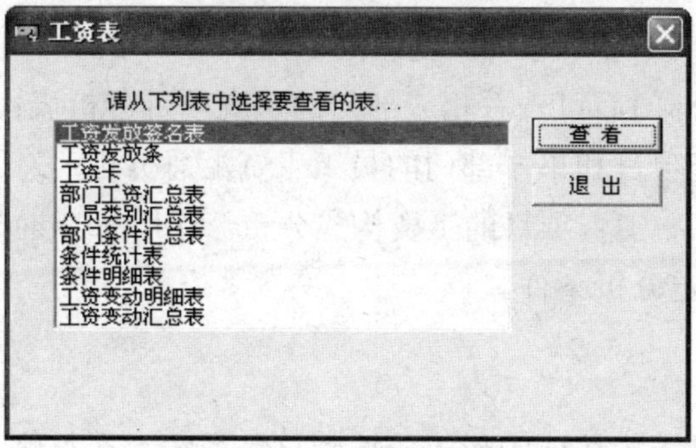

图 7-33　工资表

3. 工资分析表

工资分析表是以工资数据为基础，对不同类别（如部门、人员）的工资数据进行分析比较而产生的各种分析报表，包括分部门各月工资构成分析表、分类统计表（按部门、按项目、按月）、工资项目分析（按部门）、工资增长情况、部门工资项目构成分析表、员工工资汇总表、员工工资项目统计表。

执行“账表”中的“工资分析表”命令，打开“工资分析表”对话框（如图 7-34 所示）。

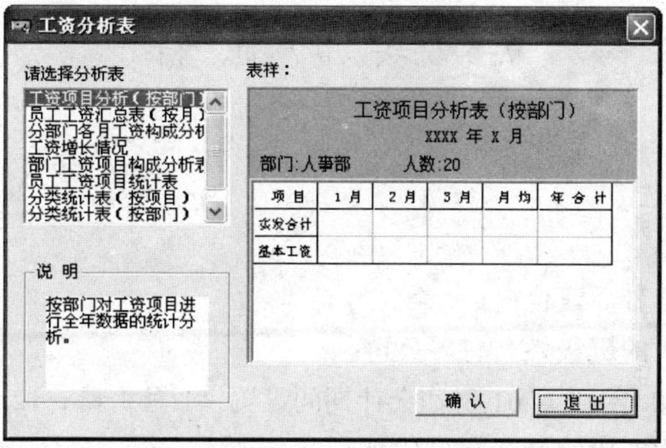

图 7-34　工资分析表

选中相应的分析表，单击“确认”按钮，输入条件后再单击“确认”按钮，即可进入相应的界面。

注意，关于工资项目分析，系统只提供对单一部门项目的分析表。在此界面可用“部门”下拉列表框，选择部门后可查看相应部门的工资项目分析表；对于员工工资汇总表，系统仅提供对单一工资项目和单一部门的员工工资汇总分析；关于分部门各月工资构成分析表，系统提供对单一工资项目的工资构成分析。在所有查询分析界面，都可以单击“查询”按钮，重新设定分析条件。

4. 凭证查询

工资核算的结果以转账凭证的形式传输到总账系统，在总账系统中可以进行查询、审核、记账等操作，但不能修改、删除。在工资管理系统中可以通过“凭证查询”功能来实现对工资系统转账凭证的修改、删除及冲销。

执行“统计分析”中的“凭证查询”命令，打开“凭证查询”对话框。选择输入所要查询的起始月份和终止月份，显示查询期间所有凭证。选中一张凭证，单击“删除”按钮可删除未经审核的凭证，此时在总账中能看到该凭证已打上“作废”标记。如果想彻底删除该凭证，还需要在总账中执行凭证整理处理。单击“冲销”按钮，则可进行红字冲销操作，自动生成与当前已记账的凭证相同的红字凭证。单击“凭证”按钮，则显示单张凭证界面。

7.5 实训资料

1. 企业资料

（1）账套信息。

账套号：学生学号后三位；

账套名称：学生的班级姓名有限公司；

启用日期：2010 年 01 月 01 日，会计期间设置：1 月 1 日－12 月 31 日；

单位名称：学生的班级姓名有限公司。

（2）业务参数。

工资类别个数：多个；核算币种：人民币；要求代扣个人所得税，不进行扣零处理；人员编码长度：3 位。

（3）人员类别：经理人员、经营人员、开发人员、管理人员。

（4）建立工资项目参见表 7-1。

表 7-1　工资项目

项目名称	类型	长度	小数位数	工资增减项
基本工资	数字	8	2	增项
奖励工资	数字	8	2	增项
交补	数字	8	2	增项
应发合计	数字	10	2	增项
请假扣款	数字	8	2	减项
养老保险金	数字	8	2	减项
扣款合计	数字	10	2	减项
实发合计	数字	10	2	增项
代扣税	数字	10	2	减项
请假天数	数字	8	2	其他

（5）工资计算公式参见表 7-2。

表 7-2　工资计算公式

工资项目	定义公式
请假扣款	请假天数×20
养老保险金	（基本工资＋奖励工资）×0.05
交通补助	Iff(人员类别=“经理人员”OR 人员类别=“经营人员”,100,50)

（6）人员档案参见表 7-3。

表 7-3　人员档案

部门名称	人员编号	人员姓名	人员类别	账号	中方人员	是否计税
总经理办公室	101	学生姓名	经理人员	19001	是	是
财务部	102	学生姓名 1	经理人员	19002	是	是
财务部	103	学生姓名 2	管理人员	19003	是	是
市场部	201	李世	经理人员	19004	是	是
市场部	202	王林	经营人员	19005	是	是
开发部	301	白强	经理人员	19006	是	是
开发部	302	李雪	开发人员	19007	是	是
开发部	303	王文艺	开发人员	19008	是	是

（7）设置银行名称。

中国工商银行沈阳支行三好街办事处，账号长度为 11。

（8）1 月初职工工资情况参见表 7-4。

表 7-4　1 月初职工工资

姓　　名	基 本 工 资	奖 励 工 资
学生姓名	5 000	500
学生姓名 1	3 000	300
学生姓名 2	2 000	200
李世	3 000	300
王林	2 000	200
白强	4 500	450
李雪	3 500	350
王文艺	3 500	350

（9）1 月份工资变动情况如下。

① 考勤情况：李雪请假 2 天；李世请假 1 天。

② 因工作需要，经研究决定：招聘李力到开发部工作，以补充技术力量，加快软件开发速度。

③ 因去年市场部推广产品业绩较好，每人增加奖励工资 200 元。

（10）计税基数：计算所得税的基数改为 2 000 元。

（11）工资分摊。应付工资总额等于工资项目“基本工资＋奖励工资”，应付福利费、工会经费、职工教育经费、养老保险金也以此为基数。

（12）工资费用分配的转账分录（与总账系统共同使用）参见表 7-5。

表 7-5　工资费用分配

部门人员分类		工资总额		应付福利费		工会经费、教育经费、养老保险金	
		借方	贷方	借方	贷方	借　　方	贷　　方
总经理办公室	经理人员	550 305	2 151	550 305	2 153	550 305	2 181
财务部	经理人员	550 305	2 151	550 305	2 153	550 305	2 181
	管理人员	550 305	2 151	550 305	2 153	550 305	2 181
市场部	经理人员	550 201	2 151	550 201	2 153	550 201	2 181
	经营人员	550 202	2 151	550 202	2 153	550 202	2 181
开发部	经理人员	410 501	2 151	410 501	2 153	410 501	2 181
	开发人员	410 502	2 151	410 502	2 153	410 502	2 181

2. 实训内容

（1）完成工资核算系统基础设置。

（2）完成工资业务日常处理。

（3）完成工资分摊及月末结账。

第 8 章　往来核算员

8.1　学习与训练目标

往来核算员是管理公司收入与支出的重要工作岗位，负责对企业与所有客户、供应商的收支、往来业务进行管理的重要工作。该模块的学习与训练目标是使学生熟悉企业对应收和应付业务的处理流程；掌握应收和应付系统的初始化设置、日常业务处理、月末处理等操作；明确应收、应付与总账系统的凭证传递关系，与其他子系统如成本核算系统的联系。

8.2　岗位任务分析

往来核算员应熟悉《中华人民共和国公司法》、《中华人民共和国合同法》等与财务收支、债权、债务相关的法律、法规，掌握公司的业务往来信息，认真执行公司与收支、往来有关的内部会计控制制度。此外，往来核算员的工作包括：正确确认、计算收入；计提与收入相关的税费；配合有关部门保证收入款项的及时回笼；复核或受权审核或编制与收支、往来结算相关的会计凭证；负责与对方债权（务）人核对往来账目，保证双方账面数额一致和无弄虚作假情况；掌握并建立债务人资信档案；计提坏账准备；对确实无法收回的应收款和不能支付的应付款项，应查明原因，并按规定报批处理；定期为有关部门或人员和相关领导提供收支、债权、债务信息。

8.3　岗位相关知识

往来核算员负责企业的收入、支出业务的核算，计算确认企业的收入和支出，并及时、准确地提供公司往来账款余额资料，提供账龄分析、周转分析、欠款分析、坏账分析、回款分析等报表，合理地进行资金的调配，提高资金的利用效率。

1. 系统设置

（1）账龄区间设置：定义应收、应付账款或收、付款时间间隔的功能，自定义账款时间间隔，进行收、付款的账龄查询和账龄分析，清楚了解在一定期间内所发生的应收款及收款情况。

（2）基本科目设置：定义应收（付）系统凭证制单所需要的基本科目，包括应收（付）科目、预收（付）科目、销售收入科目、采购科目、税金科目等。如果未在单据中指定科目，且控制科目设置与产品科目设置中没有明细科目的设置，则系统制单依据制单规则取基本科目设置中的科目设置。

（3）控制科目设置：进行应收（付）科目、预收（付）科目的设置。根据系统初始设置中的控制科目依据选项而显示设置依据。

（4）产品科目设置：进行销售收入科目、采购科目、应交增值税科目、销售退回科目的设置。根据系统初始设置中的销售（采购）科目依据选项而显示设置依据。

（5）结算方式科目设置：进行结算方式、币种、科目的设置。对于现结的发票和收、付款单，系统依据单据上的结算方式查找对应的结算科目，并在制单时自动带出。

2. 业务处理

（1）应付（收）冲应付（收）：是指将某一往来单位的应付（收）账款转入另一往来单位账中。将应付（收）款业务在往来单位之间进行转入、转出，实现应付（收）业务的调整，解决应付（收）款业务在不同往来单位间入错户或合并户问题。

（2）预付（收）冲应付（收）：可将预付（收）往来单位款项和所欠（应收）往来单位的款项进行转账核销处理。

（3）应付（收）冲应收（付）：是指用对某往来单位的应付（收）账款，冲抵对某往来单位的应收（付）账款。

（4）红票对冲：是指将同一往来单位的红票和其蓝字发票进行冲销。

8.4 岗位工作实践

8.4.1 应收款管理系统

1. 基础设置

（1）选项设置。

进入应收系统，执行“设置”菜单下的“选项”命令，弹出“账套参数设置”对话窗口（如图 8-1 所示）。单击“编辑”按钮进行修改设置。

“账套参数设置”对话框有常规、凭证、权限与预警三个选项卡，包括应收款核销方式、单据审核日期依据、坏账处理方式、代垫费用类型、核算模型、是否登记支票、受控科目制单方式、控制科目依据、产品销售科目的依据、制单方式、权限与预警等系统基本设置内容。

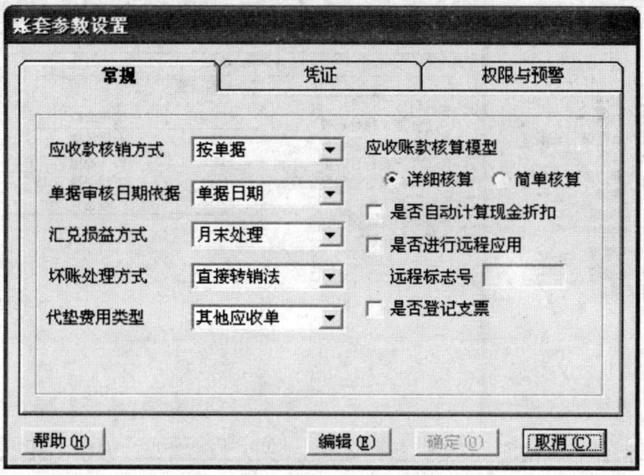

图 8-1　账套参数设置

（2）初始设置。

执行“设置”菜单下的“初始设置”命令，弹出“初始设置”窗口（如图 8-2 所示）。

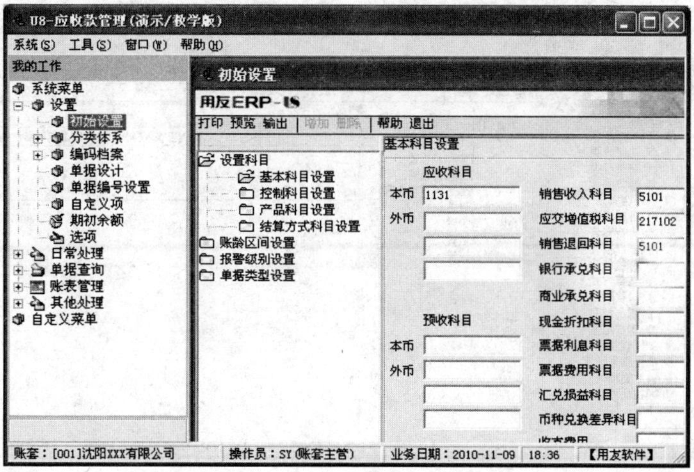

图 8-2　“初始设置”窗口

在“初始设置”窗口中，可以进行各科目的设置，可单击“放大镜”按钮进行科目选择。单击“控制科目设置”，录入各控制科目，进行应收科目、预收科目的设置。应根据系统初始中的控制科目依据选项而设置（如图 8-3 所示）。

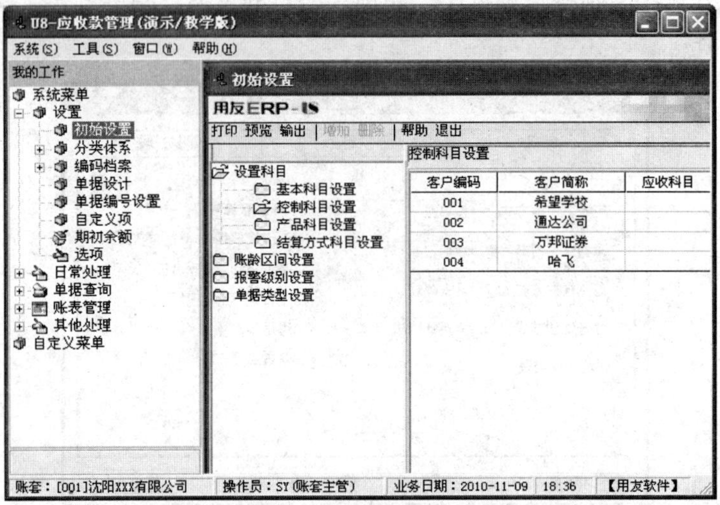

图 8-3 控制科目设置

单击“产品科目设置”，进行销售收入科目、应交增值税科目、销售退回科目的设置。应根据系统初始中的销售科目依据选项而显示设置依据（如图 8-4 所示）。

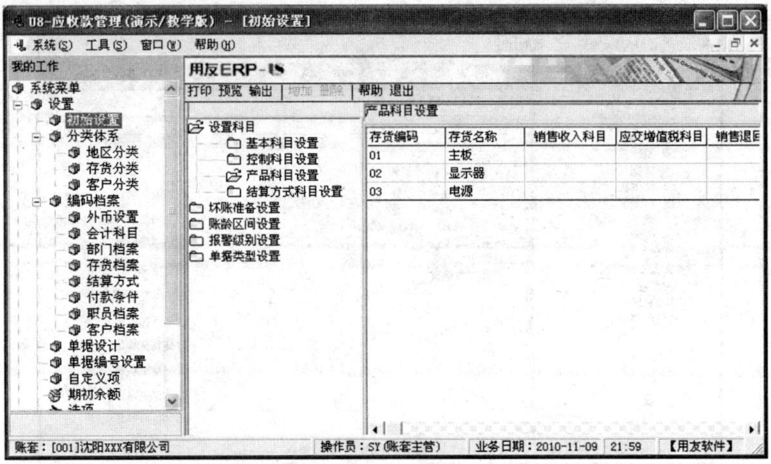

图 8-4 产品科目设置

单击“结算方式科目设置”，进行结算方式、币种、科目的设置。对于现结的发票和收、付款单，系统依据单据上的结算方式制单时自动带出（如图 8-5 所示）。

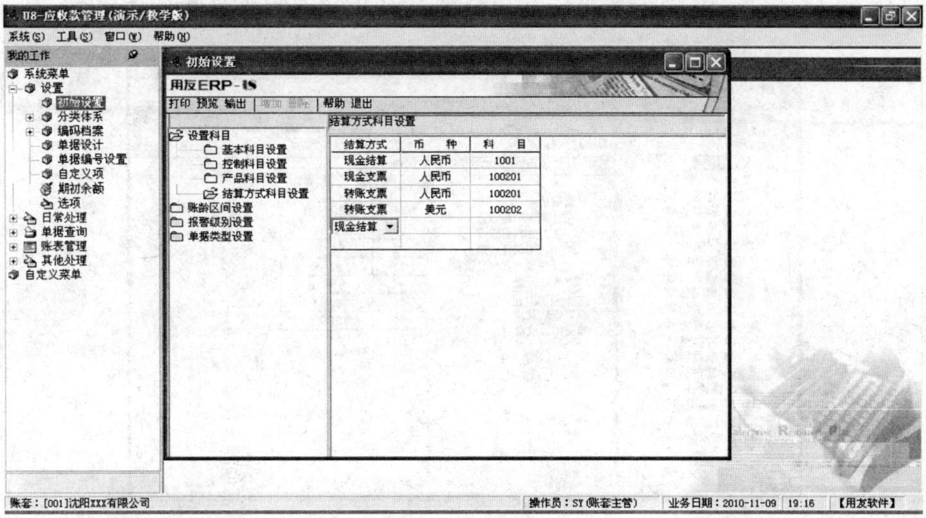

图 8-5　结算方式科目设置

（3）坏账准备设置。

在初始设置窗口中，单击“坏账准备设置”，录入坏账准备设置的内容后单击“确认”按钮，结果如图 8-6 所示。

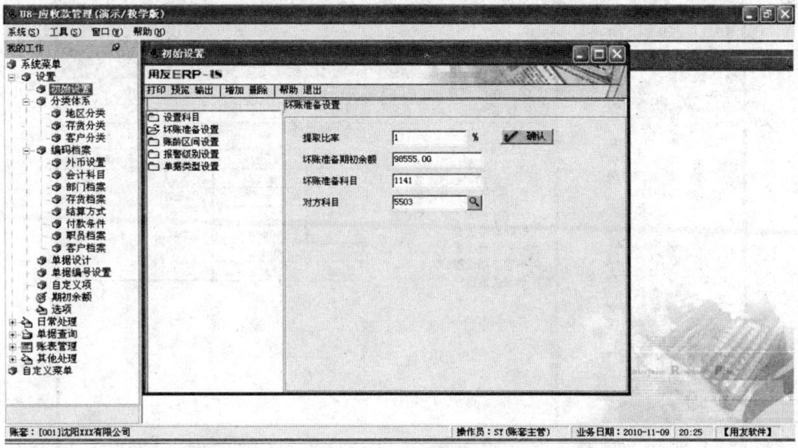

图 8-6　坏账准备设置

（4）账龄区间设置。

在初始设置窗口中，单击“账龄区间设置”（如图 8-7 所示）。设置账龄区间要根据应收款欠款时间长短，对应收款进行分级处理，以此掌握客户欠款的情况。

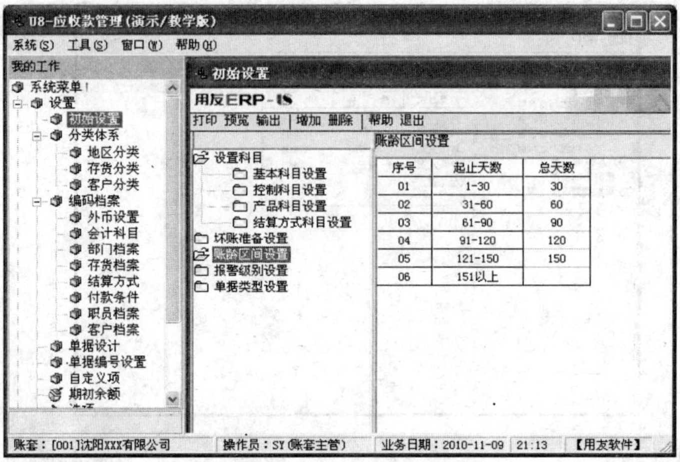

图 8-7 账龄区间设置

（5）报警级别设置。

在初始设置窗口中，单击“报警级别设置”（如图 8-8 所示）。通过报警级别的设置，将客户按照欠款余额与其信用额度的比例进行分类，以便掌握各个客户的信用情况。

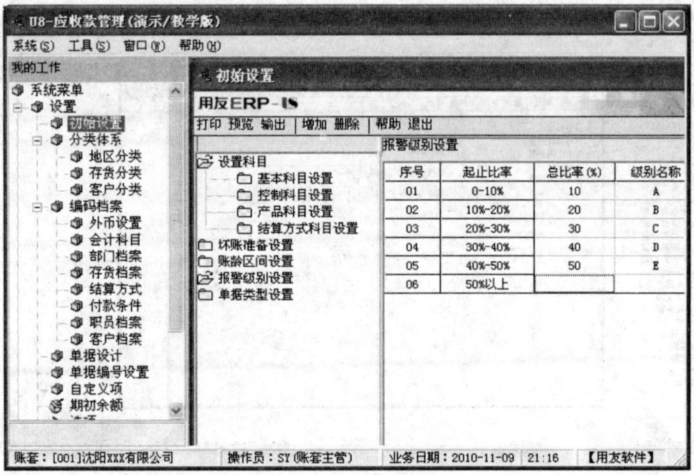

图 8-8 报警级别设置

（6）单据类型设置。

在初始设置窗口中，单击“单据类型设置”（如图 8-9 所示），在此设置单据的类型。系统提供了发票和应收单两大类型的单据。

发票包括增值税专用发票和普通发票，应收单分为应收代垫费用款、应收利息款、应收罚款、其他应收款等。

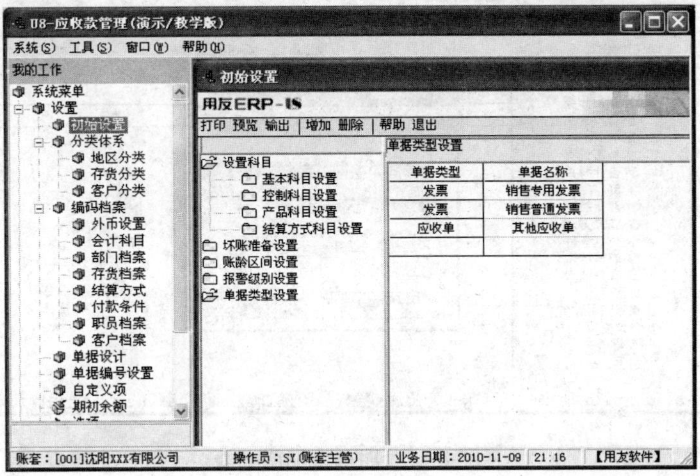

图 8-9　单据类型设置

（7）录入期初余额。

执行“设置”菜单下的“期初余额”命令，系统弹出“期初余额——查询”对话框（如图 8-10 所示）。

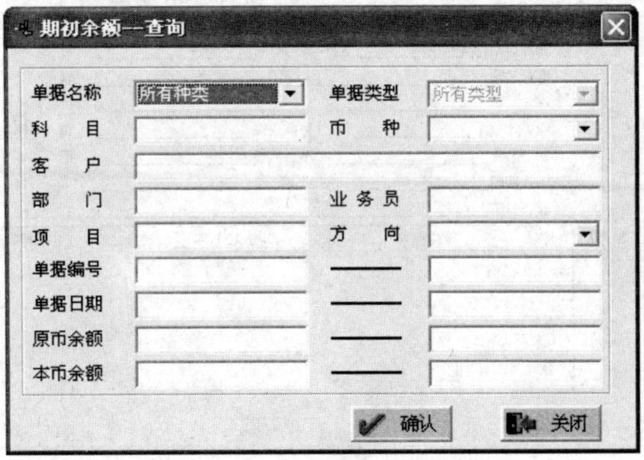

图 8-10　期初余额——查询

选择需要查询的条件，单击“确认”按钮，打开如图 8-11 所示的“期初余额明细表”。单击“增加”按钮，弹出“单据类别”对话框，选择需增加的期初单据类型（销售发票、应收单、预收款、应收票据等），单击“确认”按钮。

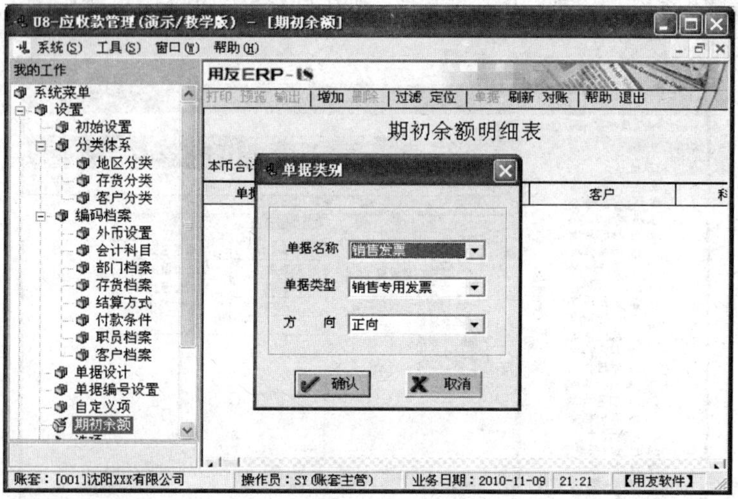

图 8-11 期初余额明细表

以期初销售发票为例，打开“期初销售发票”界面（如图 8-12 所示）。

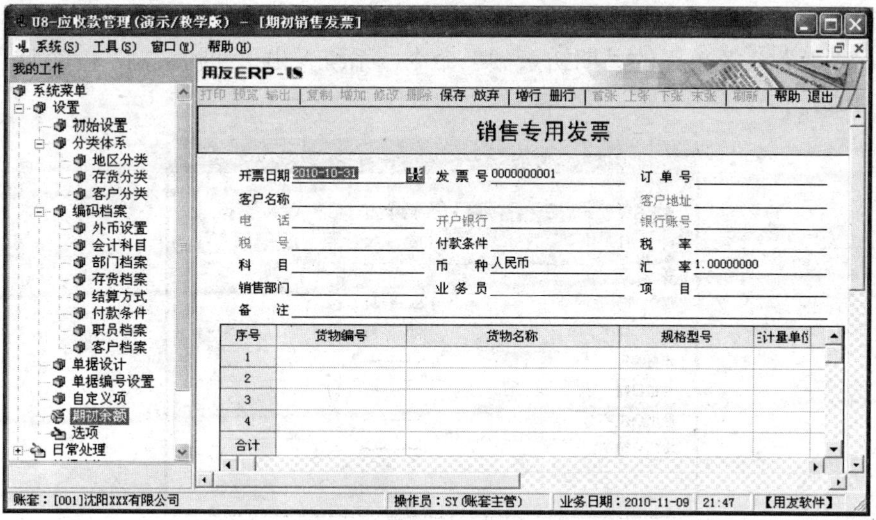

图 8-12 期初销售发票

录入该张发票的发票号、客户名称和货物名称、数量、单价等信息，单击“保存”按钮以保存该张新增期初单据，最后单击“退出”按钮。应收单、预收款、应收票据的操作方法与之相同，此处不再详述。

在录入完成应收款的期初余额后，应进行“期初对账”工作。在“期初余额明细表”中，单击“对账”按钮，弹出“期初对账”结果窗口（如图 8-13 所示）。

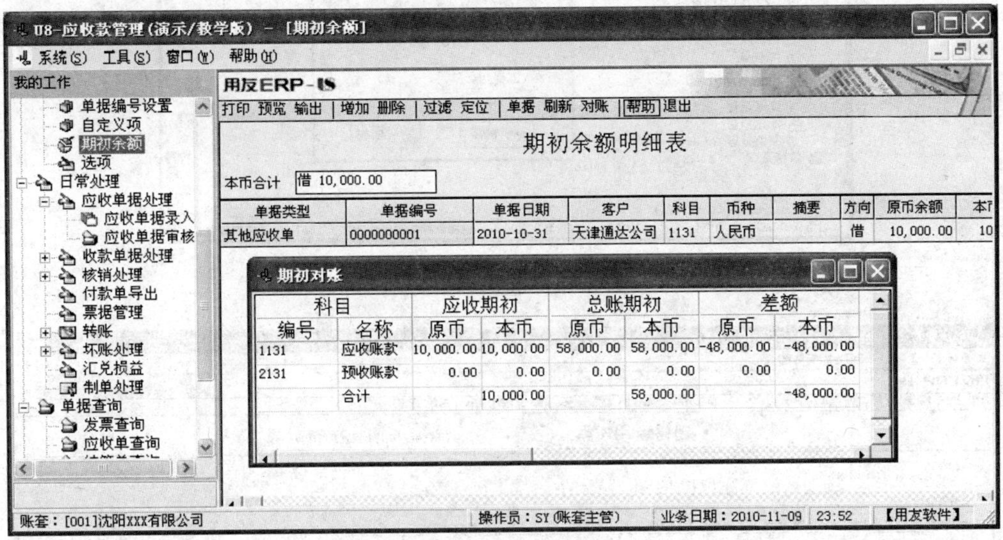

图 8-13　期初对账结果

查看应收款系统与总账系统的期初余额是否平衡。如果不平衡，则需再检查是否录入有误，直至达到平衡方可。

2. 日常处理

（1）增加应收款。

打开“日常处理”、“应收单据处理”文件夹，选择“应收单据录入”命令，系统弹出“单据类别”对话框（如图 8-14 所示）。

选择新增单据名称、单据类型、方向，单击“确认”按钮，系统弹出一张所选类型的空白单据（如图 8-15 所示）。录入该张新增单据的内容，单击“保存”按钮进行保存。

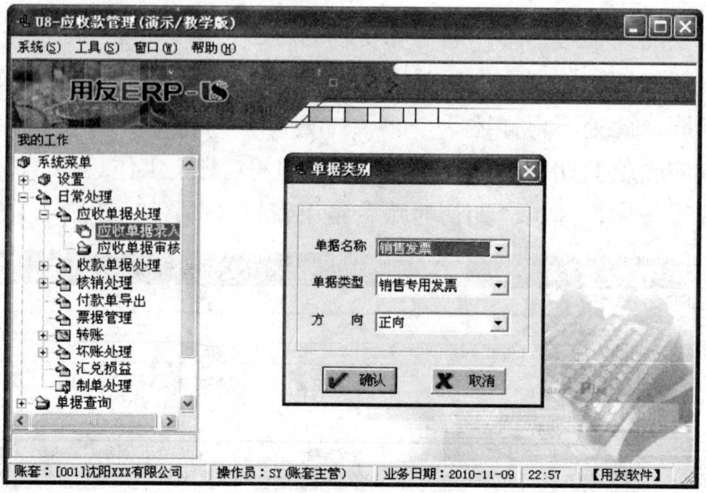

图 8-14 选择单据类别

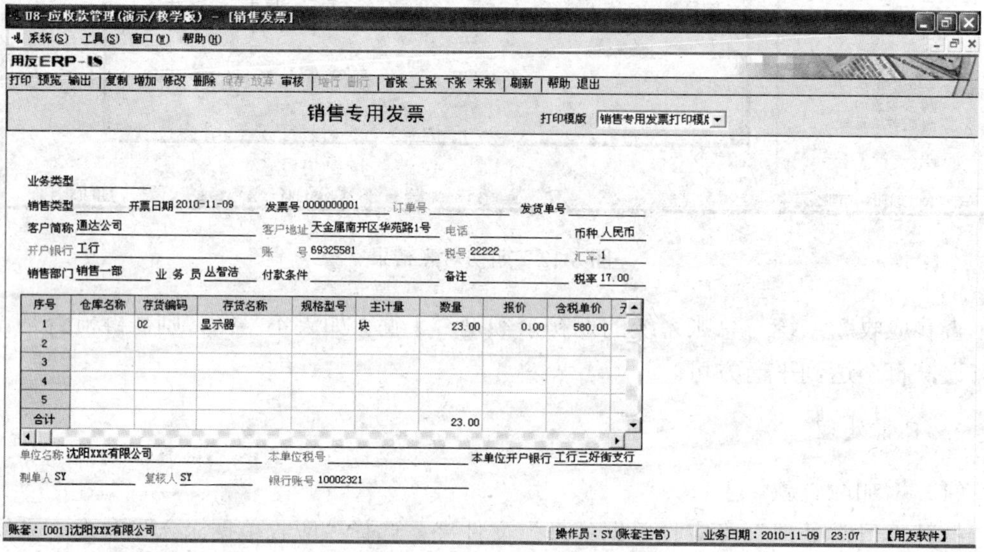

图 8-15 销售专用发票单据

（2）修改应收款单据。

执行“日常处理”、“应收单据处理”命令，选择“应收单据录入”，弹出“单据类别”对话框；选择需要修改的单据类型，单击“确认”按钮，弹出所选定类型的空白单据；单击“放弃”按钮后激活“定位”、“下张”功能；单击“定位”按钮，在“单据定位条件”对话框中录入需要修改单据的查询条件，单击“确认”按钮（如图 8-16 所示）；选出符合条件的单据，找到需要修改的单据后单击“修改”进行数据修改；最后单击“保存”按钮以保存所修改的数据。

注意，单据的名称和类型不能修改，只能删除后再增加一张新的单据；已经审核或已生成了凭证的单据是不能修改和删除的；单据删除后不能恢复。

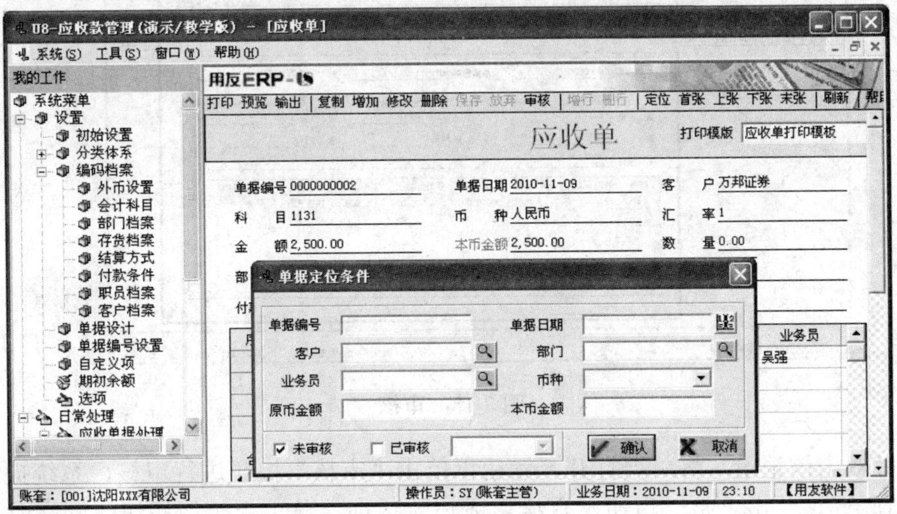

图 8-16　修改应收单

（3）审核应收款单据。

应收款单据只有经过审核后，才会被系统正式认为该笔应收账款有效。执行“日常处理”、“应收单据处理”命令，选择“应收单据审核”，弹出“单据过滤条件”对话框（如图 8-17 所示）。

图 8-17　单据过滤条件

录入过滤条件后单击“确认”按钮，系统列出所有符合条件的记录。用鼠标选定需要审核的记录（勾选该记录的选择栏），单击“审核”按钮（如图 8-18 所示）。

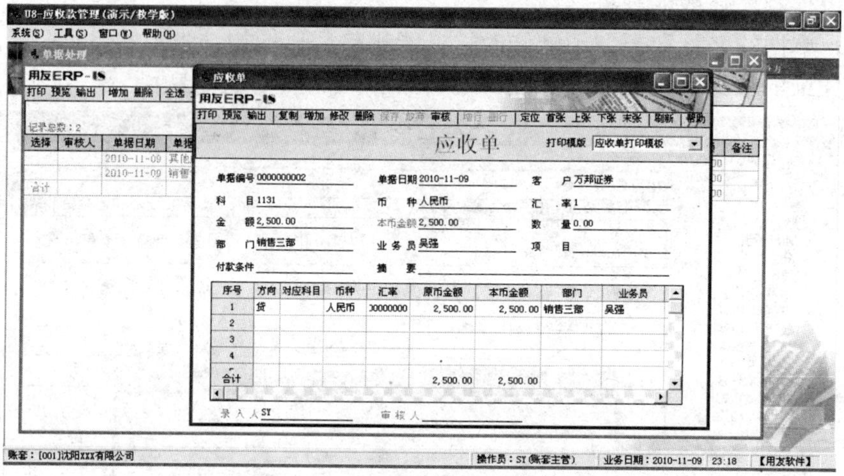

图 8-18 审核

也可双击该记录，将单据打开，然后再单击“审核”按钮进行审核，系统提示“是否立即制单”。单击“是”按钮，直接生成记账凭证；单击“否”按钮，则暂时不生成凭证（如图 8-19 所示）。

图 8-19 是否立即制单

已审核的单据，在没有生成凭证前，如需取消审核，可以在单据明细表中直接“弃审”，或打开已审核的单据“弃审”。如果应收单据已经生成了凭证，则应在删除凭证后（执行“日常处理”、“单据查询”“凭证查询”命令，找出相应的凭证，删除；如果该凭证已在总账系统中被记账，则需要回总账系统中联消该凭证记账之后再执行前面的操作），再执行“日常处理”、“应收单据处理”、“应收单据审核”命令，在“单据过滤条件”对话框中录入查询条件（如图 8-20 所示）。

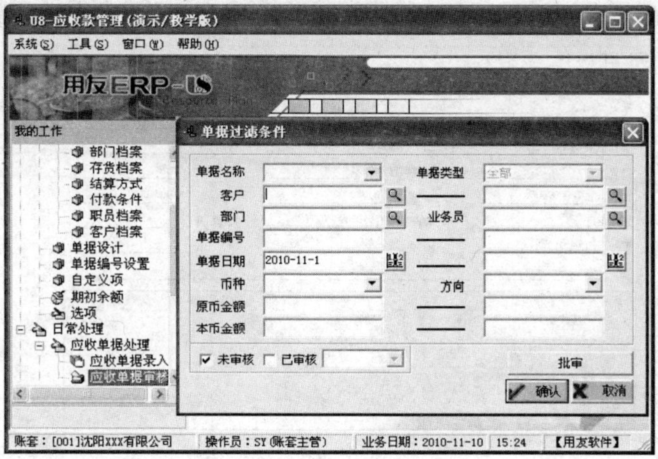

图 8-20　应收单据审核

单击“确认”按钮，在记录列表中选择需取消审核的记录，单击“弃审”按钮即可。

（4）收款单据处理。

执行“日常处理”、“收款单据处理”、“收款单据录入”命令，系统弹出“收款单录入”对话框（如图 8-21 所示）。

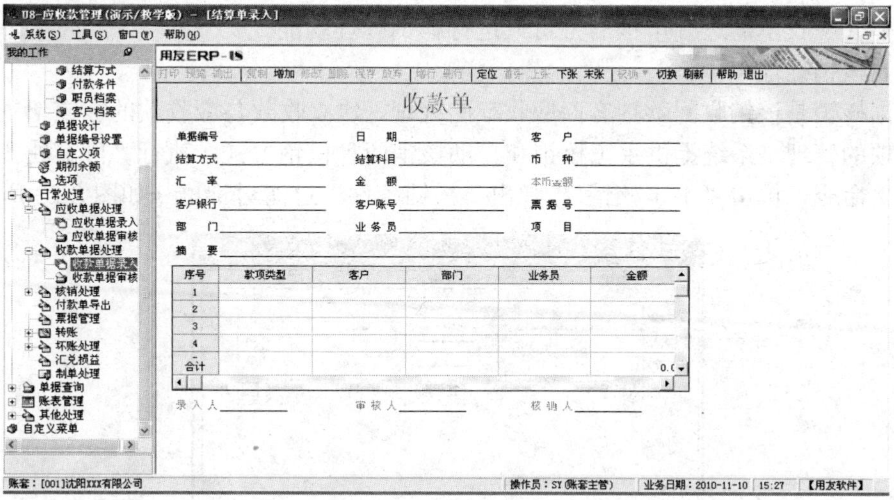

图 8-21　收款单据录入

单击“增加”按钮，填写完毕之后单击“保存”按钮保存新增数据，结果如图 8-22 所示。

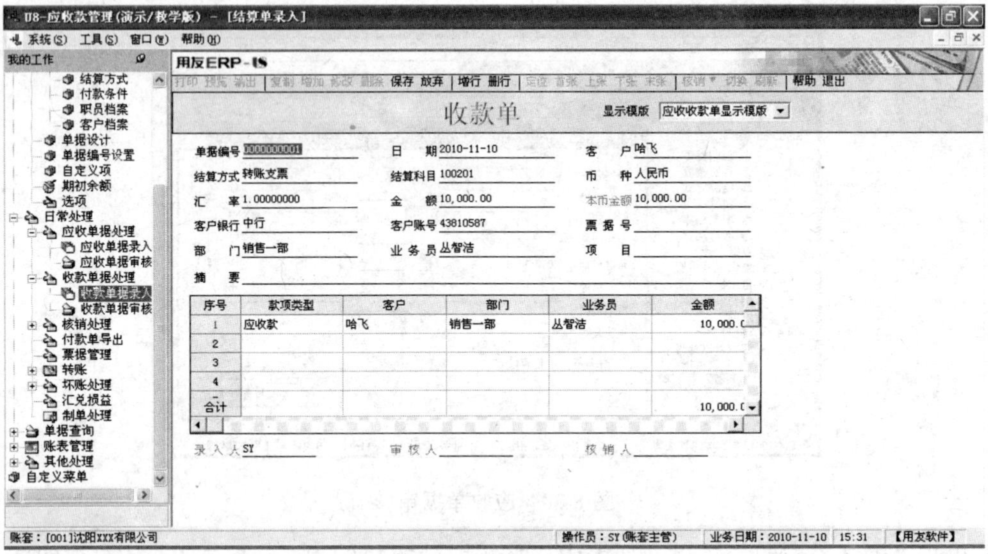

图 8-22 录入收款单

单击“审核”按钮以审核该张收款单，系统提示“是否立即制单”，单击“否”不制单，可以以后统一制单。单击“核算”旁边的向下小箭头，可进入本张收款单与原来的应收单（应收单需进行审核后方可）进行核销处理功能。

（5）核销处理。

单据核销是核销收回款项客商应收款的处理，建立收款与应收款的核销记录，加强往来款项的管理。系统提供手工核销和自动核销两种核销方式。执行“日常处理”、“核销处理”命令，单击“手工核销”，弹出“核销条件”过滤对话框（如图 8-23 所示）。

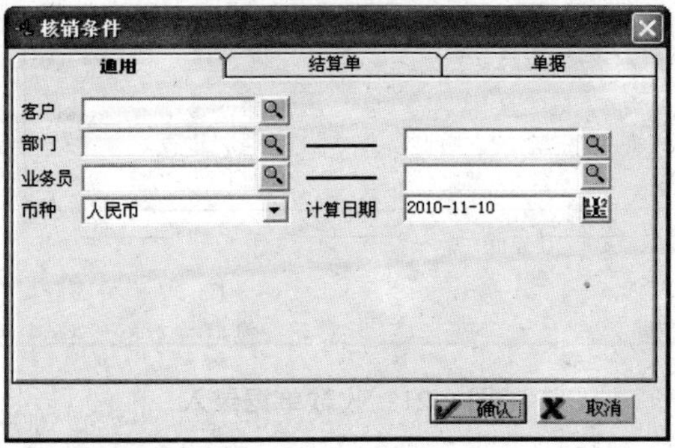

图 8-23 核销条件

录入过滤条件，单击“确认”按钮，系统列出符合条件的记录（如图 8-24 所示）。

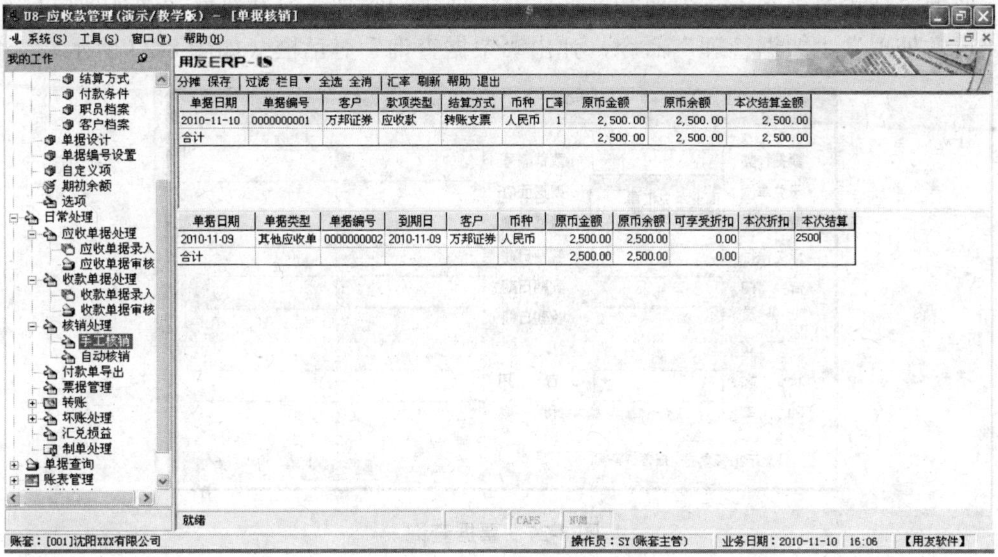

图 8-24　**单据核销**

窗口里上面的记录是指收款单记录，下面的记录则指应收款记录。双击“本次结算金额”、“本次结算”项目，可更改结算数据；最后单击“保存”按钮以完成本次结算。

自动核销处理的方法更为简单。执行“日常处理”、“核销处理”命令，单击“自动核销”，系统弹出“核销条件”过滤对话框（如图 8-25 所示）。确定核销条件后单击“确认”按钮，弹出“自动核销报告”对话框（如图 8-26 所示）。

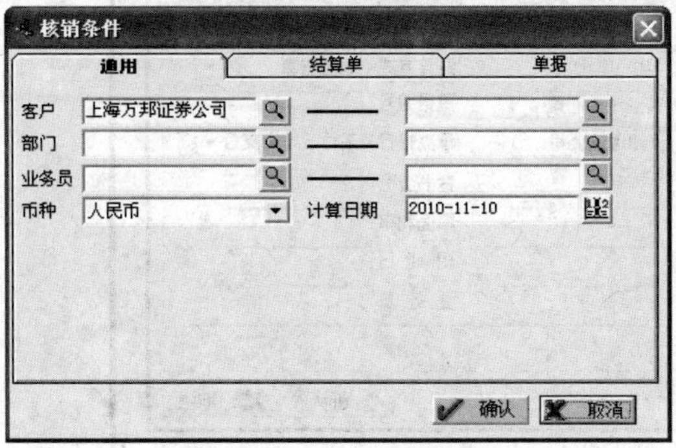

图 8-25　**核销条件**

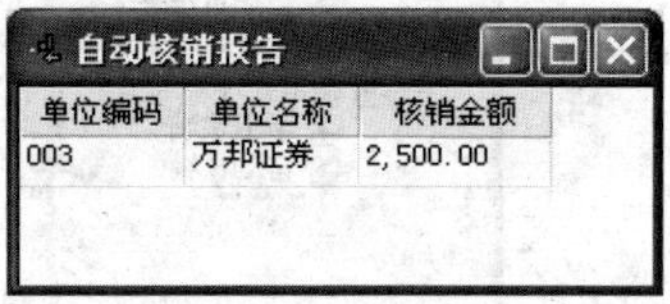

图 8-26　**自动核销报告**

（6）票据管理。

票据管理指对银行承兑汇票和商业承兑汇票进行管理，记录票据详细处理信息。执行“日常处理”、“票据管理”命令，弹出“票据查询”对话框（如图 8-27 所示）。

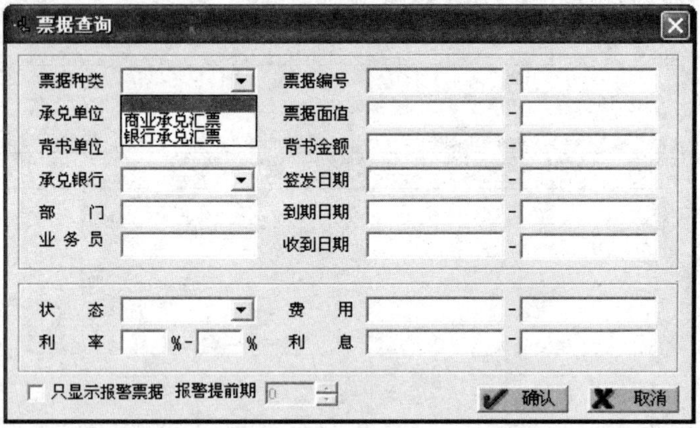

图 8-27 票据查询

输入查询条件后单击“确认”按钮，系统列出符合条件的记录。单击“增加”按钮，弹出“票据增加”对话框，录入新增票据（如图 8-28 所示）。

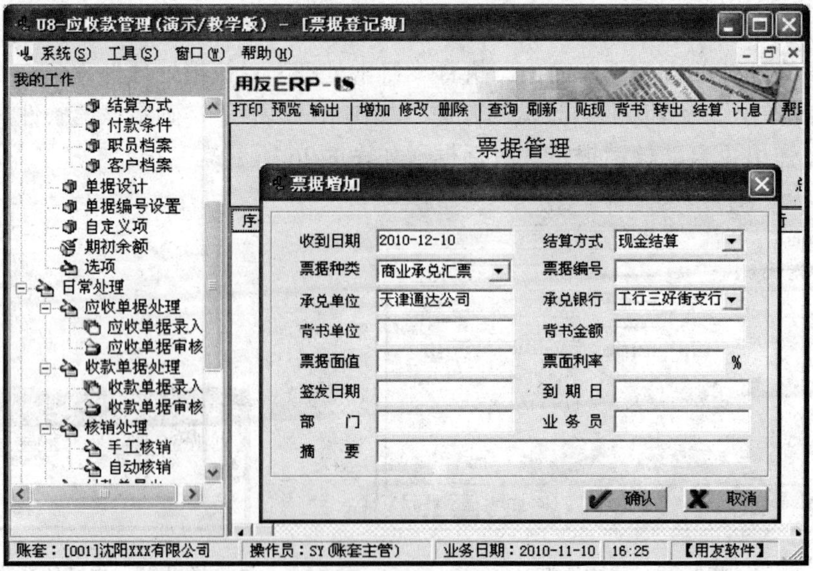

图 8-28 票据增加

（7）转账。

系统提供应收冲应收、预收冲应收、应收冲应付和红票对冲四种转账方式。以应收冲应付为例，执行“日常处理”、“转账”、“应收冲应付”命令，系统弹出“应收冲应付”对话框（如图 8-29 所示）。

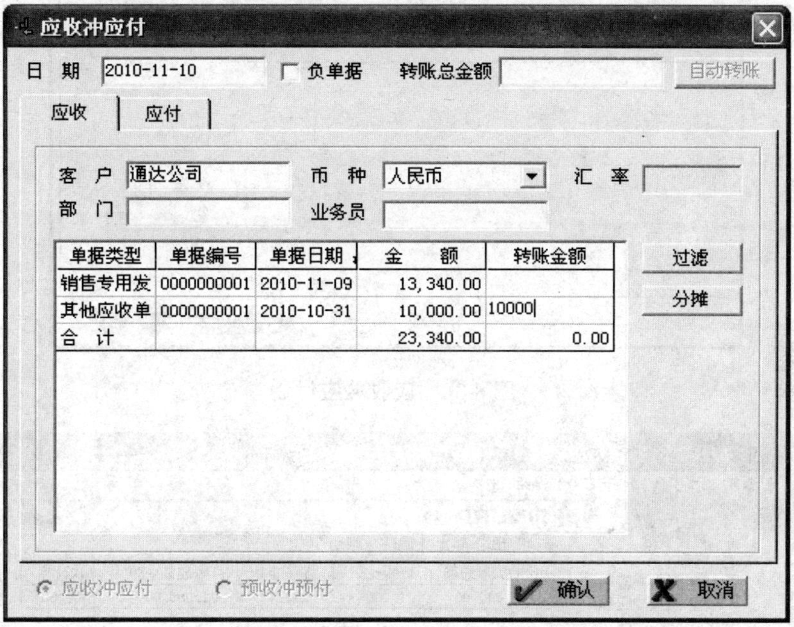

图 8-29　应收冲应付 1

在“应收”选项卡，选择要转账的客户，单击“过滤”按钮，列出该客户的所有应收账款；在要转账单据的“转账金额”中，录入转账金额。然后选择“应付”选项卡，如图 8-30 所示，录入供应商名称和转账金额。最后单击“确认”按钮，系统提示是否立即制单；单击“否”，暂不制单。

（8）坏账处理。

① 坏账计提。执行“日常处理”、“坏账处理”、“坏账计提准备”命令（如图 8-31 所示）。单击“确认”按钮，系统提示是否立即制单；单击“否”，暂不制单。

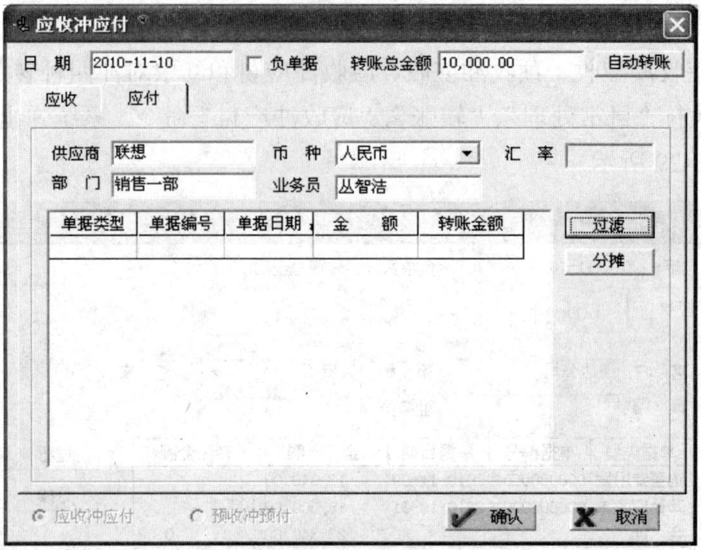

图 8-30 应收冲应付 2

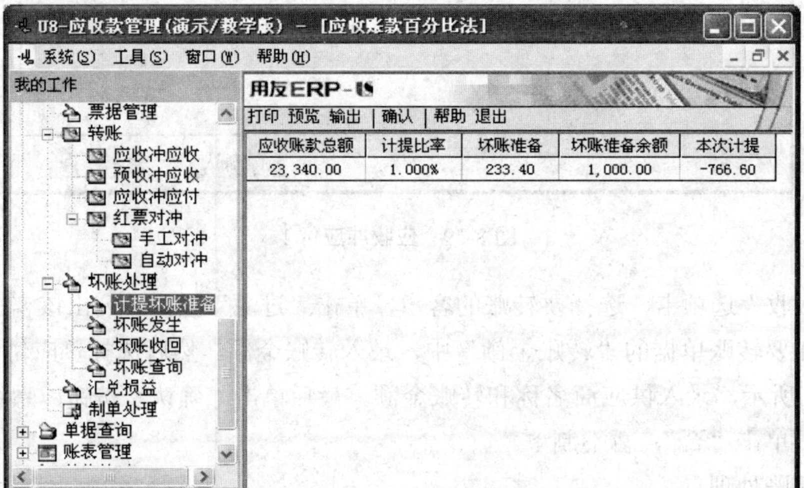

图 8-31 坏账计提

② 坏账发生。执行“日常处理”、“坏账发生”命令，系统弹出“坏账发生”对话框（如图 8-32 所示）。

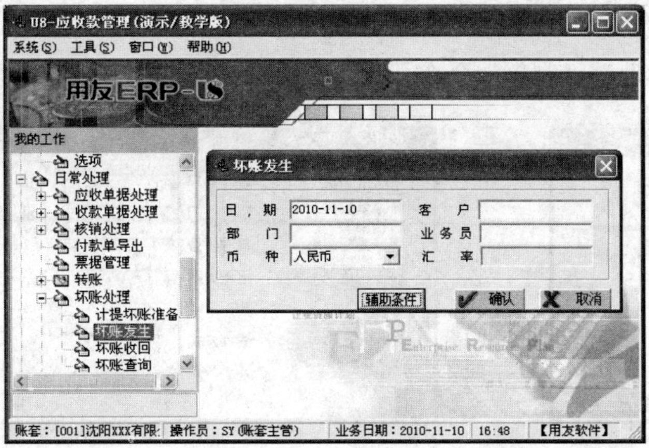

图 8-32　坏账发生

录入客户名称等条件后单击“确认”按钮，进入“坏账发生单据明细”窗口（如图 8-33 所示）。

图 8-33　坏账发生单据明细

在“本次发生坏账金额”处录入该单据产生坏账的金额，单击“确认”按钮，系统提示是否立即制单。单击“是”按钮可以直接生成凭证，单击“否”按钮则退出。

③ 坏账收回。执行“日常处理”、“坏账处理”、“坏账收回”命令，系统弹出“坏账收回”条件对话框（如图 8-34 所示）。

输入坏账收回的客户编号等过滤条件后单击“确认”按钮，系统提示是否立即制单，可单击“否”按钮，暂不制单。

（9）制单处理。

执行“日常处理”、“制单”命令，系统弹出“制单查询”对话框（如图 8-35 所示）。

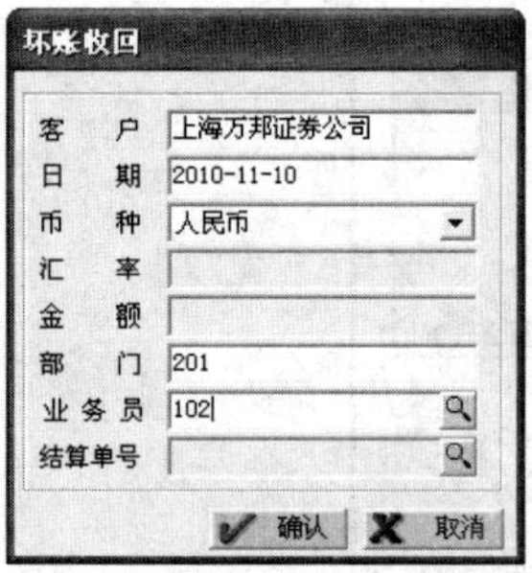

图 8-34　坏账收回

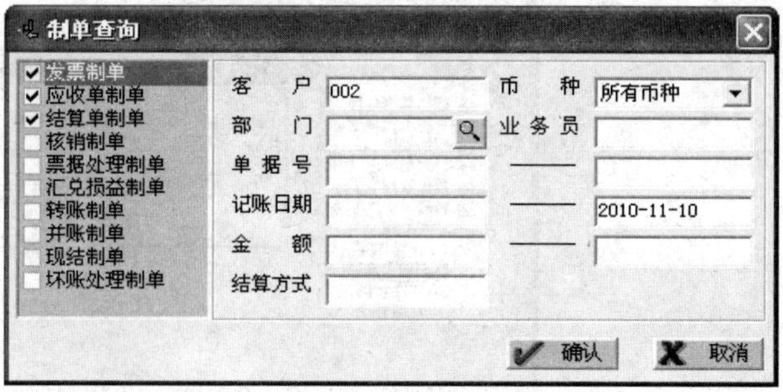

图 8-35　制单查询

录入过滤条件后单击“确认”按钮，系统列出所有符合条件的记录（如图 8-36 所示）。

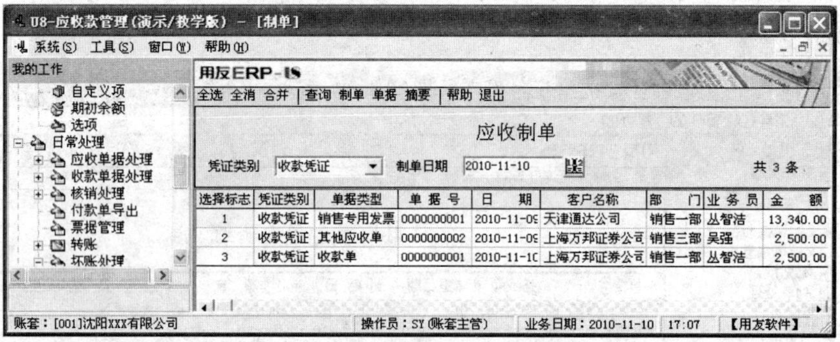

图 8-36　应收制单

对需要生成凭证的单据，在“选择标志”中输入数字序号；如果需要几张单据合并制单，则在这几张单据的选择标志栏中都输入相同的序号即可。单击“全选”按钮则所有单据都分别制单，单击“合并”按钮则全部单据合并生成一张凭证。

选择要制单的单据，单击“制单”按钮，检查无误后单击“保存”按钮，该张凭证会出现“已生成”字样。凭证直接传递到总账系统，可在总账系统通过查询凭证功能查到。

如果制单发生错误，或需修改已制单的原始单据，都须先删除制单。执行“单据查询”、“凭证查询”命令，弹出“凭证查询条件”对话框（如图 8-37 所示）。

图 8-37　凭证查询条件

输入查询条件后单击“确认”按钮，系统列出所有符合条件的记录（如图 8-38 所示）。

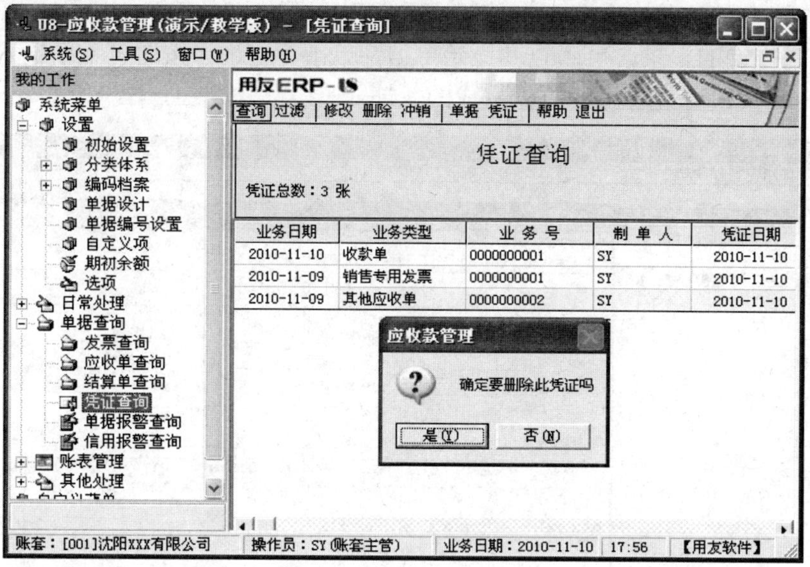

图 8-38　凭证查询

选定凭证后单击“删除”按钮，系统弹出“确实要删除此凭证吗”提示框，单击“是”按钮，可以删除该凭证。也可以单击“单据”、“凭证”按钮联查原始单据或凭证。

3. 单据查询

执行“单据查询”、“应收单查询”命令，系统弹出“应收单查询”对话框（如图 8-39 所示）。

图 8-39 应收单查询

输入查询条件后单击“确认”按钮，系统列出所有符合条件的记录（如图 8-40 所示）。双击需查询的记录，可联查其原始单据，单击“查询”按钮可重新输入查询条件，单击“凭证”按钮可查看由此单据生成的凭证。

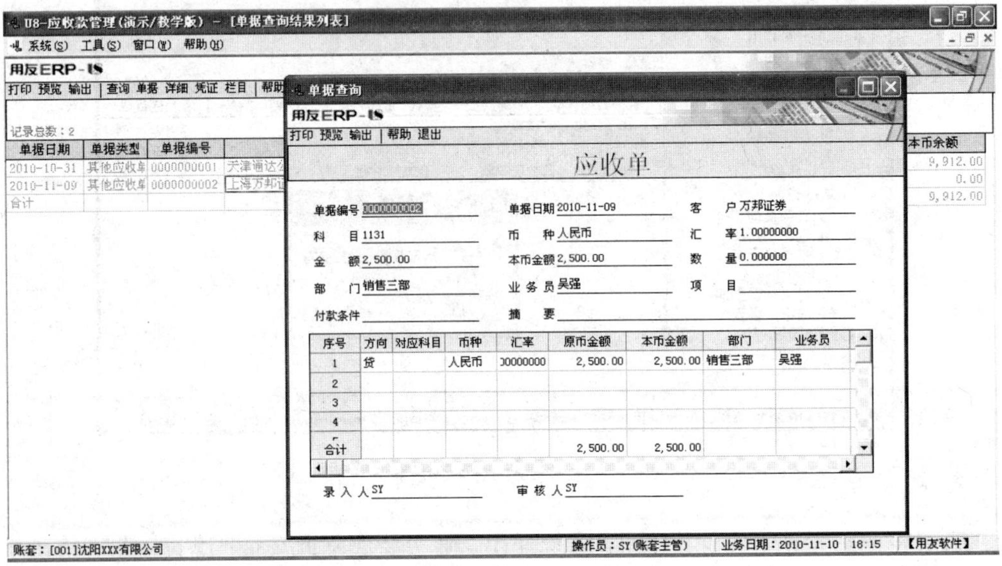

图 8-40 单据查询结果列表

4. 账表管理

“账表管理”可以查询不同的业务账表。执行“账表管理”、“业务账表”、“业务明细账”命令，系统弹出“应收明细账”查询条件对话框（如图 8-41 所示）。

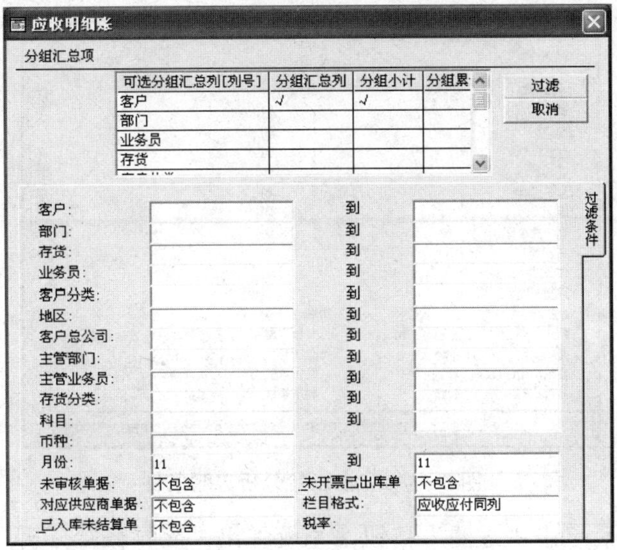

图 8-41 应收明细账过滤条件

输入查询条件后单击“过滤”按钮，系统列出所有符合条件的记录（如图 8-42 所示）。

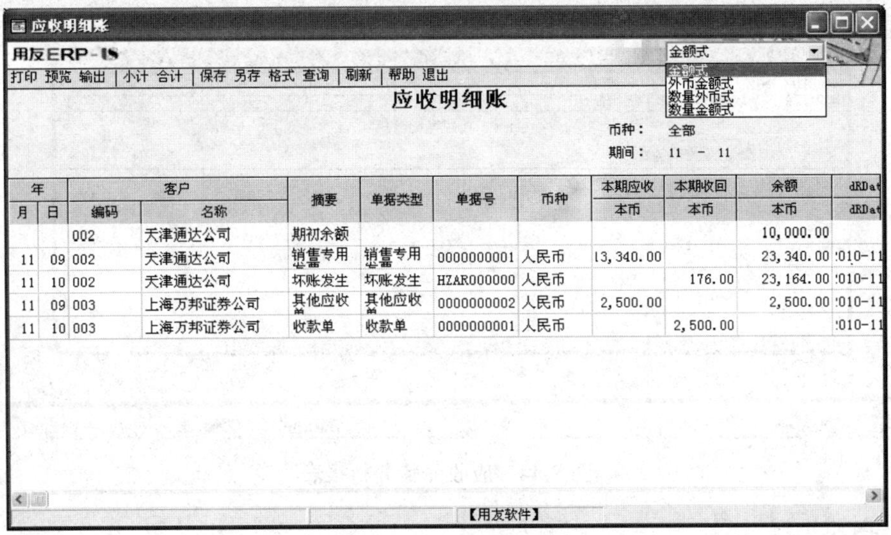

图 8-42 应收明细账

账表管理还可以进行账龄分析。执行“账表管理”、“统计分析”、“应收账龄分析”命令，系统弹出“应收账龄分析”条件对话框（如图 8-43 所示）。

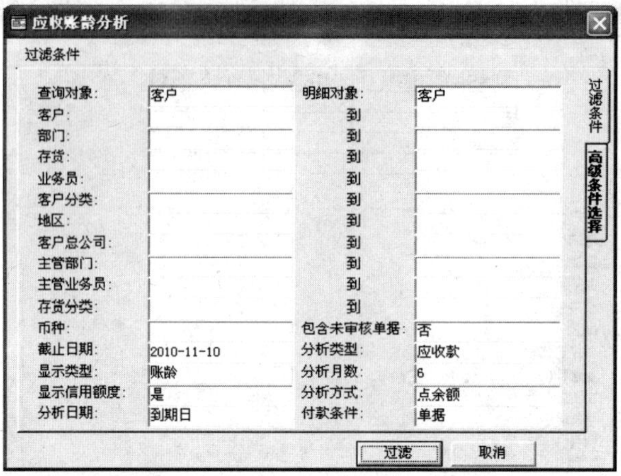

图 8-43　应收账龄分析过滤条件

录入分析条件后单击“过滤”按钮，系统弹出“应收账龄分析”报表（如图 8-44 所示）。

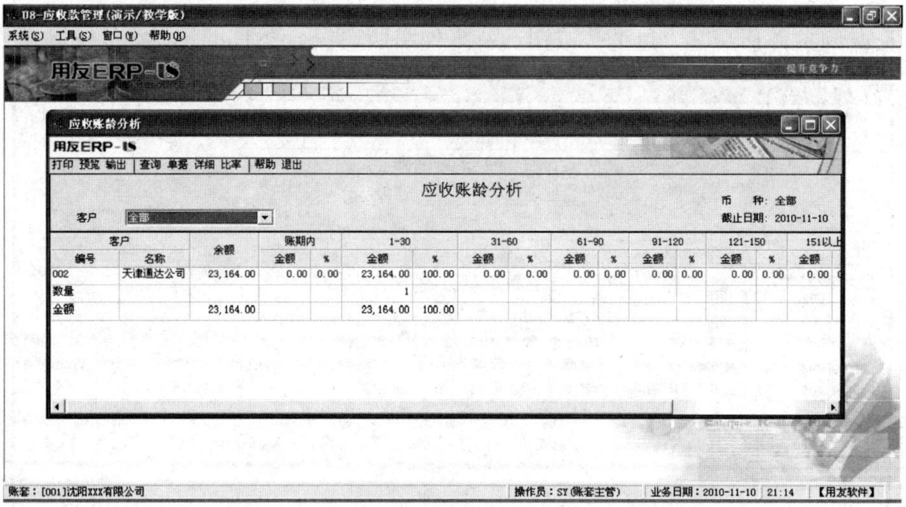

图 8-44　应收账龄分析报表

5. 期末处理

(1) 月末结账。

本月的各项业务处理已经结束时，可以执行月末结账功能。月末结账后，将不能再进行任何业务处理。

执行“其他处理”、“期末处理”、“月末结账”命令，系统弹出“月末处理”对话框（如图 8-45 所示）。

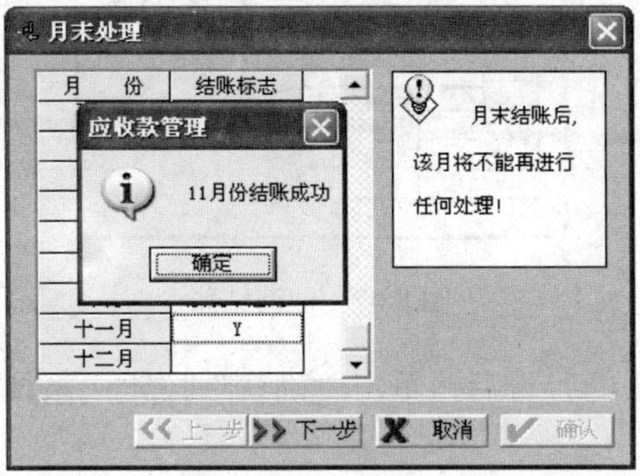

图 8-45　月末处理 1

双击要结账月份的“结账标志”栏，出现“Y”字符；单击“下一步”按钮，系统提示结账成功；单击“确定”按钮。如有单据未审核或制单，系统会提示有未完成的业务，完成其操作后方可重新进行结账（如图 8-46 所示）。双击处理情况未完成的项目，可以查看未完成业务的详细情况。

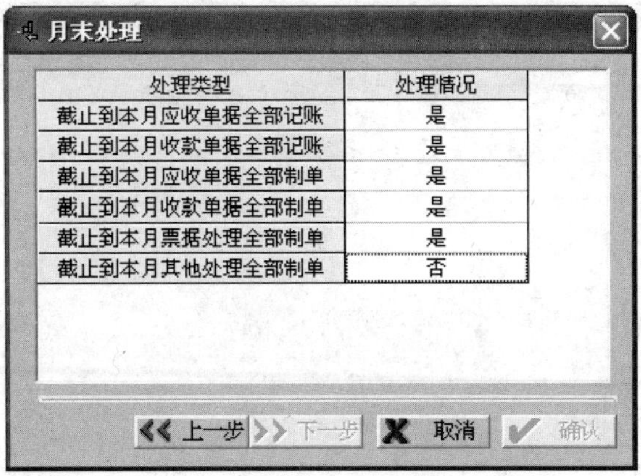

图 8-46　月末处理 2

（2）取消月结。

如果已结账的月份还有数据需要处理，则可以取消月结。执行“其他处理”、“期末处理”、“取消月结”命令，系统弹出“取消结账”对话框（如图 8-47 所示）。

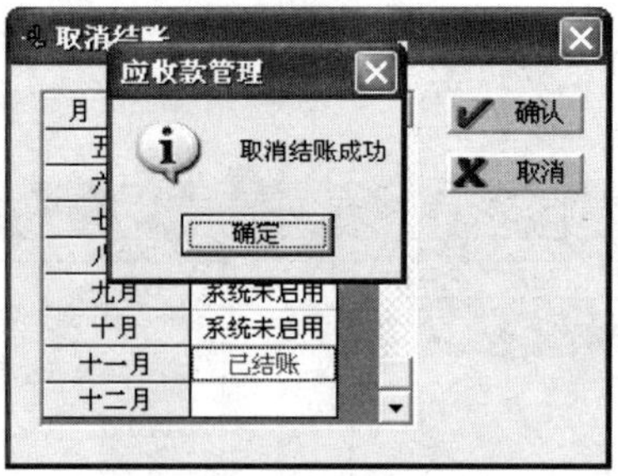

图 8-47 取消结账

选定最后一个已结账的月份后，单击“确认”按钮；系统提示“取消结账成功”，单击“确定”按钮。

8.4.2 应付款系统

1. 基础设置

在“用友 ERP-U8 门户”中选择“控制台”页，双击“应付款管理”图标打开应付款管理系统（如图 8-48 所示）。

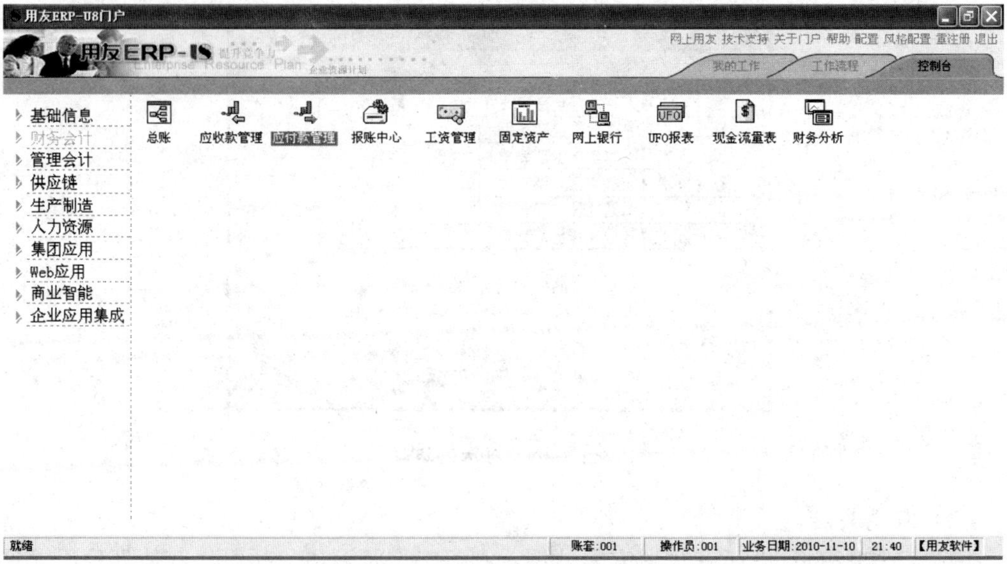

图 8-48 企业门户控制台页

（1）选项设置。

执行“设置”、“选项”命令，系统弹出“账套参数设置”对话框；单击“编辑”按钮进行设置（如图 8-49 所示）。

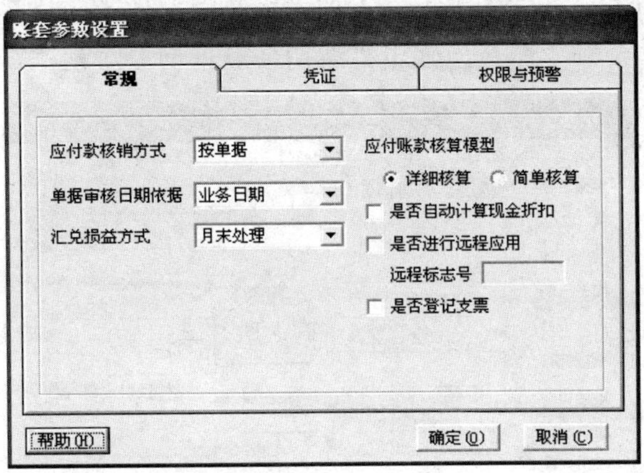

图 8-49　账套参数设置

（2）应付系统初始设置。

执行“设置”、“初始设置”命令，系统弹出“初始设置”窗口（如图 8-50 所示）。

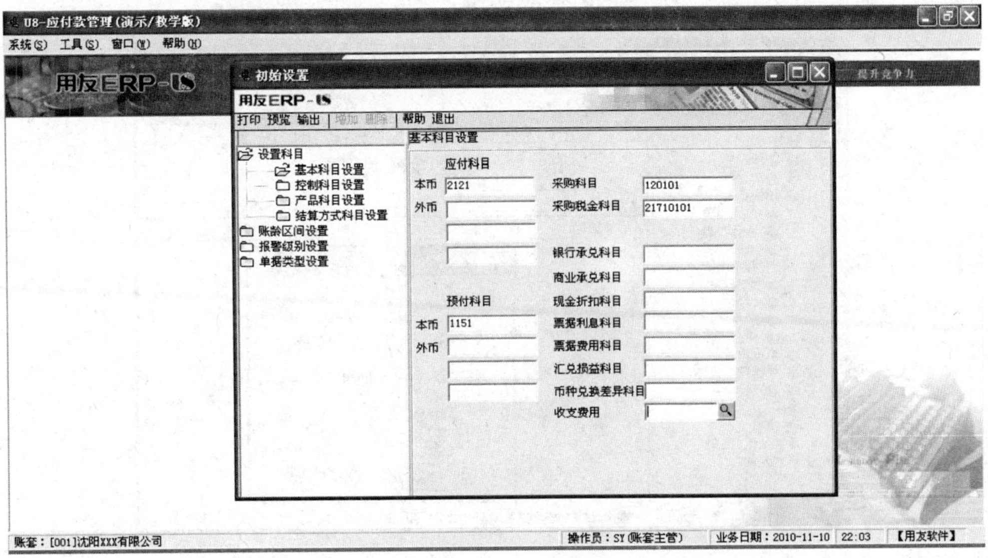

图 8-50　初始设置

在“初始设置”窗口中，分别进行“设置科目”、“账龄区间”、“报警级别”和“单据类型”的设置。

（3）录入期初余额。

将上一会计期间未处理完的单据录入到本系统中，作为应付系统的期初余额处理。执行“设置”、“期初余额”命令，弹出“期初余额查询”对话框（如图 8-51 所示）。

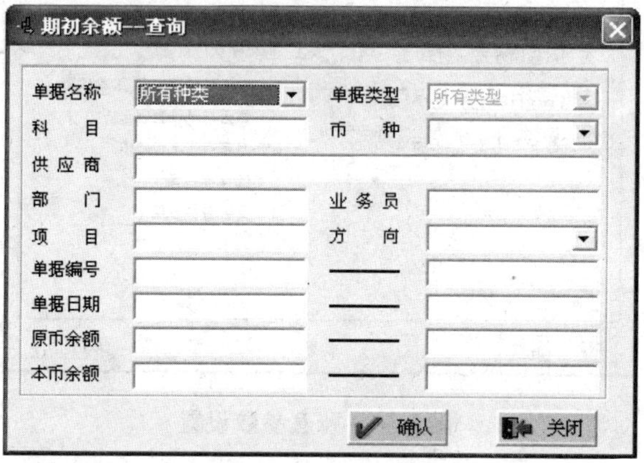

图 8-51 期初余额查询

单击“确认”按钮，打开“期初余额明细表”（如图 8-52 所示）。

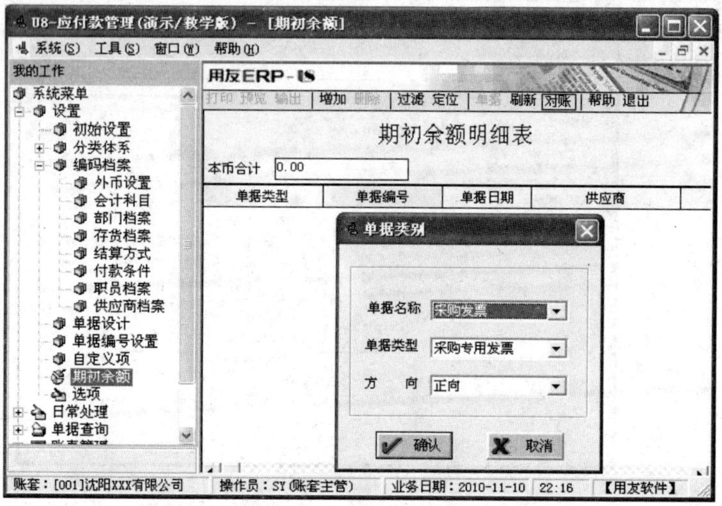

图 8-52 期初余额明细表

单击“增加”按钮，系统弹出“单据类别”对话框，选择期初单据类型（采购发票、应付单等），单击“确认”按钮。

录入期初余额后，应进行“期初对账”。在“期初余额明细表”中，单击“对账”按钮，系统弹出期初对账结果窗口。

2. 日常处理

（1）应付单据处理。

① 应付单据录入。执行“日常处理”、“应付单据处理”、“应付单据录入”命令，系统弹出“单据类别”对话框（如图 8-53 所示）。

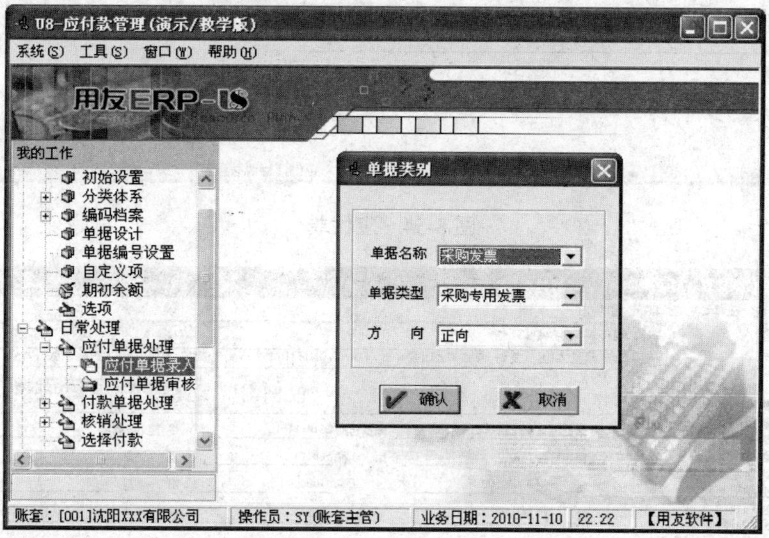

图 8-53　应付单据录入

选择单据名称、单据类型和方向，单击“确认”按钮，系统弹出一张所选类型的空白单据（如图 8-54 所示）。

录入业务内容，单击“保存”按钮。再次单击“增加”按钮录入新业务内容，如果与前面的业务有相同之处，则可以单击“复制”按钮后再修改不同数据，完成后保存，最后单击“退出”按钮。

② 应付单据审核。在填制应付单进行保存后，直接单击“审核”，以完成应付单据的审核操作（如图 8-55 所示）。系统提示“是否立即制单”，单击“否”此时不用制单。

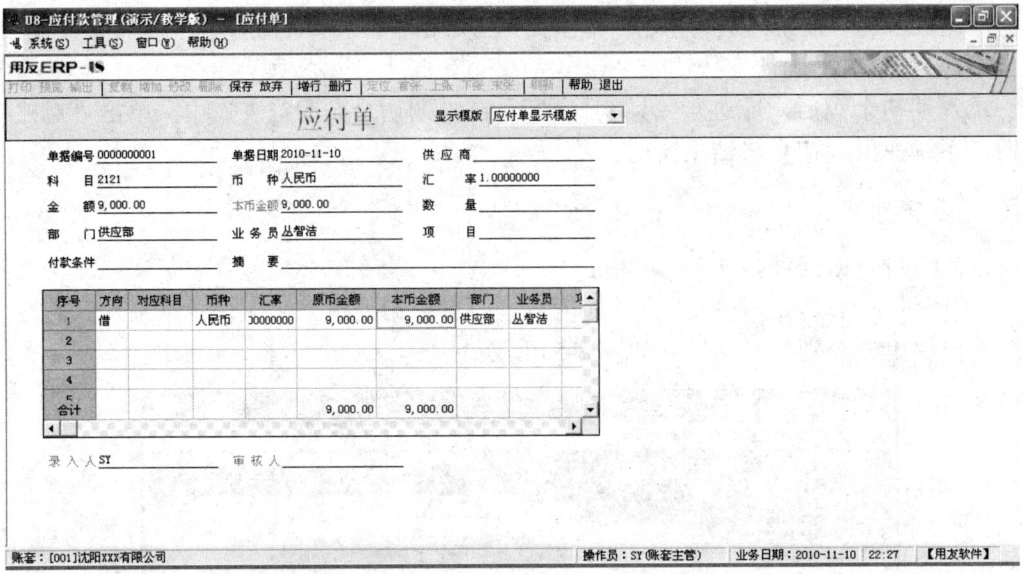

图 8-54　应付单

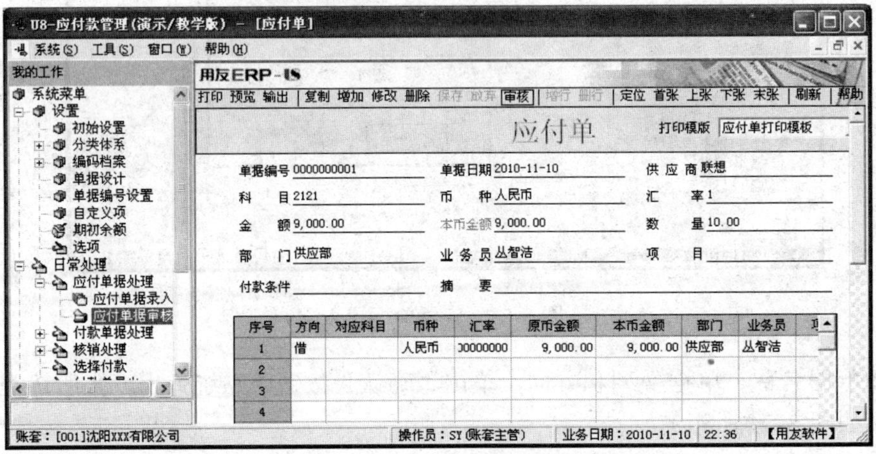

图 8-55　应付单审核方法一

也可以执行“日常处理”、“应付单据处理”、“应付单据审核”命令，在弹出的“单据过滤条件”中录入条件；单击“确认”按钮后，双击被审核记录的“选择”项，“选择”项变为“Y”；单击“审核”按钮（如图 8-56 所示）。

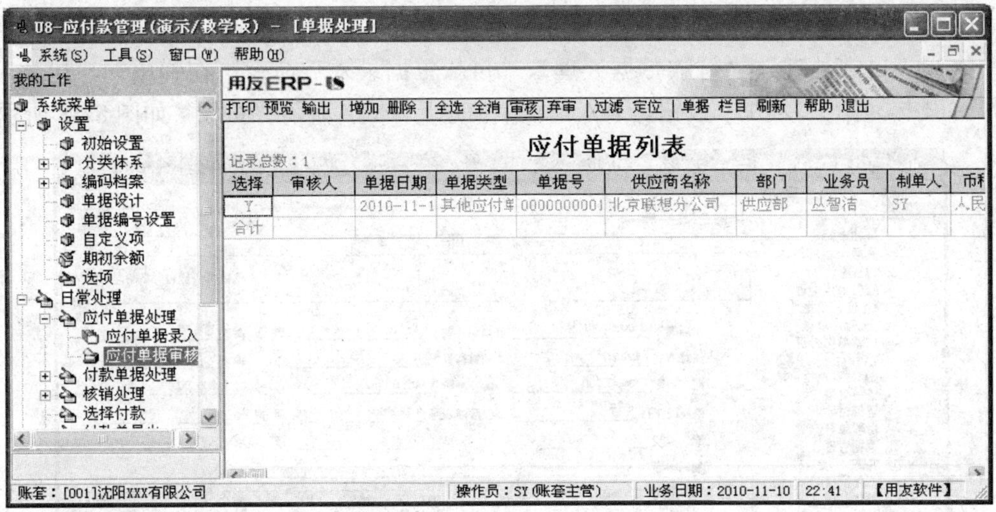

图 8-56　应付单审核方法二

③ 修改应付单据。如果要修改应付单据，可在应付单录入界面中，单击“上张”、“下张”按钮，找到要修改的未审核单据；直接单击“修改”按钮，可修改单据；完成后单击“保存”按钮（如图 8-57 所示）。

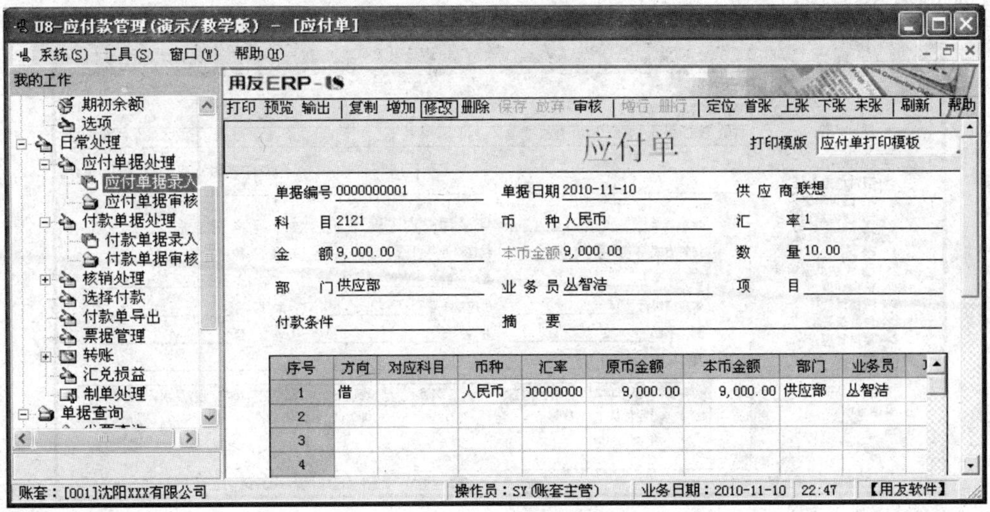

图 8-57　应付单修改

（2）付款单处理。

执行“日常处理”、“付款单据处理”、“付款单据录入”命令，在弹出的“付款单”录入窗口中，单击“增加”按钮，录入付款单信息后单击“保存”按钮（如图 8-58 所示）。

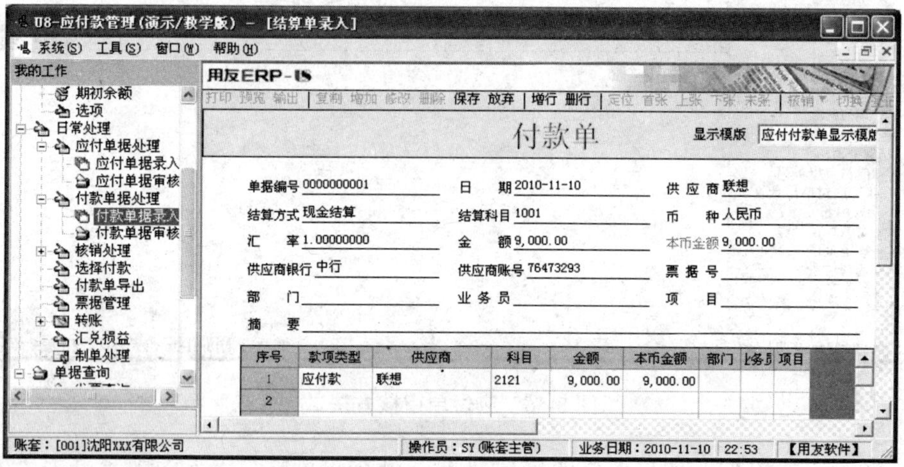

图 8-58 付款单录入

保存完毕后，可单击“增加”、“修改”、“删除”、“审核”等按钮，执行相应的操作（如图 8-59 所示）。

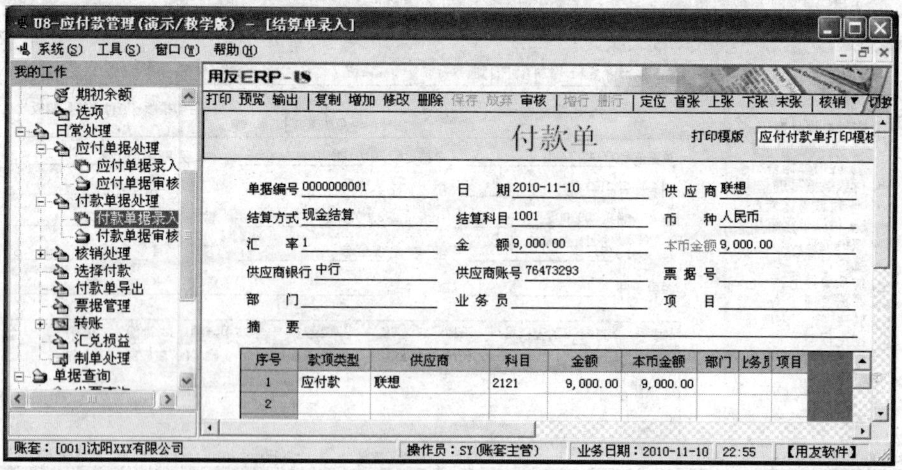

图 8-59 付款单编辑

（3）核销处理。

核销处理指用户日常进行的付款核销应付款的工作，分为手工核销和自动核销两种。

执行“日常处理”、“核销处理”、“手工核销”命令，系统弹出“核销条件”对话框（如图 8-60 所示）。

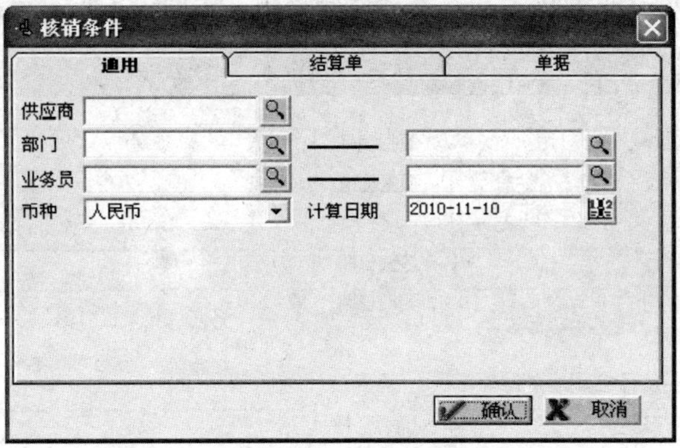

图 8-60　核销条件

在此录入过滤条件，单击“确认”按钮，系统列出符合条件的记录（如图 8-61 所示）。

图 8-61　单据核销

上面的记录是指付款单记录，下面的记录则指应付款记录。填写“本次结算金额”、“本次结算”等项目，可更改结算数据；最后单击“保存”按钮以完成本次结算。

（4）转账。

系统在“其他处理”中可做到应付冲应付、预付冲应付等工作，其操作方法与应收款系统相同。

（5）票据管理。

票据管理主要是对银行承兑汇票和商业承兑汇票进行管理，包括记录票据详细信息、记录票据处理情况等。要进行票据登记簿管理，必须将应付票据科目设置成带有客户往来辅助核算的科目。

执行“日常处理”、“票据管理”命令，系统弹出“票据查询”对话框（如图 8-62 所示）。

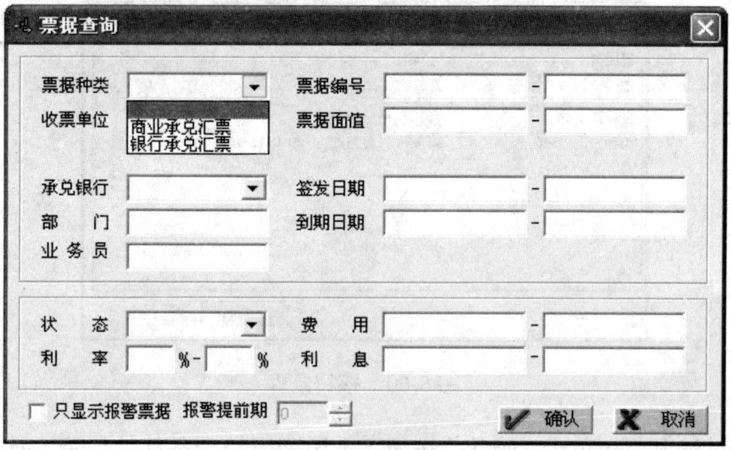

图 8-62 票据查询

输入查询条件，单击“确认”按钮，系统列出所有符合条件的记录。

单击“增加”按钮，系统弹出“票据增加”对话框，新增票据（如图 8-63 所示）。对不同的票据，可以进行“贴现”、“背书”、“转出”、“结算”、“计息”等不同的操作。

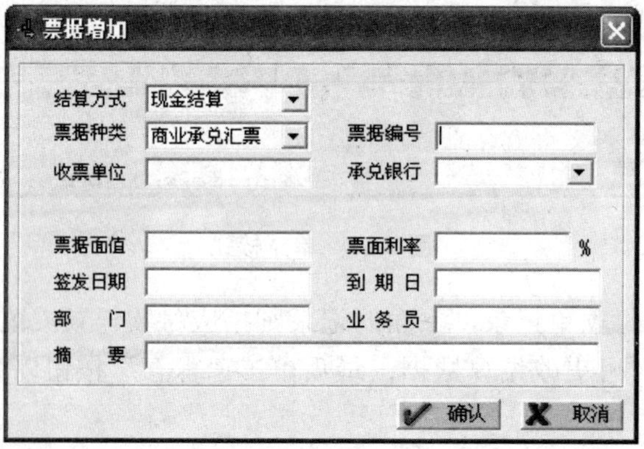

图 8-63 票据增加

（6）制单处理。

执行“日常处理”、“制单处理”命令，系统弹出“制单查询”对话框（如图 8-64 所示）。录入过滤条件后单击“确认”按钮，系统列出所有符合条件的记录。

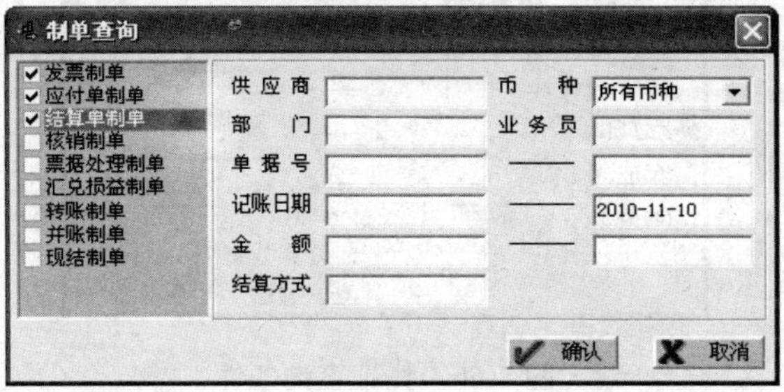

图 8-64　制单查询

对需要生成凭证的单据，在“选择”标志中输入数字序号。如果要几张单据合并制单，则在这几张单据的“选择”标志栏中都输入相同的序号即可。单击“全选”则所有单据都分别制单，单击“合并”则全部单据合并生成一张凭证。

选择要制单的单据，单击“制单”按钮，检查无误后，单击“保存”按钮，该张凭证会出现“已生成”字样。凭证直接传递到总账系统，可在总账系统通过查询凭证功能查到，结果如图 8-65 所示。

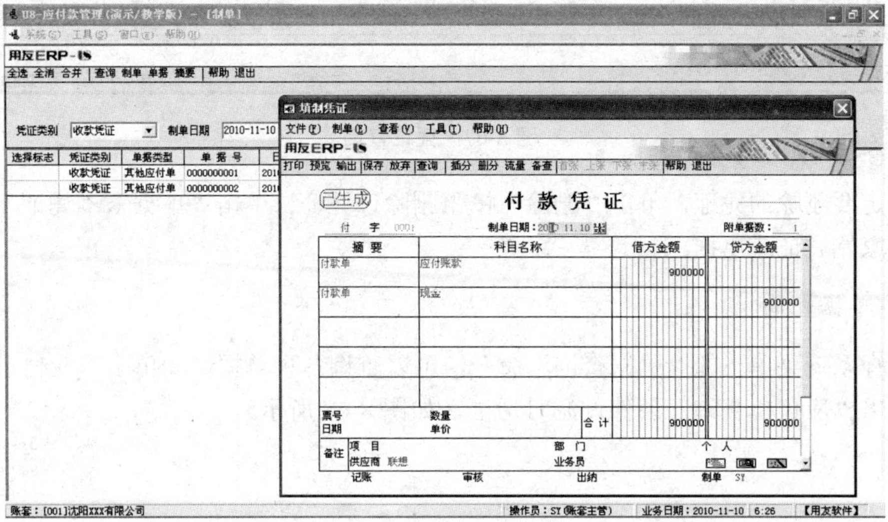

图 8-65　凭证生成

如果所制单据有错，或要修改原始单据，则必须将该制单删除。执行“单据查询”、“凭证查询”命令，系统弹出“凭证查询条件”对话框（如图 8-66 所示）。

图 8-66 凭证查询条件

输入查询条件后单击“确认”按钮，系统列出所有符合条件的记录（如图 8-67 所示）。

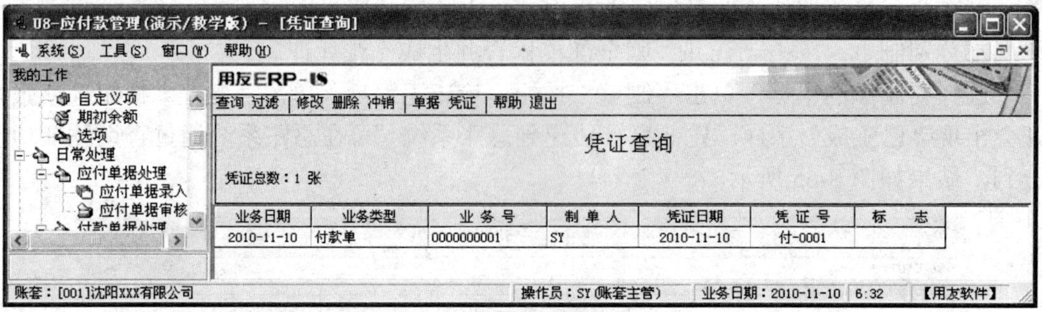

图 8-67 凭证查询

选定要删除的凭证，单击“删除”按钮删除该凭证；单击“单据”、“凭证”按钮可联查其原始凭证或单据。

3. 单据查询

执行系统菜单下的“单据查询”命令，可以查询各种单据。如单击“应付单查询”，系统弹出“应付单查询”条件过滤对话框（如图 8-68 所示）。

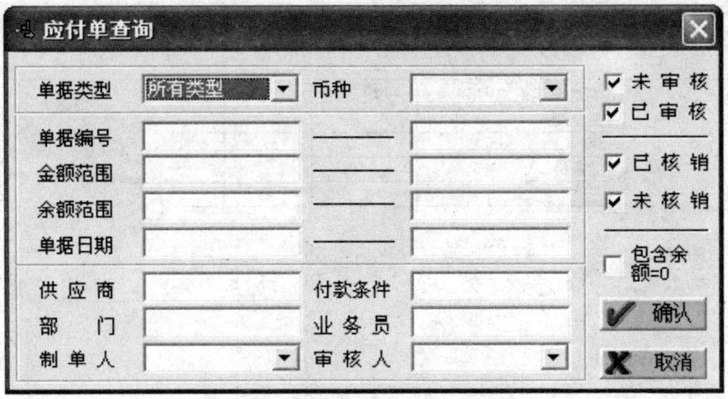

图 8-68　应付单查询

条件录入完毕后，单击“确认”按钮，系统列出所有符合条件的记录（如图 8-69 所示）。

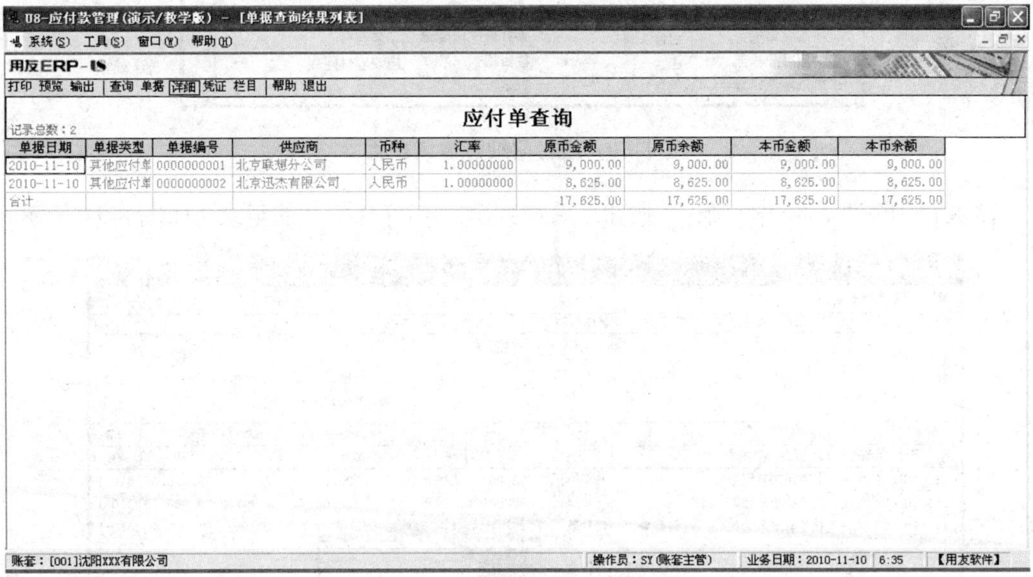

图 8-69　应付单查询列表

4. 账表管理

（1）业务账表。

执行“账表查询”、“业务账表”、“业务明细账”命令，系统弹出“应付明细账”对话框（如图 8-70 所示）。

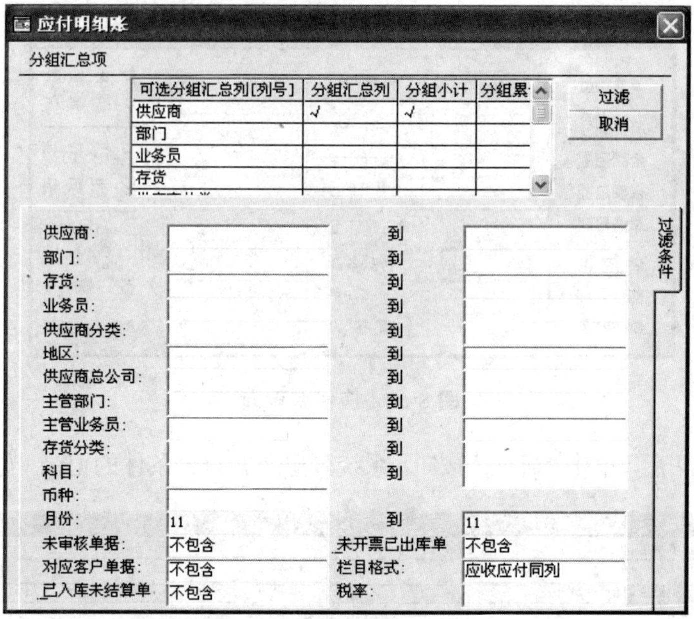

图 8-70　应付明细账查询条件

输入查询条件，单击“确认”按钮，系统列出所有符合条件的记录（如图 8-71 所示）。

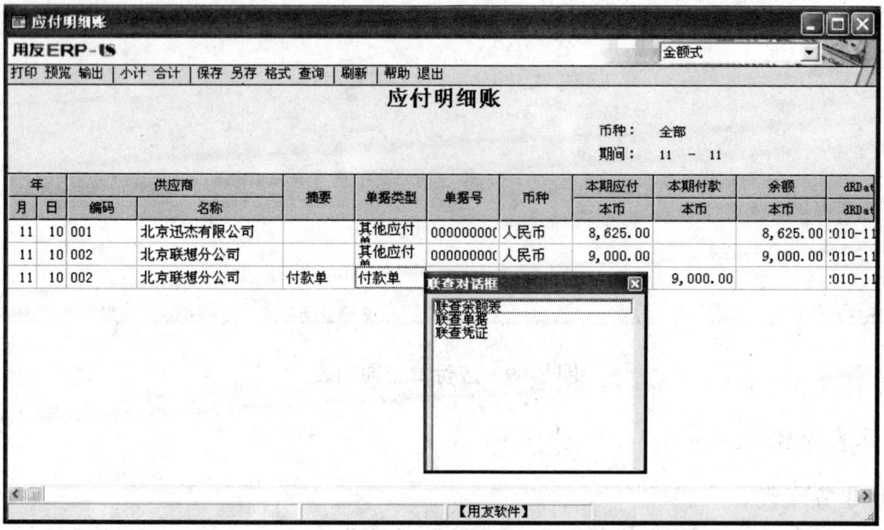

图 8-71　应付明细账列表

双击记录，系统弹出“联查对话框”进行选择，可以联查与该记录相应的单据或数据。

（2）统计分析。

执行“账表管理”、“统计分析”、“付款账龄分析”命令，系统弹出“付款账龄分析”条件对话框（如图 8-72 所示）。

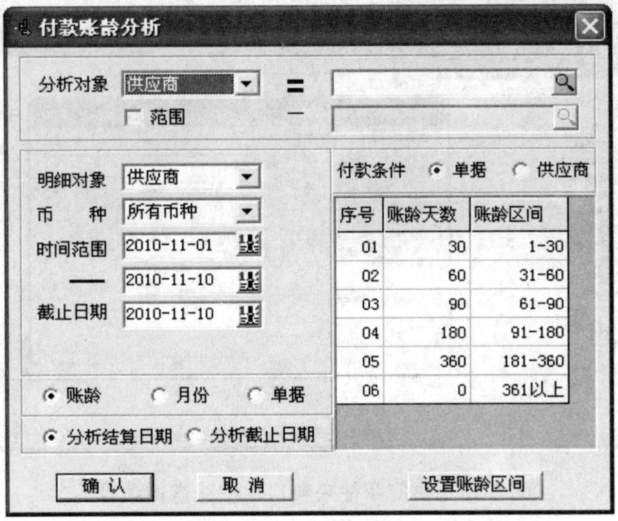

图 8-72 付款账龄分析查询条件

录入分析条件，单击“确认”按钮，系统弹出“付款账龄分析”报表（如图 8-73 所示）。

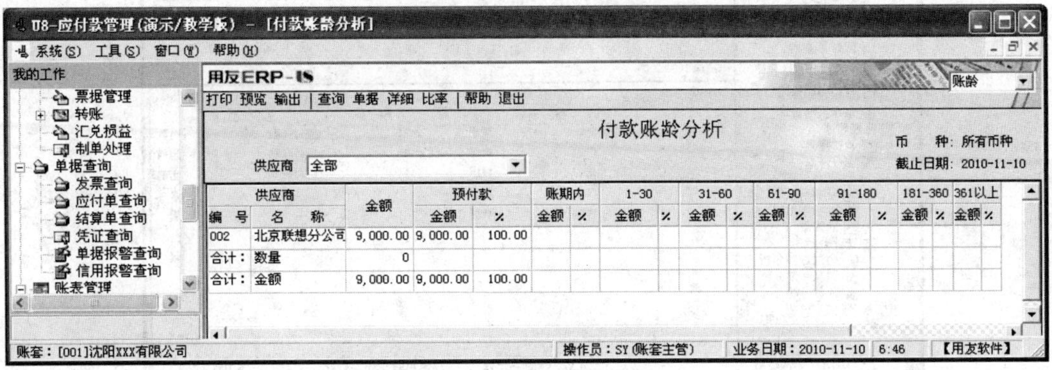

图 8-73 付款账龄分析报表

（3）科目账表查询。

执行“账表管理”、“科目账查询”、“科目明细账”命令，系统弹出“供应商往来科目明细账”对话框（如图 8-74 所示）。

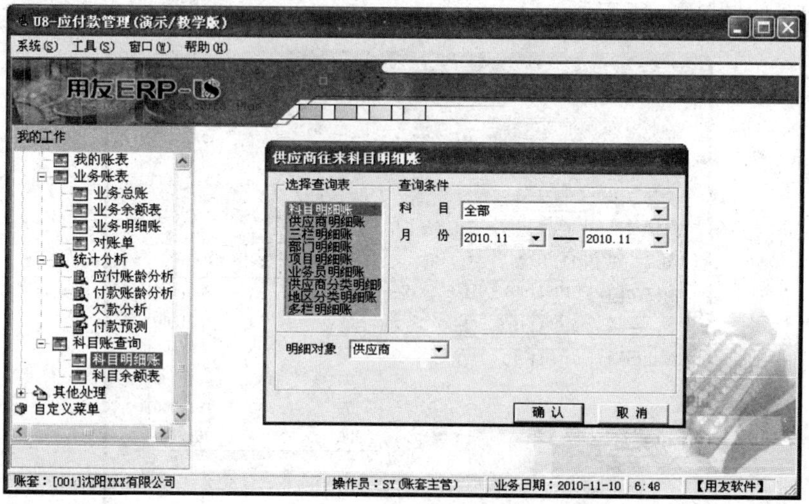

图 8-74　供应商往来科目明细账查询条件

在左侧选择查询表后输入查询条件，单击“确认”按钮，结果如图 8-75 所示。

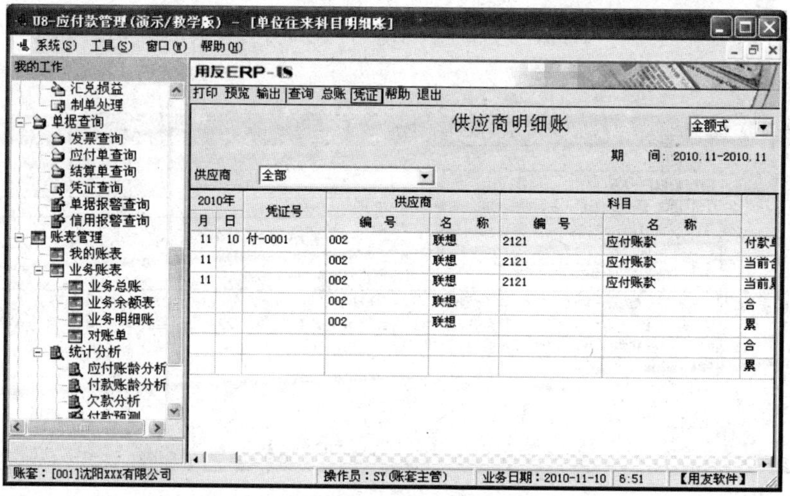

图 8-75　供应商明细账

单击“总账”按钮可联查相应的科目总账，单击“凭证”按钮可查看该记录对应的凭证（如图 8-76 所示）。

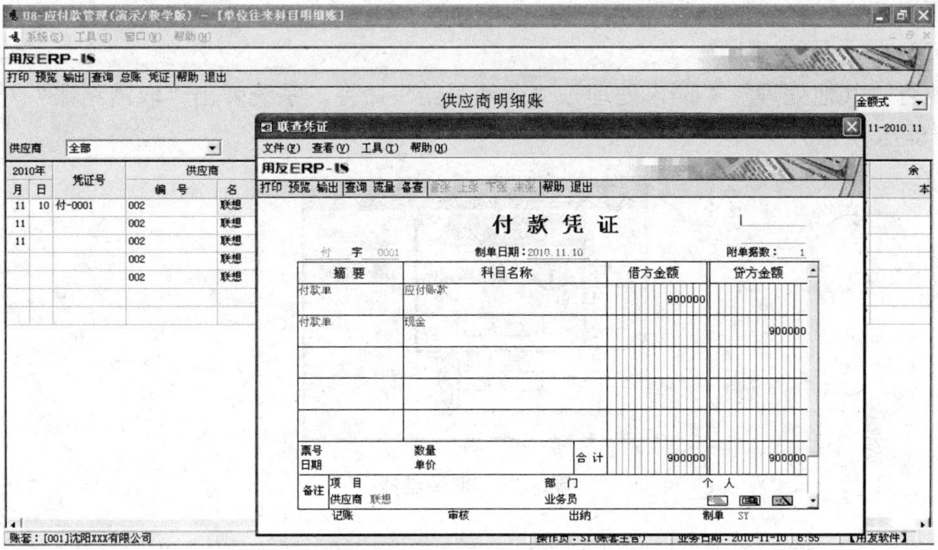

图 8-76　联查凭证

5. 账表管理

（1）月末结账。

执行“其他处理”、“期末处理”、“月末结账”命令，系统弹出“月末处理”对话框（如图 8-77 所示）。

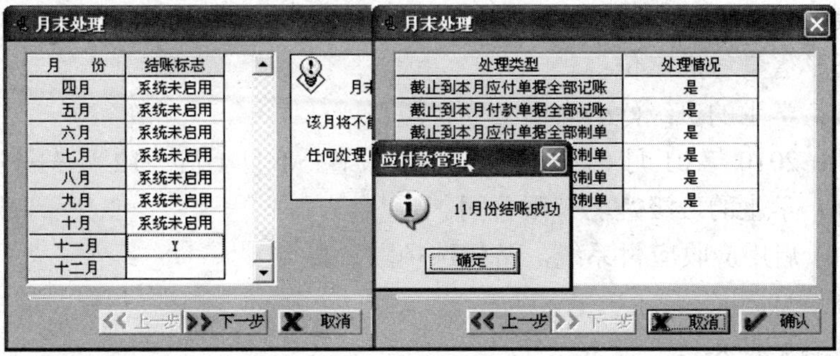

图 8-77　月末处理

双击要结账月份的“结账标志”栏，使其变成“Y”字样，单击“下一步”按钮；在“处理情况”栏中均为“是”字时，单击“确认”按钮；系统提示结账成功，单击“确定”按钮。

（2）取消月结。

执行“其他处理”、“期末处理”、“取消月结”命令，系统弹出“取消结账”对话框（如图 8-78 所示）。

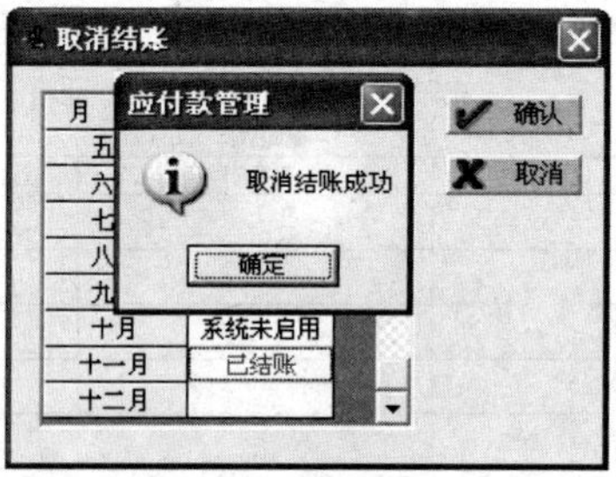

图 8-78 取消结账

选定最后一个已结账的月份后，单击“确认”按钮，系统提示“取消结账成功”，单击“确定”按钮。

8.5 实训资料

1. 企业资料

（1）账套信息。

账套号：学生学号后三位；

账套名称：学生的班级姓名有限公司；

启用日期：2010 年 01 月 01 日，会计期间设置：1 月 1 日—12 月 31 日；

单位名称：学生的班级姓名有限公司。

2010-01-01 启用应收应付系统，常规选项默认。

（2）基础信息。

付款条件参见表 8-1。

表 8-1　付款条件

付款条件编码	付款条件名称	信用天数	优惠天数 1	优惠率 1	优惠天数 2	优惠率 2	优惠天数 3	优惠率 3
01	2/10，*n*/30	30	10	2.0	0	0.0	0	0.0
02	4/10，1/30，*n*/60	60	10	4.0	30	1.0	0	0.0
03	4/10，2/30，1/60，*n*/90	90	10	4.0	30	2.0	60	1.0

存货分类参见表 8-2。

表 8-2　存货分类

存货分列编码	存货分类名称
01	产品类
02	材料类
03	应税劳务类

计量单位参见表 8-3。

表 8-3　计算单位

分　组	单　位	换　算　率
1 基本单位	11 吨	
（无换算）	12 元	
2 产品	21 件	1
	22 箱	50

存货档案参见表 8-4。

表 8-4　存货档案

存货编码	名称	计量单位	所属分类	税率	存货属性	参考售价	参考成本价
0101	A 产品	件	01	17	自制，销售	100	60
0102	B 产品	件	01	17	自制，销售	10	5
0201	A 材料	吨	02	17	外购，生产耗用		
0202	B 材料	吨	02	17	外购，生产耗用		
0301	运费	元	03	7	外购，应税劳务		

单据设置如下。

① 单据编号设置：采购专用发票、采购普通发票、销售专用发票、销售普通发票

单据编号改为允许手工修改。

② 单据格式设置：采用默认格式。

2. 应收、应付系统初始设置

（1）应收款系统初始设置。

① 基本科目设置。应收科目：1131；预收科目：2131；主营业务收入科目 5101；应交增值税科目：21710105；销售退回科目：5101；银行承兑科目：1111；商业承兑科目：1111；现金折扣科目：550302；票据费用科目：550302。

② 结算方式科目参见表 8-5。

表 8-5　应收款结算方式科目

结算方式	币种	科目
转账支票	人民币	100201
现金结算	人民币	1001
汇兑	人民币	100201

③ 设置坏账准备。坏账准备提取率：1%；坏账准备期初余额：7880；坏账准备科目：1141；对方科目：（管理费用—其他）550024。

④ 报警级别参见表 8-6。

表 8-6　报警级别

序号	起止比率	总比率
01	0—10%	10
02	10%—30%	30
03	30%—50%	50
04	50%—100%	100
05	100%以上	

（2）应付款系统初始设置。

① 基本科目设置。应付科目：2121；预付科目：1151；采购科目：空；采购税金：21710101；银行承兑科目：2111；商业承兑科目：2111；现金折扣科目：550302；票据利息科目：550301；票据费用科目：550302。

② 结算方式科目参见表 8-7。

表 8-7　应付款结算方式科目

结算方式	币　种	科　目
转账支票	人民币	100201
现金结算	人民币	1001
汇兑	人民币	100201

③ 存货科目参见表 8-8。

表 8-8　存货科目

存货编码	存货名称	采购科目
0201	A 材料	120101
0202	B 材料	120102

3. 应收、应付系统期初余额

（1）应收系统期初余额。

① 应收账款期初余额参见表 8-9。

表 8-9　应收账款期初余额

单据类型	单据编号	单据日期	客户	摘要	方向	价税合计	部门	业务员
专用发票	100101	100101	实达公司	销售	借	117 000	销售一部	杨光
专用发票	100102	100102	同力集团	销售	借	117 000	销售二部	王力

② 专用发票材料参见表 8-10、表 8-11。

表 8-10　专用发票材料 1

开票日期	20100101	发票号	100101	客户名称	实达公司
开户银行	区工商行	账号	7435785	税号	210136843790964
销售部门	销售一部	业务员	杨光	币名	人民币
货物名称	A 产品	计量单位	件	数量	1 000
无税单价	100	价款	100 000	税额	17 000

表 8-11 专用发票材料 2

开票日期	20100102	发票号	100102	客户名称	同力集团
开户银行	区工商行	账号	8834588	税号	21018834588754
销售部门	销售一部	业务员	王力	币名	人民币
货物名称	B 产品	计量单位	件	数量	10 000
无税单价	10	价款	100 000	税额	17 000

③ 应收票据期初余额参见表 8-12，银行承兑汇票参见表 8-13。会计科目：(应收票据)；合计（期初余额）：借 351 000 元。

表 8-12 应收票据期初余额

单据类型	单据编号	单据日期	客户	摘要	方向	余额	部门	业务员
银行承兑汇票	100125	100125	天业公司	销售	借	351 000	销售一部	杨光

表 8-13 银行承兑汇票有关资料

票据编号	100125	开票单位	天业公司
承兑银行	市工行	票据面值	351 000
票据余额	351 000	签发日期	2009-12-25
收到日期	2009-12-27	到期日	2010-1-25
部门	销售一部	业务员	杨光
摘要	销售	科目	1111

（2）应付系统期初余额。

① 应付票据期初余额及商业承兑汇票参见表 8-14、表 8-15。会计科目：(应付票据)。

表 8-14 应付票据期初余额

单据类型	单据编号	单据日期	客户	摘要	方向	余额	部门	业务员
商业承兑汇票	100115	100115	精干集团	购进	贷	468 000	供应部	刘智勇

表 8-15 商业承兑汇票资料

票据编号	100115	开票单位	天业公司
承兑银行	市工行	票据面值	468 000
票据余额	468 000	签发日期	2009-12-15
收到日期	2009-12-16	到期日	2010-3-15
部门	供应部	业务员	刘智勇
摘要	购进	科目	1111

② 应付账款期初余额及转账支票资料参见表 8-16、表 8-17。会计科目:（应付账款）；合计（期初余额）：贷 117 000 元。

表 8-16　应付账款期初余额

单据类型	单据编号	单据日期	供应商	摘要	方向	价税合计	部门	业务员
转账支票	100116	100116	西子集团	购进	贷	117 000	供应部	刘智勇

表 8-17　转账支票有关资料

开票日期	20091216	发票号	051216	供应商名称	西子集团
开户银行	市工商行	账号	6874958	税号	210143568349572
供应部门	供应部	业务员	刘智勇	币名	人民币
货物名称	A 材料	计量单位	吨	数量	10
无税单价	10 000	价款	100 000	税额	17 000

4. *应收单据的录入与审核*

2010 年 1 月发生的有关业务如下。

（1）2 日，销售一部王进以现金垫付辽宁同力集团运费 100 元。

（2）3 日，销售一部王进向沈阳实达公司销售 B 产品 6 000 件，单价 10 元，计 6 万元，增值税 10 200 元，开出 N0.201003 号增值税专用发票。

（3）8 日，销售一部杨光向沈阳实达公司销售 A 产品 400 件，单价 100 元，计 4 万元，增值税 6 800 元，同时开出 N0.201008 号增值税专用发票，货款未收。

（4）10 日，销售一部杨光向广州中天集团销售 A 产品 500 件，单价 100 元，计 5 万元增值税 8 500 元，同时开出 N0.201010 号增值税专用发票，货款未收。

（5）11 日，销售二部王力向辽宁同力集团销售 B 产品 150 件，单价 10 元，计 1 500 元，增值税 255 元，开出 N0.201011 号增值税专用发票，货款未收。

（6）12 日，销售二部王力向广州天业公司销售 B 产品 3000 件，单价 10 元，计 3 万元，增值税 5 100 元，同时开出 N0.201012 号增值税专用发票，货款未收。

（7）15 日，销售二部王力向广州中天集团销售 B 产品 700 件，单价 10 元，计 7 000 元，增值税 1 190 元，同时开出 N0.201015 号增值税专用发票，货款未收。

（8）18 日，销售一部杨光以工行转账支票 N0.04001 号垫付广州天业公司运杂费 300 元。

5. 收款单据的录入与审核、核销处理

2010 年 1 月发生的有关业务如下。

（1）12 日，财务部刘出纳收到广州中天集团交来 N0.100112 号转账支票一张 58 500 元，归还前欠货款。

（2）16 日，财务部刘出纳收到广州中天集团交来 NO.100122 号转账支票一张 8 190 元，归还前欠货款。

（3）17 日，收到工行传来 N0.1000116 号汇兑凭证收账通知，内列预收沈阳实达公司，货款 351 000 元。

（4）18 日，收到工行传来 N0.1000118 号汇兑凭证收账通知，内列预收辽宁同力集团，货款 117 000 元。

（5）21 日。收到沈阳实达公司开出的 N100156 号为期 3 个月的商业承兑汇票 1 张，面值 70 200 元。（在票据管理中录入）

对广州中天集团的业务进行核销。

6. 实训要求

把应收、应付系统所有发生的业务填写相应的单据，审核单据后生成凭证，最后结账。